집 살래
월세 살래

?

부동산 시장의 변화와 방향

집 살래
월세 살래

핑크팬더 **이재범** 지음

프레너미
FRENEMY PUBLISHING

2장 주택시장의 변화

3장 세계 속 월세

4장 집 살래? 월세 살래?

주택 매수를 고민하는 당신에게

인구절벽에 따른 주택가격 하락세가 시장을 지배하자 많은 사람들이 주택 매수를 망설였다. 그중 주택 구입 자체를 포기한 사람들도 있다. 이런 상황은 단순히 인구절벽 때문에 벌어진 것이 아니었다. 그 당시 주택과 관련해 사람들에게 가장 많이 회자된 말은 '하우스푸어'였다. 주택 투자에 대해서는 생각해본 적도 없는 일반 실거주자들이 '하우스푸어'가 된 것이다. 이 문제가 사회문제로 대두되자 주위의 많은 사람들이 고통받았다. 주택가격은 더 이상 상승하지 않을 것으로 생각됐다.

"주택은 '사는 것'이 아닌 '사는 곳'이니 주택을 구입할 필요가 없다"는 말을 들어봤을 것이다. IMF 외환위기 직후에 나온 말로 사람들은 이제 주택은 사는 곳으로 만족하면 된다고들 이야기했다. 그럴 수밖에 없는 것이 1990년대 내내 1기 신도시를 비롯한 주택공급 물량이 한꺼번에 쏟아져 상대적으로 주택가격 상승이 더뎠다. 이 와중에 외환위기로 주택가격이 하락하자 투자심리가 꽁꽁 얼어붙었다. 시간이 좀 더 지나자 얼어붙었던 주택시장에 훈풍이 불기 시작했다.

잠시 보합하고 약간 후퇴하기도 했지만 뉴타운과 맞물리며 주택가격은 미친 듯이 상승했다. 몇 개월 만에 1억 원이 상승하는 아파트를 흔히 볼 수 있었다. 아파트뿐 아니라 인천 지역 반지하 빌라가 일주일 만에 1,000만 원이 오르기도 했다. 당시 주택가격 상승은 순전히 '꿈을 먹고 살았다'고 해도 과언이 아닐 정도로 모든 사람의 욕망을 자극했다. 재개발, 재건축 광풍이 어디에서나 일어났다. 단기간에 1억 원이 올랐다는 것은 이상현상임이 분명한데도 사람들은 그 가격이 합당하다고 믿었고, 심지어 더 상승할 것이라고 믿으며 기꺼이 매수하는 사람도 있었다. 그러나 "Dreams come true"를 외치던 사람들의 꿈은 금융위기와 함께 무너졌다.

이 시기에 주택을 구입한 실거주자들은 상승하는 주택가격을 더이상 참고 지켜보지 못한 자신의 행동이 '하우스푸어'라는 단어로 언론에서 회자되는 것에 상실감을 맛봐야 했다. 주택가격이 구입 금액보다 하락했지만 앞으로 자신이 갚아야 할 원금과 이자는 변하지 않았다. 이때 '인구절벽'이라는 단어가 등장했다. 사람들은 자신이 하우스푸어가 된 것은 의사결정을 잘못해서가 아니라 구조적인 문제였다고 생각하게 되었다. 더 이상 주택가격은 상승하지 않을 것이라는 의견이 지배적이었다. 대부분 서울, 수도권 사람들의 생각과 달리 그때까지 잠잠하던 지방의 주택가격이 상승하기 시작했다.

언론에서는 늘 서울, 수도권의 주택가격만 취급해 사람들의 주목을 받지 못했던 지방의 주택가격이 상승하기 시작했으며 어느새 서울, 수도권까지 올랐다. 정부에서도 지속적으로 가격 상승을 위한 다양한 정책을 펼쳤다. 그때마다 사람들은 건설업을 살리려고 정부가 별의별 짓을 다한다고 욕했다. 2013년 1가구 1주택자가 매도하는 주택을 구입하면 양도소득세를 내지 않아도 된다는 정책은 최악의 발악으로 여기기까지 했다. 지금에 와서 돌아보면 그때가 바로 주택 매수의 최적기였다. 더 이상 주택가격이 상승하지 않을 것이라 믿고 있던 많은 사람들은 또 다시 허탈한 마음을 감출 수 없게 되었다.

최근 몇 년 동안 주택가격이 다시 상승하자 주택을 매수하는 사람들이 늘어났다. 그러나 주택가격 하락에 대한 공포심이 여전히 마음 한쪽을 짓누르고 있다. 주택을 매수하지 않은 사람들 대부분은 가격 하락을 기다리며 매수 시기를 가늠하고 있다. 이미 주택을 매수한 투자자들은 조금씩 하락에 대한 공포를 느끼고 있다.

가격은 상승과 하락을 반복하게 마련이다. 가격 하락 후 공포심이 팽배하면 상승하고, 가격 상승 후 욕망이 절정에 달하면 하락한다. 늘 이번에는 다르다고 말하지만 역사는 언제나 반복되었다. 주택가격의 등락은 항상 다른 가면을 쓰고 나타나 우리가 착각할 뿐 지나고 보면 결국에는 같은 현상이고 흐름이었다는 사실을 깨닫는다. 이런 현상이 반복되는 것은 인간이 망각의 동물이기 때문이다. 대략 10년이 지나면 과거를 잊는다. 그런 일이 있었다는 사실에 대해 언제 그랬냐는 표정으로 응답한다.

한편 인구와도 관련이 있다. 주택을 구입하는 연령은 대체적으로 30대 중반부터다. 주택 구입 시점에 관심을 보인 후 성공한 사람도 있고, 실패한 사람도 있다. 시간이 지나면 새로운 세대가 나타나 또 다시 주택 구입에 관심을 갖고 움직인다. 주택시장에는 신진세력이 끊임없이 반복적으로 등장하며 새로운 피가 수혈되기 때문에 10년 전 벌어진 일은 까마득한 과거가 되어버린다.

시중에 수많은 부동산 책이 쏟아졌다. 부동산 투자에 대한 관심이 현격히 줄어들었던 몇 년 전에는 부동산 책의 출간도 드물었다. '나는 부동산으로 얼마를 벌었다'는 부류의 책이 다시 출간되고 있다. 이런 책이 나쁘다는 것은 아니지만 단순히 주택을 취득하면 돈을 벌 수 있다는 내용은 다소 위험해 보인다. 이런 종류의 책이 유행하는 것도 주택가격이 상승할 때 나타나는 대표적인 현상 중 하나다. 올바른 정보를 알려주는 책은 극히 드물다. '나는 이렇게 수능 만점을 받았다'는 책을 읽는다고 해서 수능 점수가 올라가지 않는 것과 같은 이치다. 수능 점수를 올리려면 기본에 충실한 참고서를 읽고 이해하고 문제를 풀어야지 남의 비법을 들여다본다고 점수가 오를 리 없다.

경제경영서는 크게 세 가지 종류다. 가장 흔한 종류는 저자가 투자한 사례를 알려주는 책이다. 또 하나는 해당 분야에 대한 올바른 정보를 알려주는 책이다. 마지막으로 전망하는 책이다. 쑥스럽지만 나는《소액 부동산 경매 따라잡기》로 내 투자 사례를 소개했고,《부동산의 보이지 않는 진실》에서는 부동산에 대한 정보를 담았다. 이번에 집필한《집 살래? 월세 살래?》는 향후 주택시장에 대한 전망을 담은 책이다.

'주택시장이 이렇게 될 것이다, 저렇게 될 것이다'라는 말은 얼마든지 할 수 있다. 인구 절벽에 따른 한국 경제와 부동산시장에 대한 전망에 사람들이 반응했다. 인구 절벽은 팩트지만 문제는 시점이 잘못되었다는 것이다. 인구가 줄어드는 현상은 1~2년 내에 발생하는 게 아니라 최소 10년 뒤에 벌어질 일이었다. 결과적으로 오판을 이끌어낸 것이다. 그만큼 시장 진망은 조심스럽고 위험하다.

오늘은 어제의 결과이고, 내일은 오늘의 결과이다.

전망을 위해 한국 부동산은 물론이고 경제에 대한 과거를 돌아봤다. 뿐만 아니라 한국의 경제구조와 인구구조보다 이미 앞서 걸어간 나라들이 있다. 이들의 과거는 한국의 미래라 할 수 있다. 일본 이야기에 사람들이 그토록 격하게 반응한 이유다. 거기까지는 좋았는데 일본말고도 인구가 줄어드는 나라는 많다. 데이터를 비교할 때는 공정하고 균형 있게 살펴봐야 올바른 판단에 도움이 된다. 이를 위해 공신력 있는 기관의 자료를 한국과 하나하나 비교하며 설명하려 노력했다.

한국 내부도 지역별로 다르고 면적별로 다르다. 한국 주택을 싸잡아 비싸다, 싸다로 이야기할 수 없다. 좀 더 구체적으로 세분화해서 알아봐야 한다. 이를 위해 다소 지겨울 수 있어도 세부적으로 하나씩 전부 설명하려 했다.

특히나 데이터를 많이 보여주기 위해 도표와 그림을 많이 수록했다. 솔직히 나는 엑셀 자격증도 없고, 관련 강의를 들어본 적이 없다. 한마디로 엑셀을 제대로 다루지 못한다. 함수나 매크로 등에 대한 응용을 거의 못한다. 그저 남들이 해놓은 자료를 근거로 약간씩 살을 보태거나 살짝 손을 봐서 흉내 내는 정도다. 나 같은 사람들이 이 책을 볼 때 자료를 분석하고 해석하기 힘들어할 것이라 예측된다. 이를 위해 어쩔 수 없이 자료에 대한 해설을 상당히 세부적으로 덧붙였다. 어느 정도 데이터를 해석할 줄 아는 사람들에게 욕을 먹더라도 친절히 설명하는 방식을 택했다. 덕분에 숫자가 난무하게 된 점은 미리 양해를 구한다.

이를 보완하기 위해 수많은 그림과 표를 삽입했다. 다소 시간이 걸리더라도 글과 그림을 함께 본다면 훨씬 더 이해하기 쉬울 것이다. 될 수 있는 한 데이터를 가공해서 원하는 부분만 편집해서 변형하기보다는 전체 데이터를 균형있게 전부 보여주려는 욕심에 세부적인 것까지 담으려고 노력했다. 힘들더라도 곱씹어 읽는다면 분명히 뼈가 되고 살이 되리라 믿는다.

주택시장 전망의 핵심은 임대시장이다. 전세는 전 세계 어느 나라에도 없는 독특한 제도다. 한국의 임대제도는 지금까지와 달리 향후 점차적으로 월세시장으로 확대될 것이다. 한국의 주택가격이 싼지, 비싼지는 논외로 하고 이 책에서는 다른 국가의 월세 가격을 파악해보았다. 늘 주택가격에 대해서만 논쟁하고 임대료에 대해 이야기하는 경우는 드물었다. 더구나 임대료가 계속해서 상승할 수밖에 없다는 사실은 많이 이야기되고 있지는 않지만 누구나 인정하는 바다.

우리와 달리 전세는 없고 월세만 있는 국가들의 임대제도는 어떻고 월세는 어느 정도 수준인지 알아보며 한국의 미래를 예측하는 것이 그 어떤 데이터보다 훨씬 타당한 자료가 아닐까 한다. 주택에 거주하며 얼마의 임대료를 내며 살아가는지 한국과 비교해봤다. 아직까지 다소 저렴한 한국 월세시장이 향후 어떻게 펼쳐질지 미리 알 수 있는 중요한 단서가 될 것이다.

향후 주택시장이 어떤 식으로 펼쳐질지 단기간에는 갈지자 횡보를 보이며 그림이 잘 보이지 않을 수 있다. 보다 긴 호흡으로 본다면 주택시장은 자신이 갈 길을 갈 것이다. 어떤 식으로 가게 될지는 책에서 설명했다. 진행 속도가 더딜 수도 있고, 빠를 수도 있겠지만 그 방향으로 간다는 사실은 변하지 않는다. 이를 위해 과거부터 현재까지 한국의 주택시장을 설명하고 외국의 임대차시장을 소개했다. 지방부터 서울, 수도권까지 살펴보면서 현재 많은 사람들에게 회자되고 있는 뉴스테이나 도시재생에 대해서도 살펴봤다. 마지막으로 월세로 재편되는 임대차시장에 대해 알아봤다.

책에서 주장하는 내용이 무조건 옳다고 할 수는 없다. 이 책을 늘 옆에 두고 해가 바뀌면 얼마나 맞는지 직접 확인해보길 바란다. 주택시장은 늘 혼란스럽다. 가격이 상승해도, 가격이 하락해도 어떤 결정을 내려야 할지 판단하기 어렵다. 그때마다 혼란스러운 마음을 진정시킬 정보를 얻고 전망을 예측하는 용도로 읽기 바란다.

나는 경제 전공자도 아니고 관련학과를 다닌 적도 없다. 그저 투자를 위해 공부했고 관련 책을 읽고 현장을 직접 돌아다녔다. 전공자가 아니라 늘 자격지심이 있다. 내가 생각한 판단이 옳은지를 늘 확인하고 또 다시 의심한다. 과감하기보다 소심하다. 큰 수익을 내지는 못하더라도 잃지 않으려고 노력한다. 투자로 큰돈을 벌었다며 사람들을 현혹시키는 투자자도 싫지만 침소봉대하며 공포로 올바른 판단을 마비시키는 전문가도 싫다. 혹세무민하는 자만 이익을 얻고 이를 추종하는 사람은 결국 씁쓸한 결과만 남는 경우가 너무 많다. 나라도 올바른 정보를 전달하고 전망을 하려 노력했다. 이 책이 누군가에게 큰 도움이 되었으면 좋겠다.

스스로 공부해서 얻은 데이터와 경제용어다 보니 간혹 잘못된 용어와 기호가 나올 수 있다는 점을 미리 밝히며 양해를 구한다. 경제 전공자가 아니라 늘 기본으로 다시 돌아가 익혀도 여전히 부족하다. 그런 부분은 전체 맥락을 보고 애교로 넘어가 주길 부탁한다. 물론 언제든지 내가 운영하는 천천히 꾸준히(blog.naver.com/ljb1202) 블로그로 와서 잘못을 지적해주길 바란다. 기꺼이 고마운 마음으로 수정하겠다.

1장

상식과
현실은
다르다

Intro

경제에서 가장 중요한 개념이 바로 수요와 공급이다. 수요보다 공급이 늘어나면 가격은 하락한다. 공급은 부족한데 수요가 넘치면 가격은 상승한다. 그런데 이 당연한 개념이 이상하게도 주택시장에서는 무시된다. 산골에 지은 아파트를 누가 들어가 살려고 하겠는가. 이런 곳은 공급이 아무리 넘쳐도 수요가 없다. 현재 한국에서 가장 비싼 주택이 몰려 있는 강남은 공급은 한정되어 있고 수요는 넘친다. 인구가 줄어도 사람들이 원하는 주택은 부족할 수밖에 없다. 그런 지역의 주택은 가격이 상승하게 되어 있다는 말이다. 전국을 똑같은 잣대로 바라보지 말고 지역별로 구분해서 볼 필요가 있다.

지금까지 한국 주택의 역사를 바라보면 공급이 많으면 가격이 안정되었다. 인구가 줄어든다고 주택 공급을 줄일 것이 아니라 사람들이 원하는 지역에 공급을 늘려야 오히려 가격이 안정된다. 이미 1990년대 1기 신도시를 비롯해 전국적으로 주택 공급이 늘어나 90년대 내내 가격이 안정화된 것을 우리는 확인할 수 있다. 가격 상승이 싫다면 공급을 늘릴 것을 요구해야 한다.

인구가 줄어든다는 사실은 확실히 국가 경제에 위협이 된다. 인구가 줄어든 일본 사례를 들먹이며 주택가격 하락을 당연시한다. 일본은 주택가격이 폭락한 후 오랫동안 상승하지 못했지만 최근 약간 다른 경향이 나타나고 있다. 이뿐만 아니라 우리보다 먼저 인구가 줄어들고 노령인구가 많아진 국가들의 주택가격 동향은 어떤지도 한국 주택가격을 파악하는 데 좋은 시금석이 된다. 유럽 국가들 역시 생산가능인구가 줄어들고 노령인구 비율이 한국보다 더 많다는 것은 익히 알려진 사실이다.

인구와 주택가격의 동반 하락을 생각할 때 유럽 대부분 국가의 주택가격은 떨어졌을 것이라 예측된다. 실제로 그런지 알아보자. 중요한 것은 주택 거주는 개인이 아닌 가구로 따져야 한다는 것이다. 1인가구가 대세라고 하지만 주택에는 여전히 2~4인이 거주한다. 인구감소 현상과 달리 가구수는 계속해서 증가하는 추세다. 이런 현상은 전 세계적으로 동일하다. 주택에서 중요한 것은 인구가 아닌 가구수다. 한국과 유럽 국가를 비교하며 한국의 미래를 약간이나마 내다보게 될 것이다.

아무리 가구수가 늘어나도 결국 해당 국가의 경제가 좋지 않으면 주택가격 상승은 요원한 일이다. 소득이 있는 사람이 주택을 구입할 수 있다. 경제가 성장해야 소득이 늘어나며 주택을 구입할 욕구가 생긴다. 주택을 구입하고 싶어도 소득이 줄어들면 참을 수밖에 없다. 과거 고도 성장한 한국 입장에서 현재의 경제성장률은 성에 차지 않는다. 이미 덩치가 커진 한국 경제 규모에서 과거와 같은 속도로 성장하기는 힘들다. 암울한 일만 남은 것일까?

그렇다면 선진국들의 경제성장률은 어느 정도일까? 그들의 경제성장률 역시 3%도 안 되는 수준이다. 그 정도 성장률만으로도 주택가격은 상승했다. 경제가 어느 정도 성장할 때 주택가격이 상승했고 하락했는지 외국과 한국의 사례를 통해 미래를 예측해보자. 너무 과거에 함몰되지 말고 이제는 한국이 최근 몇 년 간의 경제성장률을 기준으로 삼아야 할 때다. 그렇게 해도 외국의 사례에 비춰볼 때 충분히 주택가격은 하락보다는 상승할 여지가 더 크다.

한국에서 큰 경제위기라고 할 수 있는 때는 1997년 IMF 외환위기와 2008년 금융위기다. 두 번을 제외하고는 지금까지 갑자기 경제가 추락한 적이 없다. 이때에 어떤 일이 벌어졌고 그 이후에 주택가격이 어땠는지 추적한다. 지금까지 한국이 잘 해왔던 것처럼 앞으로도 경제가 성장할 것이라 본다. 중간 중간 분명히 위기는 오겠지만 슬기롭게 잘 헤쳐온 것처럼 말이다. 경제가 꾸준히 성장한다면 주택가격이 일시적으로 하락할 수는 있어도 폭락하지는 않을 것이다. 왜 그런지 직접 데이터와 함께 살펴보자.

전체적으로 이번 장은 우리가 상식처럼 알고 있는 것들이 실제와 어떻게 다른지 비교하며 정확하고도 냉정한 현실을 파악하는 데 중점을 뒀다. 이를 위해 한국의 전체 주택은 물론이고 지역별로도 살펴봤고 외국은 어떤지 비교했다. 상식과 현실은 얼마나 다른지 지금부터 확인해보도록 하자.

공급을
중단하지 마라

주택은 무척이나 독특한 위치에 있다. 사람은 누구나 반드시 거주할 공간이 필요하다. 고대부터 인간은 외부의 위협으로부터 자신을 보호할 주택이 필요했다. 큰 짐승으로부터 자신을 지켜야했다. 인간은 자연발생적으로 생긴 동굴에서 비와 눈을 피하고 더운 여름과 추운 겨울을 무사히 보냈다.

주택의 기능은 현대에도 다를 바 없다. 주택에서 거주하지 않고 정처 없이 떠도는 사람을 노숙인이라고 한다. 날이 좋을 때는 길거리 아무데나 누워 잘 수 있지만 비가 오거나 눈이 와 날이 추워지면 이들도 거주할 공간이 필요해진다. 이처럼 인간에게 주택은 반드시 필요하다. 하물며 짐승도 각자 거처할 공간이 있다.

집값이 미쳤다?

필수재라 할 수 있는 주택이 국민에게 안정적으로 공급되기를 바라는 사람이 많다. 국가 복지 차원에서도 꼭 해내야 할 정책 중 하나다. 터무니없이 치솟는 주택가격에 울분을 토하는 사람도 많다. 심지어 이대로는 한국에 미래가 없다는 극단적인 주장도 서슴지 않는다. 현재의 주택가격이 싸다고 할 수는 없지만 싸다와 비싸다의 정의는 사람마다 다르다. 주택가격이 100만 원 정도면 다들 만족스럽게 안정적으로 주택을 하나씩 보유할 수 있을까? 상식적으로 생각해도 주택가격이 100만 원이라면 다른 제품의 가격은 훨씬 더 저렴해야 한다.

자동차 가격도 어지간한 것은 1,000만 원이 넘어가고 1억 원도 한다. 자동차보다 더 중요하고 반드시 필요한 주택가격이 그보다 저렴하다면 이상하지 않은가. 찾아보면 수도권에서도 5,000만 원 이하의 주택을 구할 수 있다. 거짓말이 아니다. 조금만 부동산 중개업소를 돌아다녀 보면 얼마든지 그런 주택을 찾을 수 있다. 서울을 벗어나면 10평 정도 되는 반지하 빌라는 3,000만 원대에도 얼마든지 매수할 수 있다. 이런 주택을 원하는가?

여기서 문제가 시작된다. 어느 누구도 이런 주택을 원하지 않는다. 심지어 마음만 먹으면 거의 공짜로 들어갈 수 있는 주택도 있다. 지금도 시골에 가면 몇 년 동안 아무도 살지 않은 주택이 수두룩하다. 이런 주택에 들어가 살겠다고 하면 주인이 거절하지 않는다. 오히려 좋아할 가능성이 더 크다. 이처럼 주택은 넘쳐난다. 주택보급률이 100%를 넘지만 주택은 여전히 부족하다. 사람들이 살기 원하는 지역과 공실 등으로 남아도는 집이 위치한 지역이 다르기 때문이다.

　　마음만 먹으면 살 수 있는 주택은 얼마든지 널렸다. 내가 원하는 주택과 지역이 아니면 희소성이 적용될 수밖에 없다. 수요와 공급을 따져보면 가격이 상승하는 주택은 분명한 이유가 있다. 사람들이 원하는 지역의 주택은 가격이 상승하고, 사람들이 기피하는 지역의 주택은 가격이 하락하게 마련이다.

　　이런 점을 무시하고 무조건적으로 주택가격이 미쳤다고 하며 터무니없이 비싸다고 비난하는 것은 그저 스스로에게 하는 위로일 뿐이다. 어차피 내가 살고 싶은 지역에 있는 주택은 한정적이다. 모든 주택가격의 상승은 여기서 출발한다.

〔그림 1〕 전국 주택공급량(1990~2016년)

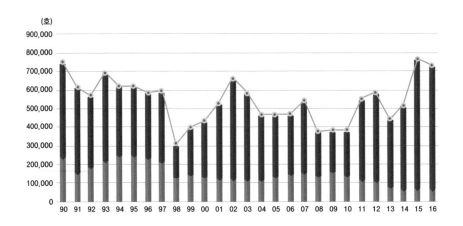

국토교통부에서 발표하는 1990년부터 2016년까지 주택건설인허가 실적을 살펴보면 평균 약 54만 3,000건이다. 공급 측면에서만 보면 가장 많은 주택을 건설한 때는 1990년대다. 1990년부터 1999년까지 평균 약 57만 7,000건이 공급됐는데 국가적 위기 직전이었던 1997년까지로 하면 평균 약 59만 7,000건이나 된다. 이 당시에는 주택가격이 상승할 틈이 없었다.

한국 사회에서 지금까지 가장 즐거운 시기를 꼽자면 바로 1990년대다. 1기 신도시가 건설되며 짧은 시간 동안 택지 개발에 따라 계획적으로 아파트가 공급되었다. 기존 구도심 집주인들에게는 정부가 주택을 건설하도록 각종 혜택을 펼쳤다. 주택이 지속적으로 공급되니 주택가격은 상승할 틈이 없고 사람들의 연봉은 해마다 올랐다. KB 월간 주택가격 동향에 의하면 1990년 1월부터 1999년 12월까지 10년 동안 전체 주택가격은 전국적으로 2.96% 상승했고 서울도 3.72%밖에 상승하지 못했다. 반면 통계청에서 발표한 1인당 실질 개인처분가능소득은 1990년에 757만 원에서 1999년 1,230만 원으로 무려 62%나 상승했다. 이 기간에 주택가격은 안정되고 소득은 늘어나 여유 있는 삶이 가능했다.

한국인이 그토록 좋아하는 아파트를 기준으로 봐도 전국 아파트 평균가격은 1990년 1월부터 1999년 12월까지 22.09% 상승했고 서울 아파트는 27.17% 상승하는 데 그쳤다. 이처럼 시장에 충분한 공급이 이뤄지면 가격이 상승하지 않는다. 1990년대를 제외하면 이때처럼 공급이 순조로웠던 적이 없다. 최근 다시 90년대를 조명하고 추억에 잠기는 이유가 당시는 매년 소득이 늘어나고 주택가격은 안정적이라 여유 있는 소비가 가능한 시대였기 때문이다.

공급이 일시적으로 급격히 줄어든 때가 딱 두 번 있다. 한 번은 1997년 외환위기와 함께 찾아온 IMF 사태 직후인 1998년이다. 1997년에는 주택건설인허가 실적이 약 59만 6,000건이었으나 1998년에는 거의 반토막인 약 30만 6,000건으로 줄었다. 다음으로 금융위기가 닥친 2007년 직후인 2008년부터 3년간이다. 2007년에 약 55만 5,000건에서 2008년부터 2010년까지 평균 약 37만 9,000건으로 줄었다. 주택은 상당히 비탄력적이다. 공급이 시장에 미치는 영향은 즉각적이지 않다. 상당한 기간을 두고 어느 날 느닷없이 깨닫게 된다. 즉, 몇 년 후에 주택공급이 부족하다는 걸 깨달으며 사람들이 살고 싶어하는 곳의 주택수가 적어져 가격이 상승하기 시작한다.

〔그림 2〕전국 주택건설인허가 실적과 주택가격

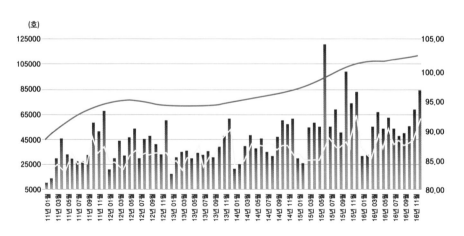

주택공급량과 주택가격

인허가는 어디까지나 주택을 건설하겠다는 신청이다. 그렇기 때문에 시장에 영향을 미치기까지 보통 시차가 발생한다. 아파트를 건축하는 데는 2~3년이 걸리고 다가구주택을 비롯한 다세대주택이나 단독주택은 6개월에서 1년이 걸린다. 인허가를 받은 후 땅 파는 착공을 한 후에 준공으로 완성된다. 인허가 실적이 적었던 2008년부터 2010년 사이의 물량이 시장에 실제로 영향을 미치는 것은 주택이 준공되는 2010년부터다.

실제로 주택 준공이 적어 공급이 부족했던 2011년부터 전국의 주택가격이 상승하기 시작했다. 대체적으로 가을 끝 무렵인 11월 전후로 준공물량이 가장 많이 나오고 새로운 봄 학기가 시작되는 3월 전후로 준공물량이 시장에 가장 적게 나온다.

이런 패턴은 거의 매년 반복되는데 대부분의 사람들이 주택을 필요로 하는 시기와는 반대다. 한국에서 가장 많은 이사 수요가 발생하는 것은 새학년이 시작되는 3월 전후다. 2월부터 시작해서 3월까지 주택은 적게 공급되지만 일시적으로 수요가 늘어나 주택가격은 상승 패턴을 보인다. 11월 전후는 반대 현상이 나타난다. 공급은 1년 중 가장 많고 주택이 필요한 수요층은 상대적으로 적다. 일반적으로 겨울철에는 설 명절로 인해 이사를 미루는 것이다. 매년 새해가 시작되자마자 주택가격에 대한 부정적인 뉴스가 나오는 이유기도 하다.

최근 몇 년 동안 서울은 충분한 공급이 이뤄지지 않았다. 2011년부터 준공물량은 평균 약 6만 5,000호 정도였다. 시장에 공급되는 준공물량

〔그림 3〕 서울 주택인허가 실적과 주택가격

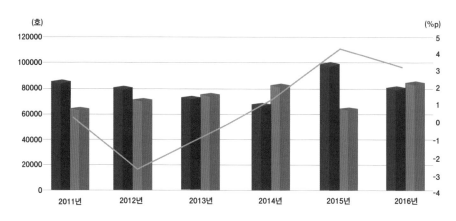

〔그림 4〕 부산 주택건설인허가 실적과 주택가격

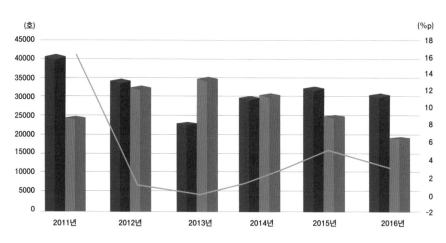

이 당장 영향을 미치지는 않는다. 기간을 두고 서서히 주택부족이나 과잉 현상을 체감하게 된다. 2011년에 0.2%p에서 2012년 −2.8%p까지 떨어졌던 전년 말 대비 주택가격은 바닥을 친 후에 서서히 상승하기 시작했다. 2015년에 4.3%p, 2016년 3%p로 가격이 상승하며 2015년 10만 호, 2016년 8만 1,000호가 착공되었다. 이에 따라 2015년 6만 4,000호, 2016년 8만 6,000호가 준공되며 점점 시장에 주택 공급이 늘어나고 있다.

부산은 시장에 공급되는 준공물량과 유사한 수준으로 가격 상승세가 이어진 도시다. 2011년 2만 4,000호가 준공되었을 때 전년 말 대비 주택가격이 16.7%p 상승했다. 그 이후 2012년 3만 2,500호, 2013년 3만 4,600호, 2014년 3만 호가 시장에 쏟아졌다. 이에 따라 주택가격은 이 기간 동안 겨우 2.1%p 상승했고 2015년에 다시 평소보다 적은 2만 4,900호로 준공되니 1년간 5.02%p가 더 상승했다. 2016년 1만 9,200호가 준공되며 주택가격이 3.03%p 상승한다. 해마다 준공물량이 얼마나 되느냐에 따라 주택가격이 하락과 상승을 반복했다.

최근 몇 년 동안 주택가격 상승폭이 컸던 대구는 2011년부터 2015년까지 쉼 없이 올라 상승률이 52.26%p나 된다. 2000년대 후반 한동안 대구는 미분양 물량이 해소되지 않아 인허가 실적이 적었다. 2011년 1만 호, 2012년 5,000호, 2013년 1만 3,000호, 2014년 1만 2,000호로 시장에 나오는 준공물량이 적었다. 이러다 보니 대구 주택가격은 전년 말 대비 주택가격이 2011년 10.49%p, 2012년 6.18%p, 2013년 8.96%p, 2014년 8.14%p로 지속적으로 상승했다. 2015년 준공물량이 2만 1,000호, 2016년 3만 1,000호로 많아지며 대구의 주택가격은 2015년 10.54%p로 정점을 친 후 2016년 −2.32%p나 하락했다.

〔그림 5〕 대구 주택건설인허가 실적과 주택가격

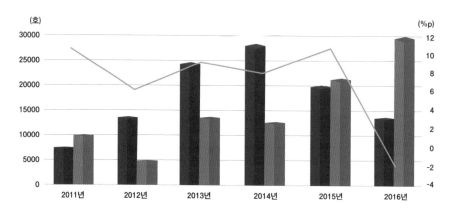

●착공(좌)　●준공(좌)　●전년말 대비 주택가격상승률(우)

〔그림 6〕 인천 주택건설인허가 실적과 주택가격

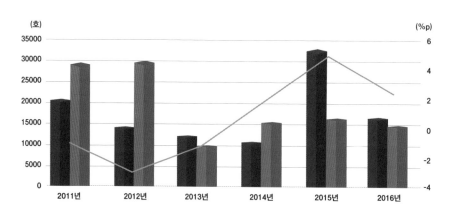

●착공(좌)　●준공(좌)　●전년말 대비 주택가격상승률(우)

한국에서 인구 300만 명이 넘는 도시는 서울, 부산, 인천뿐이다. 인천은 서울 바로 옆에 있는 광역도시로 타 도시에 비해 상대적으로 저평가되어 있다. 2011년 2만 9,000호와 2012년 3만 호로 평소보다 많은 준공물량에 시장에 쏟아지며 주택가격이 전년 말 대비 하락했다. 이런 여파로 주택가격은 2013년까지 계속 하락했다. 2013년부터 준공물량이 1만 호로 떨어지며 가격은 바닥을 친 후 상승하기 시작했다. 2014년 준공물량이 1만 5,000호, 2015년 1만 6,000호, 2016년 1만 5,000호로 유지되자 주택가격은 전년 말 대비 1.39%p, 4.88%p, 2.01%p 상승했다.

광역시 중에 가장 타 지역 사람들의 관심이 적은 광주의 주택시장은 그동안 의외로 가격 상승이 지속되었다. 2011년에는 전년 말 대비 주택가격이 무려 18.67%p나 상승했다. 이 당시에 준공물량은 9,000호 정도였다. 2012년에 준공물량은 더 줄어 6,800호였고 전년 말 대비 주택가격은 4.23%p로 계속 상승했다. 2013년 1만 1,000호, 2014년 1만 4,000호로 평균보다 많은 준공물량이 쏟아졌지만 이전에 공급된 준공물량이 적어 전년 말 대비 가격이 2.15%p, 2.96%p 상승했다. 2015년 8,500호로 준공물량이 줄며 6.49%p까지 상승했던 가격은 2016년 1만 3,000호의 누적 준공물량이 쏟아지자 0.35%p 상승하는 데 그쳤다.

대전은 세종을 제외하고 생각할 수 없다. 대전의 준공물량만 살펴봐서는 한계가 있다는 말이다. 세종에서 준공물량이 지속적으로 쏟아지고 있어 인접한 대전의 주택시장에 영향을 미치고 있기 때문이다. 아직 세종의 영향이 적었던 2011년 1만 4,900호가 준공되고 주택가격은 전년 말 대비 14.8%p나 상승했다. 그 후 대전은 2014년 1만 3,000호가 나온 것을 제외하면 거의 대부분 평균 7,600호 정도의 준공물량이 나왔다. 대

〔그림 7〕 광주 주택건설인허가 실적과 주택가격

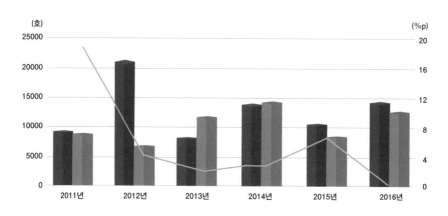

●착공(좌)　　●준공(좌)　　●전년말 대비 주택가격상승률(우)

〔그림 8〕 대전 주택건설인허가 실적과 주택가격

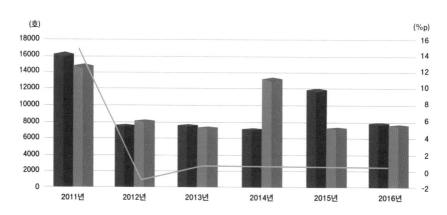

●착공(좌)　　●준공(좌)　　●전년말 대비 주택가격상승률(우)

전 자체로는 적은 편이지만 인근 세종에서 나오는 물량 때문에 가격 상승은 제한적이다. 2012년 −0.98%p 하락한 걸 제외하면 평균 0.47%p 상승률을 보였다. 착공물량을 볼 때 향후 시장에 더 많은 준공물량이 쏟아질 예정이다.

울산은 한국에서 평균소득이 가장 높은 도시다. 울산은 특이하게도 준공물량이 지속적으로 늘어났다. 2011년 4,900호에서 출발해서 2012년 7,500호, 2013년 1만 호, 2014년 1만 2,000호, 2015년 1만 2,000호가 시장에 나왔다. 반면 전년 말 대비 주택가격상승률은 2011년 13.8%p, 2012년 7.56%p, 2013년 1.55%p, 2014년 3.51%p, 2015년 4.68%p였다. 한때 준공물량이 적었던 여파가 시장에 영향을 미치며 가격이 상승했다면 시간이 지나며 준공물량이 점점 늘어나 가격 상승이 제한적으로 일어났다. 2016년 준공물량은 다시 6,900호로 줄었고 주택가격상승률은 0.69%p지만 착공물량을 볼 때 2017년부터 준공물량이 늘어날 가능성이 크다.

꾸준히 인구가 늘고 있는 경기도는 곳곳에 신도시가 건설되었다. 1기 신도시는 물론이고 2기 신도시까지 계속해서 새로운 도시가 곳곳에 생기며 커지고 있다. 공급이 많았던 2000년대 후반을 지나며 2011년부터 2014년까지 평균 9만 7,000호가 준공물량으로 나왔다. 가격은 전년 말 대비 2011년 1.31%p에서 2012년 −2.87%p, 2013년 −1.28%p 하락했다. 준공물량이 줄어들며 2014년에 다시 1.71%p 가격 상승이 일어났다. 2015년에 12만 2,000호, 2016년 15만 6,000호로 준공물량이 늘어나자 2015년 4.4%p, 2016년에 1.74%p 뒤늦게 가격이 상승했다. 2015년 27만 8,000호, 2016년 23만 7,000호로 평소보다 착공물량이 늘어남으로써 향

〔그림 9〕 울산 주택건설인허가 실적과 주택가격

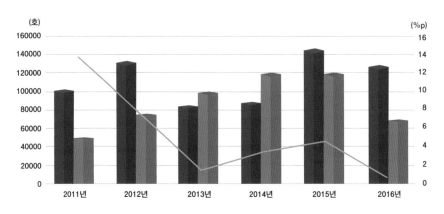

●착공(좌)　●준공(좌)　●전년말 대비 주택가격상승률(우)

〔그림 10〕 경기 주택건설인허가 실적과 주택가격

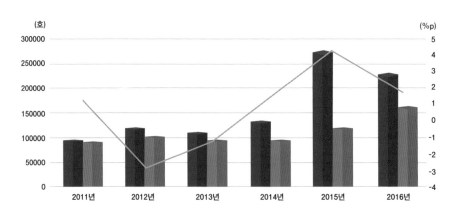

●착공(좌)　●준공(좌)　●전년말 대비 주택가격상승률(우)

후 준공물량이 쏟아져 나올 예정이다.

주택이 많이 공급된 해와 적게 공급된 해가 시장에 당장 영향을 미치는 것은 아니다. 살펴본 것처럼 시차를 두고 해당 도시에 영향을 미친다. 준공물량이 줄어들면 가격 상승의 촉매제가 되고 준공물량이 늘어나면 가격 하락의 촉매제가 된다. 이런 법칙이 반드시 통용되는 것은 아니지만 경제에서 수요와 공급은 막강한 힘을 펼친다. 이처럼 주택의 공급은 일정한 수요와 달리 많을 때와 적을 때를 반복하며 불일치를 발생시킨다. 이에 따라 가격은 후행하는 성격을 보인다. 착공물량이 2~3년 후에 준공되어 나온다고 볼 때 (빌라 같은 경우 6개월에서 1년 정도이지만) 미래를 예측하는 중요한 요소가 된다.

지금까지 본 것처럼 시장에 준공물량이 많아지면 가격은 하락 내지 보합한다. 가격이 비싸 주택을 구입하기 힘들다고 주장하면서 신축 아파트를 반대하는 것은 모순된 행동이다. 신축 주택이 많아지면 당장 신축 주택을 입주하려는 수요가 생기며 가격 상승을 주도할 수 있지만 결국에는 주택가격 안정에 큰 도움이 된다. 현재 주택을 보유하지 않은 실수요자라면 신규 아파트 건립에 반대하기보다는 차라리 찬성하는 편이 궁극적으로 자신에게 유리한 태도다. 신규 분양된 주택이 빈집으로 남아도는데 주택가격이 상승할 리 없다. 자신이 사고 싶은 지역에 빈집이 없을 뿐이다. 주택가격이 하락하길 원한다면 정부에 주택공급 정책을 펼치라고 요구해야 한다. 현 정부는 더 이상 과거처럼 주택을 공급하지 않겠다고 한다. 공급 위주의 정책을 포기한 것이다.

인구가 줄어도
가구수는 늘어난다

2016년 말 통계청에서 발표한 〈2015~2065년 장래인구추계〉 보고서가 각계에 큰 반향을 일으켰다. 이 보고서는 15~64세인 생산가능인구가 2016년에 정점을 이루고 2017년부터 감소한다는 내용을 담고 있다. 2016년 3,763만 명인 생산가능인구가 2065년 2,062만 명으로 줄어드는데 2020년대에는 연평균 34만 명씩 줄어들고 2030년대에는 연평균 44만 명씩 줄어들 것으로 예측했다. 인구도 2031년에 5,296만 명으로 정점을 이루고 2065년에는 4,302만 명이 될 것으로 예측된다. 2029년부터 출생아보다 사망자가 더 많아지며 인구의 자연감소가 시작될 전망이다.

생산가능인구를 중요하게 여기는 이유는 이 연령층이 경제활동의 주축이기 때문이다. 생산가능인구에는 군인, 공익근무요원, 교도소 수감자, 외국인 등은 제외되지만 경제활동인구와 학생, 구직단념자, 취업준비생 같은 비경제활동인구는 포함된다. 이들이 경제활동을 해야 국가경제가 성장할 수 있다. 생산가능인구가 줄어들면 결국 국민총생산(GDP)이 감소해 세수가 줄어들고 이에 따라 사회에서 재화가 분배되는 데 문제가 생긴다. 이런 현상은 베이비부머 세대가 고령화되고 출산율 저하로 신생아 수가 줄어들면 더욱 심화될 것이다.

그러나 이 예측은 어디까지나 미래에 발생할 일로 얼마든지 변할 수 있다. 생산가능인구에 외국인이 제외되었지만 이민자가 늘어나고 출산율이 높아지면 얼마든지 늘어날 수 있다. 이런 추세가 노력한다고 해서 갑작스럽게 변하지는 않겠지만 서서히 사회 곳곳에 영향을 미치는 것이므로 경각심을 갖고 개선 노력을 기울여야 한다.

생산가능인구가 줄어들면 주택가격이 하락할까

생산가능인구가 줄어들면 국가 활력이 줄어들 것이라는 이야기는 예전부터 있었다. 일본이 생산가능인구가 줄어들며 주택가격이 하락했고 청년층의 취업이 힘들다는 이야기는 거의 상식으로 받아들여지고 있다. 일본 후생노동성에서 발표한 자료에 의하면 일본의 생산가능인구는 2015년 110만 명이 줄었고 2016년에는 80만 명이 줄었다. 참고로 일본의 총인구는 약 1억 2,600만 명이다. 갈수록 생산가능인구가 줄어들고 있는 일본이지만 2009년 7월 계절조정한 값으로 실업률이 5.5%까지 증가했으나 이후 지속적으로 하락해서 2016년 10월에는 실업률이 3%까지 떨어졌다. 이는 OECD 국가 중 한국, 노르웨이와 함께 가장 낮은 수치다.

〔그림 1〕 일본 주택가격 추이

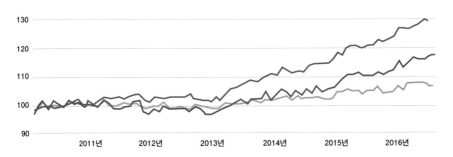

130
120
110
100
90

　　　　2011년　　　　2012년　　　　2013년　　　　2014년　　　　2015년　　　　2016년

● 주택가격(전국) -2010=100
● 주택가격(도쿄) -2010=100
● 콘도미니엄가격(전국) -2010=100

자료: 일본국토교통성(MLIT), 일본부동산경제연구소(JREI), 일본매크로어드바이저(JMA)

　　　뿐만 아니라 일본 총무성 발표에 의하면 일본인의 노동 참여율은 계절조정한 값으로 2004년 1월 60.5%에서 2012년 12월 58.9%까지 하락한 후 2016년 11월에 60%로 다시 상승했다. 2016년 11월 기준으로 일본 인구에서 현재 6,440만 명이 취업한 상태다. 이처럼 생산가능인구가 줄어든다고 당장 일할 사람이 사라지는 것은 아니다. 꽤 오랜 시간 후에 벌어질 현상이다.

　　　생산가능인구가 줄어들며 주택가격이 하락한 것으로 알려진 일본은 최근 들어 오히려 주택가격이 상승하고 있다. 일본의 주택가격이 하락한 후 상승하지 않은 것으로 알고 있는 사람들이 많다. 일본 국토교통성과 한국의 감정평가원과 같은 역할을 하는 일본 부동산경제연구소의 발표에 의하면 2010년을 100으로 놓았을 때 일본 주택가격은 상승했다.

일본 주거용 부동산 가격은 2010년 1월 100에서 2016년 9월 107.9까지 상승했다. 도쿄 주거용 부동산 가격은 2010년 1월 100에서 2016년 9월 117.9까지 상승했다. 일본 콘도미니엄(한국의 아파트에 해당) 가격은 2010년 1월 100에서 2016년 9월 130.9까지 상승했다. 더 자세한 사항은 일본매크로어드바이저 사이트(www.japanmacroadvisors.com)에서 확인하면 된다.

1947년 생산가능인구가 전체 인구 대비 59.9%였던 일본은 1990년에 69.7%로 정점을 이룬 후 2016년에 60.1%까지 줄었다. 2010년 63.5%에서 2016년 60.1%로 3.4%p가 줄었지만 이미 가격지수에서 확인한 것처럼 주택가격은 상승했다. 이와 똑같이 생산가능인구가 일본보다 먼저 감소하기 시작한 유럽을 보더라도 역시나 대부분 국가에서 이런 현상을 살펴볼 수 있다.

우리에게 잘 알려진 몇몇 국가만 살펴보자. 벨기에의 경우 2005년 65.6%에서 2015년 64.9%로 하락했다. 덴마크는 2005년 66.1%에서 2015년 64.4%로 하락했고, 독일도 66.9%에서 65.8%로 하락했다. 그리스는 2005년 66.7%에서 2015년 64.5%, 스페인은 69%에서 66.3%, 프랑스는 65.1%에서 63%, 이탈리아는 66.4%에서 64.5%로 하락했다. 네덜란드도 67.5%에서 65.4%로 하락한 것은 물론이고 영국도 65.9%에서 64.6%로 하락했다. 《부동산의 보이지 않는 진실》에서 소개한 핀란드는 66.6%에서 63.7%, 스웨덴은 65.2%에서 63.1%로 하락했다. 같은 기간 일본이 2005년 66.2%에서 2015년 60.6%로 하락한 것에 비하면 유럽 국가들의 하락폭은 상대적으로 적지만 감소했다는 사실은 동일하다. 유럽 국가들 중 상대적으로 경제력이 조금 떨어지거나 소국인 룩셈부르크, 아

〔표 1〕 유럽 국가의 연령대별 인구 변화

	0~14세		15~64세		65세 이상	
	2005	2015	2005	2015	2005	2015
EU-28(1)	16.3	15.6	67.2	65.6	16.6	16.9
벨기에(1)	17.2	17.0	65.6	64.9	17.2	18.0
불가리아	13.7	13.9	68.9	66.2	17.4	20.0
체코	14.9	15.2	71.1	67.0	14.1	17.8
덴마크	18.8	17.0	66.1	64.4	15.0	18.6
독일(1)	14.5	13.2	66.9	65.8	18.6	21.0
에스토니아(2)	15.4	16.0	68.0	65.2	16.6	18.8
아일랜드	20.7	22.1	68.2	64.9	11.1	13.0
그리스	15.1	14.5	66.7	64.5	18.3	20.9
스페인	14.5	15.2	69.0	66.3	16.6	18.4
프랑스(1)	18.7	18.6	65.1	63.0	16.3	18.4
크로아티아(2)	15.9	14.7	66.7	66.5	17.3	21.7
이탈리아	14.1	13.8	66.4	64.5	19.5	21.7
사이프러스	19.9	16.4	68.0	69.0	12.1	14.6
라트비아	17.1	14.6	67.1	66.6	15.8	18.7
리투아니아	17.2	15.6	67.2	65.6	16.6	16.9
룩셈부르크(1)	18.6	16.7	67.3	69.2	14.1	14.2
헝가리(1)	15.6	14.5	68.8	67.6	15.6	17.9
말타	17.6	14.3	69.0	67.2	13.3	18.5
네덜란드	18.5	16.7	67.5	65.4	14.0	17.8
오스트리아	16.1	14.3	67.9	67.2	15.9	18.5
폴란드(1)	16.7	15.0	70.2	69.5	13.1	15.4
포르투갈	16.0	14.4	66.8	65.4	17.2	20.3
루마니아	17.5	15.5	68.4	67.5	14.2	17.0
슬로베니아(1)	14.4	14.8	70.2	67.3	15.3	17.9
슬로바키아	17.1	15.3	71.3	70.7	11.7	14.0
핀란드	17.5	16.4	66.6	63.7	15.9	19.9
스웨덴	17.6	17.3	65.2	63.1	17.2	19.6
영국	18.1	17.7	65.9	64.6	15.9	17.7
아이슬란드	22.3	20.4	65.9	66.1	11.8	13.5
리히텐슈타인	17.6	15.1	71.3	68.9	11.1	16.0
노르웨이	19.7	18.0	65.6	65.8	14.7	16.1
스위스(1)	16.3	14.9	67.9	67.3	15.8	17.8
몬테네그로(2)	20.8	18.5	66.7	67.8	12.5	13.7
마케도니아(2)	20.0	16.8	69.1	65.6	16.6	16.9
알바니아	17.2	15.6	67.2	65.6	16.6	16.9
세르비아(1)	17.2	15.6	67.2	65.6	16.6	16.9
터키	17.2	15.6	67.2	65.6	16.6	16.9

(1) 2005~2015년 여러 해에 걸친 변화 (2) 연령 미상 인구는 연령 구성을 계산하기 위해 재분배함.
자료: 유로스타트

이슬란드, 몬테네그로, 알바니아, 세르비아, 터키 정도는 그나마 생산가
능인구가 늘어났지만 경제적으로 주목받지 못하고 있다.

　　생산가능인구가 줄어들고 있는 유럽의 대다수 나라에서는 주택
가격이 보합 내지 하락세일 것이라고 생각된다. OECD에서 발표한 주
택가격 자료는 OECD 홈페이지(http://www.oecd.org/eco/outlook/focuson
houseprices.htm)에서 확인할 수 있다.

　　2010년 기준으로 발표된 자료에서 주요 국가의 주택가격 추이를
살펴보면 다음과 같다. 독일은 2010년 98에서 2015년 128로 주택가격지
수가 상승했다. 프랑스는 2010년 97에서 2015년 99로 상승했다. 영국은

〔그림 2〕 유럽 국가별 주택가격 추이

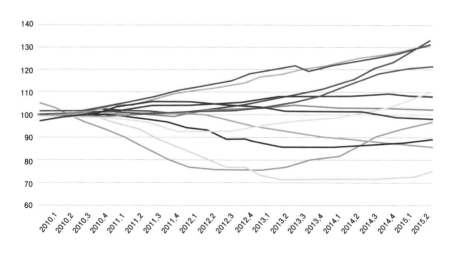

독일 프랑스 이탈리아 영국 벨기에 덴마크 핀란드 아일랜드 네덜란드 노르웨이 스페인 스웨덴

2010년 99에서 2015년 120으로 상승했다. 벨기에는 2010년 98에서 2014년 108, 덴마크는 2010년 99에서 2015년 110, 핀란드는 2010년 98에서 2015년 104로 상승했다. 그 외에 노르웨이는 2010년 97에서 2015년 130, 스웨덴은 2010년 98에서 2015년 132로 상승했다.

이처럼 유럽 국가 중 주택가격지수가 상승한 나라도 있지만 하락한 나라도 있다. 이탈리아는 2010년 99에서 2015년 85, 아일랜드는 2010년 104에서 2015년 95, 네덜란드는 2010년 100에서 2015년 88, 스페인는 2010년 100에서 2015년 74로 주택가격지수가 하락했다. 이들 국가는 대부분 지난 금융위기에 국가적 위기를 겪었다는 공통점이 있다. 금융위기 이후 이들 국가는 여전히 자산가치 하락에서 벗어나지 못하고 있다. 그렇더라도 이들 국가의 주택가격지수도 대부분 2013년에 바닥을

〔그림 3〕한국 인구와 가구수의 증가 추이

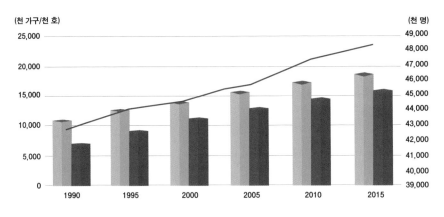

찍은 후 다시 상승 추세에 있다. 유일하게 이탈리아만 계속 하락을 거듭하고 있는데 이탈리아는 경제적인 문제가 지속적으로 대두되고 있기 때문으로 보인다.

한국 인구는 이미 언급한 것처럼 2031년까지 늘어난 이후 점차 줄어들 것으로 예측된다. 여기서도 중요한 점은 인구가 2017년이나 2018년에도 줄지 않고 2020년이 되어도 늘어나는 추세는 여전히 변함없다는 사실이다. 인구가 줄어들 예정이지 줄어든 것은 아니다. 미래는 얼마든지 변한다. 미래는 확정된 것이 아닌 예측일 뿐이다. 이미 우리는 영국 경제학자인 맬서스(Thomas Malthus, 1766~1834)가 인구는 기하급수로 늘어나고 식량은 산술급수적으로 늘어나 미래 인류는 멸망할 것이라고 예측한 걸 알고 있다. 우리는 맬서스가 미래라고 말한 현재를 살고 있다. 멜서스의 예측과 달리 인류는 슬기롭게 잘 헤쳐왔고 우려했던 것보다 더 풍요롭게 살고 있다.

인구가 아니라 가구수에 주목하라

2015년 통계청에서 5년마다 조사하는 인구센서스 조사결과가 발표됐다. 한국 인구는 1990년 4,273만 8,000명에서 2015년 4,834만 명으로 늘어났다. 외국인 등은 제외한 숫자다. 25년 동안 인구가 약 13% 늘어났다. 가구는 1990년 1,135만 5,000가구에서 2015년 1,911만 1,000가구로 늘어 25년 동안 68%가 늘어났다. 주택은 1990년 735만 7,000호에

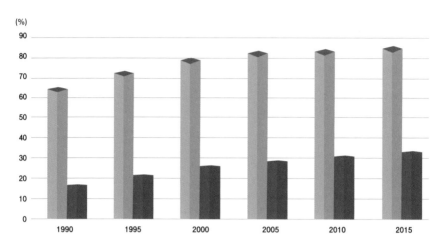

●가구 대비 주택   ●인구 대비 주택

서 2015년 1,636만 7,000호로 25년 동안 122%가 늘어났다. 인구가 서서히 늘어나는 가운데 가구수와 주택수는 상대적으로 훨씬 더 많이 늘어났다. 단순히 인구만 보고 주택이 부족한지 과잉인지를 언급하기 어려워진 것이다. 모든 주택에 한 사람이 거주하는 게 아니다. 이제 갓 세상에 나온 아기는 거주 공간은 필요하지만 혼자 살 수 없다. 이처럼 인구만 놓고 주택수가 적은지 많은지 결론을 내리면 불확실한 판단이 나올 수밖에 없다. 인구가 줄어들기 때문에 주택의 과잉을 우려하는 것은 섣부른 판단이 될 수밖에 없는 이유다. 주택수를 정확히 예측하기 위해서는 인구보다는 가구수로 파악하는 것이 옳다.

이미 살펴본 것처럼 인구에 비해 가구수가 훨씬 가파르게 증가했

〔그림 5〕 지역별 가구수 대비 주택수

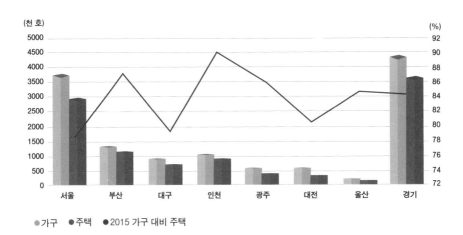

●가구 ●주택 ●2015 가구 대비 주택

다. 1990년부터 2015년까지 25년 동안 인구는 평균 2.5% 정도씩 늘어났지만 가구수는 평균 11%씩 늘어났고 주택은 이보다 더 많은 평균 17.5%씩 늘어났다. 주택에는 빈집이 포함되었고 다가구주택은 1호로 계산된다. 이러다 보니 2015년 기준으로 가구수는 1,911만 1,000가구지만 주택수는 1,636만 7,000호로 부족하게 나온다. 인구 대비 주택수는 1990년에 17%밖에 안 되었지만 꾸준히 늘어나 2015년에는 33.8%까지 늘어났다. 반면에 가구 대비 주택수는 1990년 64.8%에서 2015년 85.6%로 상승했다.

전국적으로 가구 대비 주택수는 2015년 기준으로 85.6%이지만 도시별로 따져보면 각기 다르다. 서울은 378만 4,000가구에 주택수는

297만 3,000호로 가구 대비 78.5%다. 부산은 133만 6,000가구에 116만 4,000호로 87.1%, 대구는 92만 9,000가구에 73만 8,000호로 79.4%, 인천은 104만 5,000가구에 94만 2,000호로 90.1%, 광주는 56만 7,000가구에 48만 7,000호로 85.9%, 대전은 58만 3,000가구에 46만 9,000호로 80.4%, 울산은 42만 3,000가구에 35만 8,000가구로 84.6%, 경기도는 438만 5,000가구에 369만 4,000호로 82.9%다. 이들 서울, 수도권과 광역시에 전체 1,911만 1,000가구 중 1,305만 2,000가구인 68.3%가 거주하고 있고 전체 주택 1,636만 7,000호 중 1,082만 5,000호인 66.1%가 존재한다. 수도권 지역의 평균 가구 대비 주택 비율은 82.9%다.

인구의 증감보다는 가구의 증감을 파악하고 판단을 내려야 주택을 정확히 바라볼 수 있다. 현재 가구 대비 주택수가 평균보다 많은지, 적은지 여부와 가구가 늘어나는 추세와 주택이 늘어나는 추세로 따져봐야 더 정확한 판단을 내릴 수 있다. 가구 대비 주택이 유독 더 많은 곳과 적은 곳을 파악하는 것이 더 중요하다. 향후 10년 정도 인구도 더 늘어나겠지만 가구수는 그 이후에도 계속 더 증가할 가능성이 크다. 인구가 줄어도 가구수가 늘어나는 추세가 언제까지 지속될지 고령화가 많이 진행된 유럽 국가를 비교해보자.

유럽연합은 공식 통계기구인 유로스타트(EUROSTAT)를 통해 유럽 전체를 통합한 통계 자료를 발표하고 있다. 유로스타트의 사이트(http://ec.europa.eu/eurostat)를 방문하면 유럽연합에 포함된 국가뿐 아니라 유럽에 있는 다수 국가의 통계를 확인할 수 있다.

2016년 1월 기준으로 유럽에서 한국보다 인구가 많은 국가는 독일(8,200만 명), 터키(7,800만 명), 프랑스(6,600만 명), 영국(6,500만 명), 이탈리

〔표 2〕 유럽 국가별 인구 추이

	2015. 1. 1. 인구	신생아 수	사망자 수	자연 변화(1)	순인구이동과 통계적 조정(2)	2015. 1. 1.과 2016 사이 총 변화	2016. 1. 1. 인구
EU-28(3)	508,239.4	5,091.3	5,226.5	-135.2	1,897.8	1,762.7	510,056.0
벨기에(3)	11,209.0	122.3	110.5	11.7	69.1	80.9	11,289.9
불가리아	7,202.2	66.0	110.1	-44.2	-4.2	-48.4	7,153.8
체코	10,538.3	110.8	111.2	-0.4	16.0	15.6	10,553.8
덴마크	5,659.7	58.2	52.6	5.7	41.9	47.5	5,707.3
독일	81,197.5	738.0	925.0	-187.0	1,151.5	964.5	820,162.0
에스토니아(3)	1,313.3	13.9	15.2	-1.3	4.0	2.7	1,315.9
아일랜드	4,628.9	65.9	30.0	36.0	-6.4	29.6	4,658.5
그리스	10,858.0	91.9	120.8	-29.0	-35.5	-64.5	10,793.5
스페인	46,449.6	417.3	420.0	-2.8	-8.4	-11.1	46,438.4
프랑스(3)	66,415.2	485.8	647.6	-161.8	31.7	-130.1	60,665.6
크로아티아	4,225.3	37.5	54.2	-16.7	-17.9	-34.6	4,190.7
이탈리아	60,795.6	485.8	647.6	-161.8	31.7	-130.1	60,665.6
사이프러스	847.0	9.2	5.9	3.3	-2.0	1.3	848.3
라트비아	1,986.1	22.0	28.5	-6.5	-10.6	-17.1	1,969.0
리투아니아	2,921.3	31.5	41.8	-10.3	-22.4	-32.7	2,888.6
룩셈부르크	563.0	6.1	4.0	2.1	11.2	13.3	576.2
헝가리	9,885.6	92.1	131.6	-39.4	14.4	-25.1	9,830.5
말타	429.3	4.3	3.4	0.9	4.2	5.1	434.4
네덜란드	16,900.7	170.0	147.0	23.0	55.4	78.4	16,979.1
오스트리아	8,576.3	84.4	83.1	1.3	122.9	124.2	8,700.5
폴란드	38,005.6	369.3	394.9	-25.6	-12.8	-38.4	37,967.2
포르투갈	10,374.8	85.5	108.5	-23.0	-10.5	-33.5	10,341.3
루마니아	19,870.6	185.0	260.7	-75.7	-35.0	-110.7	19,760.0
슬로베니아	2,062.9	20.6	19.8	0.8	0.5	13.3	2,064.2
슬로바키아	5,421.3	55.6	53.8	1.8	3.1	4.9	5,426.3
핀란드	5,471.8	55.5	52.5	3.0	12.6	15.6	5,487.3
스웨덴	9,747.4	114.9	90.9	24.0	79.7	103.7	9,851.0
영국	64,767.1	777.2	602.8	174.4	399.7	574.1	65,341.2
아이슬란드	329.1	4.1	2.2	2.0	1.5	3.4	332.5
리히텐슈타인	37.4	0.3	0.3	0.1	0.2	0.3	37.6
노르웨이	5,166.5	59.1	40.7	18.3	29.2	47.5	5,214.0
스위스	8,237.7	84.4	67.3	17.6	70.0	87.5	8,325.2
몬테네그로	622.1	7.4	6.3	1.1	-0.9	0.1	622.2
마케도니아	2,069.2	23.1	20.5	2.6	-0.5	2.1	2,071.3
알바니아	2,892.3	33.2	22.4	10.8	-17.1	-6.3	2,886.0
세르비아(4)	7,114.4	65.7	103.7	-38.0	0.0	-38.0	7,076.4
보스니아와 헤르체코비나(4)(5)	77,695.9	1,325.8	405.2	920.6	124.6	1,045.0	78,741.1
코소보(5)(6)	3,830.9	29.2	34.8	-5.6	0.0	-5.6	3,825.3

(1) 사산아를 뺀 신생아 수 (2) 자연 변화를 뺀 총 변화 (3) 연속된 개입
(4) 이동에 대한 자료 부족으로 인해 인구통계학적 균형은 독창적인 자연 변화를 기반으로 한다.
(5) 인구통계학적 균형: 2014 (6) 유엔안전보장이사회 결의안 1244/99에 따름.

자료: 유로스타트

아(6,000만 명) 5개국밖에 없다. 한국과 인구가 비슷한 국가로는 스페인 (4,600만 명)이 있다. 그 외 대다수는 1,000만 명 미만으로 인구가 그리 많지 않다. 이들 국가 대부분은 이미 살펴본 것처럼 생산가능인구가 줄어들고 있다. 유럽에서도 2015년 대비 2016년에 인구가 줄어든 국가가 꽤 많은 걸 알 수 있다. 유럽의 여러 국가 중 이탈리아는 유독 출생 인구보다 사망 인구가 더 많아 13만 명으로 인구가 가장 많이 줄었다.

독일은 2015년에 사망자가 출생자보다 많았지만 난민 유입 등의 이민으로 인구가 거의 100만 명이 늘었다. 혼인을 하지 않은 부모 사이에서 태어난 아이에게 여러 경제적 혜택을 제공하는 프랑스는 자연인구가 20만 명이 늘었다. 영국도 자연인구가 17만 명 증가했는데 이민은 이를 뛰어넘는 약 40만 명으로 도합 57만 명이 증가했다. 터키는 출생자수가 132만 명으로 사망자수 40만 명을 넘어서 이민자까지 합치면 100만 명이 증가했다. 참고로 한국은 2015년에 43만 8,000명이 출생하고 27만 5,000명이 사망하며 자연인구가 16만 3,000명 증가했다.

유럽 국가의 가구수를 보면 인구가 많은 국가가 가구수도 많다. 인구가 제일 많았던 독일이 4,000만 가구, 영국이 2,820만 가구, 프랑스가 2,890만 가구, 이탈리아는 2,570만 가구, 터키는 인구 대비 상대적으로 적은 2,160만 가구다. 한국보다 인구가 약간 적은 스페인의 가구수는 1,830만 가구다. 유럽 국가들은 대부분 대가족 가구가 적고 1인가구나 2인가구 비율이 높다. 2015년 유럽 28개국 평균을 보면 1인가구는 전체에서 33.4%를 차지하고 있다. 2인가구는 24.6%다. 1~2인 가구를 합치면 58%나 된다. 유럽 사람들 중 많은 가구가 1인가구 아니면 2인가구로 거주한다는 뜻이다. 전체 가구의 29.9%가 아이들과 함께 살고 있다.

〔표 3〕 유럽 국가별 가구 구성 형태 변화

	총계(천)		자녀가 있는 성인 한 명(%)		자녀가 없는 성인 한 명(%)		자녀가 있는 부부(%)		자녀가 없는 부부(%)		자녀가 있는 기타 가정(%)		자녀가 없는 기타 가정(%)	
	2006	2015	2006	2015	2006	2015	2006	2015	2006	2015	2006	2015	2006	2015
EU-28	199,026.9	218,912.9	4.0	4.5	29.3	33.4	21.3	20.0	23.9	24.6	6.9	5.4	13.4	12.2
벨기에	4,436.4	4,699.3	6.0	5.6	30.2	29.4	20.5	22.0	23.8	26.9	6.8	5.0	11.9	11.2
불가리아	2,870.2	2,939.8	2.8	3.0	25.3	35.8	19.8	14.8	24.0	22.5	11.0	7.5	16.8	16.4
체코	4,139.4	4,644.2	4.7	4.8	25.5	29.8	24.9	22.3	25.0	27.3	6.2	4.5	12.6	11.2
덴마크	2,365.0	2,373.1	:	9.1	:	43.9	:	18.5	:	23.1	:	1.9	3.6	3.6
독일	39,188.5	40,257.8	4.1	3.8	38.8	40.9	16.7	15.0	27.7	28.5	3.6	3.0	9.0	8.8
에스토니아	546.9	571.6	7.2	5.7	30.6	37.6	22.0	20.8	18.3	21.7	7.6	4.7	9.9	9.4
아일랜드	1,484.6	1,712.0	5.5	6.2	21.6	22.8	27.0	28.8	18.6	20.8	8.3	6.4	17.1	14.8
그리스	4,236.3	4,376.0	1.7	2.0	26.5	30.7	23.3	20.2	23.9	25.8	5.7	4.3	17.5	16.9
스페인	16,179.8	18,376.0	1.7	3.3	21.8	25.3	22.4	23.3	19.9	21.5	10.5	7.3	21.8	19.2
프랑스	26,175.6	28,920.4	5.1	6.3	32.2	34.7	23.7	21.7	27.3	26.1	3.8	3.6	8.3	7.5
크로아티아	1,569.9	1,494.1	1.7	1.6	25.1	23.5	18.8	19.7	21.2	18.3	12.1	13.9	22.0	23.2
이탈리아	23,438.8	25,788.6	2.1	2.8	28.7	33.1	23.5	21.5	20.2	20.0	6.7	5.8	18.5	16.8
사이프러스	25.16	290.0	3.3	4.1	14.9	20.9	32.4	26.8	24.1	23.6	8.4	7.9	19.1	16.6
라트비아	825.2	832.7	5.1	5.7	23.7	33.0	19.6	16.3	18.1	17.6	14.1	9.5	18.1	17.9
리투아니아	1,187.3	1,331.5	5.3	7.2	26.6	37.9	21.5	16.3	15.7	18.4	15.9	6.5	15.4	13.7
룩셈부르크	18.45	229.1	3.5	3.4	31.6	35.3	27.0	25.3	24.2	22.3	5.1	5.2	10.6	8.5
헝가리	3,836.0	4,151.6	3.7	4.0	25.7	33.2	22.5	18.3	21.2	21.9	9.5	6.8	16.9	15.6
말타	129.4	151.3	2.0	3.5	13.1	19.6	29.4	23.8	18.5	21.0	12.4	9.6	26.3	22.5
네덜란드	7,155.4	7,621.7	4.2	4.1	33.0	36.4	23.5	21.9	29.8	29.4	2.8	2.8	5.8	5.5
오스트리아	3,509.4	3,815.9	3.5	3.0	34.7	37.2	18.8	17.3	23.0	23.9	6.8	5.7	14.1	13.0
폴란드	12,768.8	14,113.4	4.3	3.7	18.8	22.8	25.8	23.3	18.3	22.9	15.8	11.3	17.5	15.9
포르투갈	3,819.1	4,082.7	2.8	4.3	17.0	21.6	27.1	23.9	21.9	23.6	10.6	8.0	19.9	18.6
루마니아	7,373.2	7,469.7	2.3	2.4	19.8	26.4	25.8	20.2	19.4	21.1	16.4	12.3	17.8	17.6
슬로베니아	753.9	882.7	3.0	2.8	24.1	34.4	24.5	21.7	18.0	20.6	9.9	5.7	17.3	14.8
슬로바키아	1,705.6	1,846.9	2.9	2.9	19.0	21.8	25.7	22.2	17.4	20.7	15.6	12.1	22.0	20.3
핀란드	2,412.9	2,622.5	1.9	1.7	38.3	40.9	21.3	18.6	30.3	31.8	2.3	2.1	5.3	4.9
스웨덴	:	5,099.8	:	5.9	:	59.4	:	14.4	:	17.2	:	1.2	:	1.8
영국	26,483.1	28,218.5	7.3	7.2	30.8	31.1	19.2	19.9	27.1	26.6	4.9	4.5	11.4	10.7
마케도니아	526.5	561.6	1.4	1.2	16.1	9.7	21.6	21.3	12.2	14.4	32.6	26.3	28.3	26.5
터키	17,885.8	21,633.6	2.9	1.6	6.9	12.8	41.6	32.9	14.6	15.9	20.3	19.8	20.6	17.0

〔 : 〕데이터 없음.

자료: 유로스타트

〔그림 6〕 한국과 유럽 주요 국가의 인구 대비 가구수

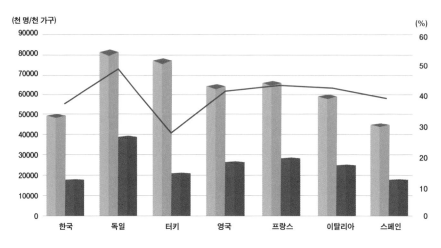

●인구(좌) ●가구(좌) ●인구 대비 가구수(우)

　　유럽 28개국 전체 인구는 5억 1,005만 6,000명이고 가구수는 2억 1,891만 2,000가구다. 인구 대비 가구수는 43%이다. 주요 국가를 보면 독일이 49%, 프랑스 43%, 이탈리아 43%, 영국 42%, 스페인 40%이고 터키가 가장 적은 27%다. 유럽 대부분 국가와 달리 터키는 경제적으로 후진국에 속하다 보니 인구에 비해 가구수는 적다. 한국은 외국인이 포함된 5,106만 9,000명에 1,911만 1,000가구로 인구 대비로 볼 때 37%이다. 유럽 국가들에 비하면 한국은 가구수가 적은 편이다.

　　유럽 국가들의 인구 대비 가구수를 좀 더 살펴보면 다음과 같다. 네덜란드 45%, 체코 44%, 벨기에 42%, 그리스 41%, 포르투갈 39%, 루마니아 38%, 폴란드 37%순이다. 《부동산의 보이지 않는 진실》에서 소개했

던 스웨덴은 52%, 핀란드는 48%다. 살펴본 것처럼 대체적으로 선진국일수록 인구 대비 가구수가 많다. 상대적으로 기후에 따른 영향도 있어 보인다. 스웨덴이나 핀란드처럼 겨울이 무척 추운 국가는 그만큼 가구가 많다. 가구라는 것은 주택에 거주한다는 의미다. 참고로 일본은 2010년 기준으로 인구는 1억 2,800만 명에 가구수는 5,184만 2,000가구로 40%다.

인구와 상관없이 가구수는 향후에도 계속 늘어날 수밖에 없는 구조다. 이미 한국에서 가장 많은 비율을 차지하는 1인가구는 향후 더 늘어날 것이다. 사회가 발전하고 일자리를 찾아 떠나는 청년층 등의 다양한 이유로 독립하려는 인구는 늘어난다. 1인가구만 놓고 보더라도 〈표 3〉에서 본 것처럼 독일 40.9%, 프랑스 34.7%, 이탈리아 33.1%, 영국 31.1%처럼 한국의 1인가구 비율 27.2%보다 높다. 터키(12.8%)나 스페인(25.3%)처럼 다인가구가 많은 국가도 있지만 유럽은 평균 33.4%가 1인가구다.

한국은 통계청에서 발표한 장래 인구 추계 중 중위 추계에 의하면 2031년에 5,296만 명으로 정점에 다다른 후 감소한다. 가구수도 최소한 2031년까지는 인구에 맞춰 증가할 테니 그만큼 주택이 더 필요하다. 현재와 같이 인구 대비 가구 비율이 37%라면 2031년에는 약 2,107만 1,000가구가 되어야 한다. 유럽 평균인 43%로 대입하면 약 2,138만 8,000가구가 된다. 한국은 지정학적으로도 사계절이 뚜렷하며 따뜻한 봄뿐만 아니라 추운 겨울이 찾아온다. 더운 여름에는 굳이 주택이 없어도 상관없지만 겨울에 추위를 막아줄 공간이 없으면 안 된다. 핀란드와 스웨덴이 유독 가구 비율이 높은 것은 그런 이유가 크지 않을까? 게다가 선진국일수록 인구 대비 가구 비율이 한국보다 높다.

단순히 한국만의 국지적인 사례가 아닌 외국을 비교하며 생산가능 인구와 인구의 증감에 따른 주택가격의 변화까지 들여다봤다. 한국이 유럽에 비해 인구 대비 가구수가 적다는 것도 확인했다. 단순히 생산가능 인구가 줄어들어도 주택가격은 상승할 수 있고 전체 인구가 줄어도 가구는 당분간 지속적으로 늘어날 수밖에 없는 구조다. 인구가 줄어드는 것도 당장 내년부터 생기는 일이 아닌 최소한 2031년부터 일어나는 일이다. 주택가격이 하락할 것이라는 경각심을 갖고 조심해야 할 필요는 있지만 침소봉대하며 너무 공포에 사로잡힐 일은 아니다.

경제성장률이
주택가격에 미치는 영향

주택가격이 하락할 수밖에 없다는 이론 중 시장을 지배해온 것은 인구구조에 따른 결정론(또는 운명론이라고도 할 수 있다)이었다. 인구는 주택가격과 관련된 중요한 요소지만 반드시 확신에 가득 차 믿어야 할 유일한 요소는 아니다. 여러 요소 중 하나일 뿐이다. 수요와 공급이라는 큰 측면에서 주택가격에 영향을 미치는 것은 앞서 살펴봤듯 인구만이 아니라 가구수나 주택수도 중요하게 작용한다. 이번에는 또 하나의 중요한 요소인 경제성장률과 주택가격의 상관관계를 살펴보겠다.

성장은 점점 커지는 걸 의미하는 단어다. 지금까지 현대 자본주의 하의 국가와 사회는 지속적으로 성장하며 더 살기 좋아졌다. 물론 과거가 더 살기 좋았다며 푸념하는 사람들도 있다. 인간의 기억은 변경과 왜곡을 잘한다. 과거가 좋았다고 말하는 거의 대부분의 사람들은 현재 더 잘 살고 있다. 정말로 살기 힘들 때 그런 이야기를 하는 사람은 없다. 과거보다 지금 더 살기 힘들다는 것은 한창 성장할 때의 추억이 남아 있어 그렇다. 힘들었던 과거는 어느새 아름다운 추억으로 윤색될 뿐이다. 과거로 돌아가 살라고 하면 대부분이 현재가 더 좋다고 할 것이다.

한국의 경제성장률과 주택가격상승률

한국의 경제성장률을 1991년부터 살펴보면 1998년 IMF 사태 직후에 −5.5%를 기록한 것을 제외하면 마이너스인 적이 없다. 1999년에는 11.3%로 가장 높은 성장률을 보이기도 했다. 2010년대 들어 평균 2.9%로 한국 경제는 여전히 꾸준히 성장하고 있다. 2016년에도 어렵다고는 했지만 2.7% 성장했다.

한국은 눈부신 성장을 이룬 끝에 전 세계 GDP 순위에서 IMF 기준으로 2016년 1조 4,044억 달러로 11위를 차지했다. 한국 경제의 덩치가 커진 만큼 과거처럼 경제성장률이 높아질 가능성은 줄어들었다고 봐야 한다. 작은 눈덩이를 굴리는 것과 큰 눈덩이를 굴리는 것은 엄청난 차이가 있다. 작은 눈덩이는 가볍게 굴려도 한 바퀴가 되지만 큰 눈덩이는 그렇지 않다.

경제가 성장한다는 것은 한국의 경제 규모도 점점 커지고 있다는 의미이고 국가 내부의 각종 자산 규모도 커진다는 뜻이다. 자산이 커지면 결국 자산가격이 상승한다. 지속적으로 경제가 성장하고 있는 한국의 자산가격이 시간이 지날수록 상승할 수밖에 없는 이유다. 다만 경제

〔그림 1〕 경제성장률과 전국 주택가격상승률

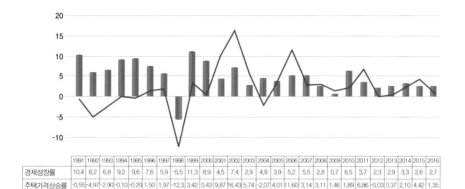

	1991	1992	1993	1994	1995	1996	1997	1998	1999	2000	2001	2002	2003	2004	2005	2006	2007	2008	2009	2010	2011	2012	2013	2014	2015	2016
경제성장률	10.4	6.2	6.8	9.2	9.6	7.6	5.9	-5.5	11.3	8.9	4.5	7.4	2.9	4.9	3.9	5.2	5.5	2.8	0.7	6.5	3.7	2.3	2.9	3.3	2.6	2.7
주택가격상승률	-0.55	-4.97	-2.90	-0.10	-0.20	1.50	1.97	-12.3	3.42	0.43	9.87	16.43	5.74	-2.07	4.01	11.60	3.14	3.11	1.46	1.89	6.86	-0.03	0.37	2.10	4.42	1.35

●경제성장률   ●KB주택가격상승률

성장률은 해마다 다르다. 플러스 성장을 한다는 것은 비슷하지만 2011년
3.7%와 2012년 2.3%로 단 1년 만에 무려 1.4%p나 차이가 날 정도다. 이
렇게 경제가 들쭉날쭉하게 성장하니 자산가격도 얼마든지 등락을 반복
할 수 있다. 장기간으로 보면 자산가격이 상승해 있지만 단기간으로 보
면 전년도에 비해 상승할 수도 하락할 수도 있다.

　　1991년부터 2016년까지 평균 경제성장률은 5.08%다. KB부동산
에서 발표하는 동기간 전년말 대비 해당연도말 주택가격 평균 상승률은
2.17%로 경제성장률을 쫓아가지 못했다. 1991년도부터 1995년까지 경
제성장률은 최소 6% 이상 상승했지만 이 기간 동안 주택가격은 플러스
는커녕 마이너스로 매년 전년도에 비해 떨어지기만 했다. 이 당시에는
정부의 주택 200만 호 건설계획과 함께 수도권 1기 신도시를 비롯해 전

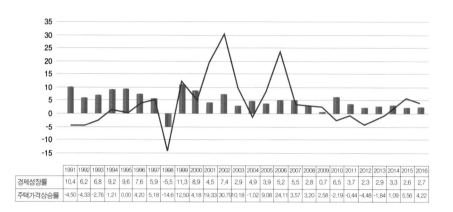

	1991	1992	1993	1994	1995	1996	1997	1998	1999	2000	2001	2002	2003	2004	2005	2006	2007	2008	2009	2010	2011	2012	2013	2014	2015	2016
경제성장률	10.4	6.2	6.8	9.2	9.6	7.6	5.9	-5.5	11.3	8.9	4.5	7.4	2.9	4.9	3.9	5.2	5.5	2.8	0.7	6.5	3.7	2.3	2.9	3.3	2.6	2.7
주택가격상승률	-4.50	-4.33	-2.76	1.21	0.00	4.20	5.18	-14.6	12.50	4.18	19.33	30.79	10.18	-1.02	9.08	24.11	3.57	3.20	2.58	-2.19	-0.44	-4.48	-1.84	1.09	5.56	4.22

● 경제성장률　● KB주택가격상승률

국적으로 대규모 주택공급이 있었기 때문이다. 앞에서 설명한 것과 같이 아무리 경제가 좋아도 주택공급이 넘치면 가격이 상승하기는커녕 하락하게 된다. 경제성장과 주택가격 상승은 그다지 일치하는 모습을 보이진 않는다. 1999년 경제성장률이 11.3%까지 상승한 후 점점 떨어져 2003년 2.9%로 하락했을 때 5년 평균 주택가격상승률은 7.18%로 당시 5년 평균 경제성장률인 7%보다 높았다. 이때를 제외하면 주택가격이 이렇게 많이 상승한 적이 없다. 전년도보다 경제성장률과 주택가격이 모두 상승한 해는 1999년, 2002년, 2006년, 2010년, 2013년밖에 없다. 거꾸로 전년도보다 경제성장률은 낮았지만 주택가격이 상승한 해는 1997년, 2001년, 2005년, 2011년, 2015년이다. 경제성장과 주택가격이 반드시 일치한다고 볼 수 없다.

〔그림 3〕경제성장률과 지역별 아파트 가격 상승률 : 부산, 대구, 인천

부산

	1991	1992	1993	1994	1995	1996	1997	1998	1999	2000	2001	2002	2003	2004	2005	2006	2007	2008	2009	2010	2011	2012	2013	2014	2015	2016
경제성장률	10,4	6,2	6,8	9,2	9,6	7,6	5,9	-5,5	11,3	8,9	4,5	7,4	2,9	4,9	3,9	5,2	5,5	2,8	0,7	6,5	3,7	2,3	2,9	3,3	2,6	2,7
주택가격상승률	-6,67	-11,3	-5,72	-0,50	-0,10	0,20	-2,40	-12,1	7,92	3,13	13,70	16,01	8,91	-2,02	-0,58	-0,70	0,68	4,10	6,02	16,56	22,44	-0,71	-0,77	1,50	5,62	4,04

대구

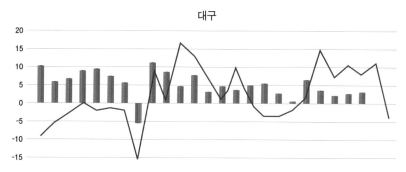

	1991	1992	1993	1994	1995	1996	1997	1998	1999	2000	2001	2002	2003	2004	2005	2006	2007	2008	2009	2010	2011	2012	2013	2014	2015	2016
경제성장률	10,4	6,2	6,8	9,2	9,6	7,6	5,9	-5,5	11,3	8,9	4,5	7,4	2,9	4,9	3,9	5,2	5,5	2,8	0,7	6,5	3,7	2,3	2,9	3,3	2,6	2,7
주택가격상승률	-8,50	-5,01	-3,07	0,30	-1,38	-1,00	-1,52	-14,7	11,07	0,22	16,86	12,95	6,54	0,50	9,90	1,22	-3,07	-3,10	-1,28	2,00	14,95	7,50	10,81	8,30	11,24	-3,48

인천

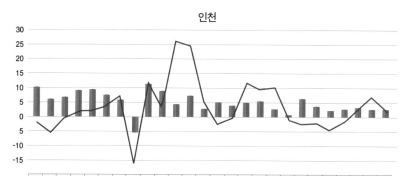

	1991	1992	1993	1994	1995	1996	1997	1998	1999	2000	2001	2002	2003	2004	2005	2006	2007	2008	2009	2010	2011	2012	2013	2014	2015	2016
경제성장률	10,4	6,2	6,8	9,2	9,6	7,6	5,9	-5,5	11,3	8,9	4,5	7,4	2,9	4,9	3,9	5,2	5,5	2,8	0,7	6,5	3,7	2,3	2,9	3,3	2,6	2,7
주택가격상승률	-1,85	-4,87	-0,10	2,09	2,35	3,70	7,23	-16,1	11,79	2,56	26,26	25,02	5,99	-3,01	-0,02	12,20	9,94	10,46	-0,73	-2,85	-2,00	-4,47	-1,77	2,35	7,05	2,70

●경제성장률 ●KB주택가격상승률

서울 아파트를 놓고 볼 때도 1998년에서 1999년에 경제성장률과 주택가격이 하락 후 상승한 걸 제외하면 그다지 연관성이 크다고 할 수 없다. 굳이 찾는다면 1992~1994년, 2001~2003년, 2005~2006년과 2012~2014년이다. 이 기간에는 경제성장률 증감에 따라 가격이 함께 증감했다고 볼 수 있는데 당시에 경제성장을 직접적으로 체감한 사람은 드물다. 그만큼 피부로 와 닿을 정도로 경제가 좋지도 나쁘지도 않았는데 주택가격 상승과 하락은 더 심했다.

부산 아파트 가격은 2001~2003년과 2010~2011년에 엄청나게 상승했지만 당시 경제성장률은 그다지 높지 않았다. 오히려 상대적으로 경제가 좋았던 1991~1997년과 2004~2006년에 부산 아파트 가격은 하락했다. 대체적으로 부산 아파트 가격은 등락폭이 꽤 크게 움직이는 특성을 갖고 있다.

대구 아파트 가격은 경제성장률과 연관되어 설명할 수 없어 가격 상승과 하락이라는 큰 틀로 본다. 1991~1998년에 가격이 하락했고, 1999~2006년에 가격이 상승했고, 2007~2009년에 다시 가격이 하락했고, 2010~2015년까지 상승했다. 경제성장률의 등락과는 전혀 상관없이 대구 아파트 가격은 몇 년 동안 지속적으로 상승 추세를 보인 후 하락 추세로 접어들며 한동안 하락하는 패턴을 반복했다.

인천 아파트 가격은 1999년, 2001~2002년과 2006~2008년에 크게 상승한 걸 제외하면 가격이 크게 상승한 적이 별로 없다. 이마저도 경제성장률과 연관 짓기가 무척 애매하다. 최근 2014년 3.3%에서 2015년 2.6%로 경제성장률은 하락했지만 아파트 가격은 2.35%p에서 7.05%p로 상승했다. 인천 아파트 가격은 서울 아파트 가격과 연동해 움직인다고

〔그림 4〕 경제성장률과 지역별 아파트 가격 상승률 : 광주, 대전, 울산

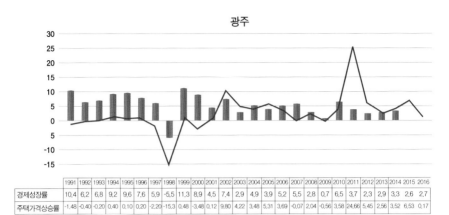

광주

	1991	1992	1993	1994	1995	1996	1997	1998	1999	2000	2001	2002	2003	2004	2005	2006	2007	2008	2009	2010	2011	2012	2013	2014	2015	2016
경제성장률	10.4	6.2	6.8	9.2	9.6	7.6	5.9	-5.5	11.3	8.9	4.5	7.4	2.9	4.9	3.9	5.2	5.5	2.8	0.7	6.5	3.7	2.3	2.9	3.3	2.6	2.7
주택가격상승률	-1.48	-0.40	-0.20	0.40	0.10	0.20	-2.20	-15.3	0.48	-3.48	0.12	9.80	4.22	3.48	5.31	3.69	-0.07	2.04	-0.56	3.58	24.66	5.45	2.56	3.52	6.53	0.17

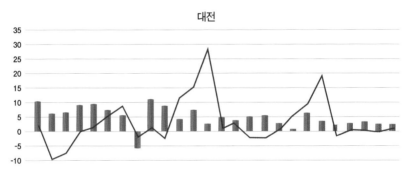

대전

	1991	1992	1993	1994	1995	1996	1997	1998	1999	2000	2001	2002	2003	2004	2005	2006	2007	2008	2009	2010	2011	2012	2013	2014	2015	2016
경제성장률	10.4	6.2	6.8	9.2	9.6	7.6	5.9	-5.5	11.3	8.9	4.5	7.4	2.9	4.9	3.9	5.2	5.5	2.8	0.7	6.5	3.7	2.3	2.9	3.3	2.6	2.7
주택가격상승률	3.79	-9.59	-7.42	0.00	1.42	5.60	8.90	-2.09	1.69	-2.45	11.82	15.37	28.51	1.37	2.83	-2.01	-2.07	0.59	5.80	9.49	19.12	-1.70	0.45	0.34	0.14	0.56

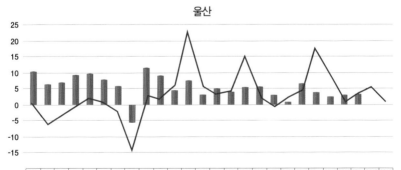

울산

	1991	1992	1993	1994	1995	1996	1997	1998	1999	2000	2001	2002	2003	2004	2005	2006	2007	2008	2009	2010	2011	2012	2013	2014	2015	2016
경제성장률	10.4	6.2	6.8	9.2	9.6	7.6	5.9	-5.5	11.3	8.9	4.5	7.4	2.9	4.9	3.9	5.2	5.5	2.8	0.7	6.5	3.7	2.3	2.9	3.3	2.6	2.7
주택가격상승률	-0.28	-6.28	-3.35	-0.10	2.15	0.80	-2.28	-14.3	2.61	1.85	5.90	22.27	5.60	2.98	4.09	14.74	2.38	-0.79	2.22	4.07	17.63	9.12	0.56	3.32	5.14	0.65

● 경제성장률　　● KB주택가격상승률

보는 편이 낫다.

　광주 아파트 가격은 2001년까지는 경제성장률과 딱히 상관이 없어 보인다. 아파트 가격은 2002년 9.8%p 상승한 걸 제외하면 높이 상승한 적도 없다. 다른 도시와 비교하면 가격 상승이 다소 평이해 보이던 광주 아파트 가격은 2011년에 무려 24.66%p나 상승한 이후에도 지속적으로 상승하고 있다. 광주는 다른 도시에 비해 상대적으로 관심이 적은 지역이지만 광주 아파트 가격은 최근 6년 동안 경제성장률과 상관없이 꽤 탄탄한 가격지지를 보이고 있다.

　대전 아파트 가격은 1994~1997년, 2001~2003년, 2008~2011년 3번에 걸쳐 크게 상승했다. 재미있게도 1번째 시기는 경제가 전년도에 비해 하락하던 시점이었고, 2번째 시기는 직전 1999~2000년에 비해 상대적으로 경제가 안 좋을 때였고, 마지막 시기는 2010년에 반짝 6.5%로 경제성장률이 높은 편이었다. 대전 지역은 경제가 성장하는 시기에 오히려 아파트 가격이 많이 상승하지 않았다.

　울산 아파트 가격은 2002년 22.27%p, 2006년 14.74%p, 2011년 17.63%p로 가장 많이 상승했다. 2002년과 2006년의 경제성장률은 전년도에 비해 더 좋았지만 2011년은 오히려 안 좋았다. 2000년대 들어 유일하게 −0.79%로 하락한 2008년은 전년도에 비해 경제성장률이 하락했다. 울산은 아파트 가격이 비교적 탄탄하지만 기업도시답게 경제보다 해당 기업의 경기에 좀 더 민감하게 반응하는 편이다.

　지금까지 확인한 것처럼 경제성장이 주택가격에 직접적인 영향을 미치지는 않는다. 경제는 응당 성장해야 한다. 경제가 성장하지 못하면 사실 지금까지 이야기했던 모든 것이 다 물거품이 되어버린다. 아무리 인구가 늘고 가구수가 늘어나고 주택수가 부족해도 경제가 좋지 않으면 주택가격도 상승하지 않는다. 대부분 선진국에서도 기본적으로 2%대의 경제성장률을 유지한다. 한국도 그 정도는 매년 성장할 수 있으리라 판단된다. 그렇다면 한국이 아닌 다른 선진국은 어떤지 살펴보자.

선진국의 경제성장률과 주택가격의 상관관계

OECD 발표를 근거로 2004년부터 2015년까지 각국의 경제성장률과 주택가격지수를 살펴보며 어떤 연관성이 있는지 알아보자. 주택가격지수는 2010년 100을 기준으로 설정되어 있다.

금융위기 이후 아직까지 침체에서 벗어나지 못한 국가가 많은데 미국은 상대적으로 상황이 좋은 국가 중 하나다. 2004년부터 2015년까지 미국의 평균 경제성장률은 1.89%였다. 2008년 경제위기의 진원지였던 미국은 경제성장률과 주택가격이 비슷하게 움직인 것으로 보인다. 2004년에서 2007년까지 경제성장률도 좋았고 주택가격도 지속적으로 상승했다. 2008년부터는 금융위기의 여파로 경제성장률과 주택가격이 동반 하락했다. 2011년에 경제성장률이 바닥을 친 후 상승하며 주택가격도 상승하기 시작한 것으로 나온다.

미국 바로 옆 캐나다는 놀라울 정도로 주택가격이 상승했다. 지난 12년간 평균 경제성장률은 2.04%로 선진국 중에서 가장 높다. 2008년에서 2009년에 경제성장률이 2.62%에서 2.06%로 하락할 때 주택가격지수

〔그림 5〕 선진국의 경제성장률과 주택가격지수 : 미국, 캐나다, 프랑스

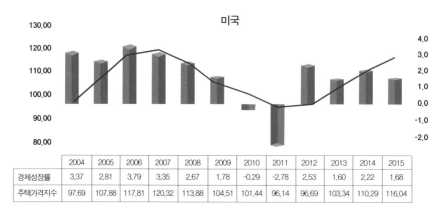

미국

	2004	2005	2006	2007	2008	2009	2010	2011	2012	2013	2014	2015
경제성장률	3.37	2.81	3.79	3.35	2.67	1.78	-0.29	-2.78	2.53	1.60	2.22	1.68
주택가격지수	97.69	107.88	117.81	120.32	113.88	104.51	101.44	96.14	96.69	103.34	110.29	116.04

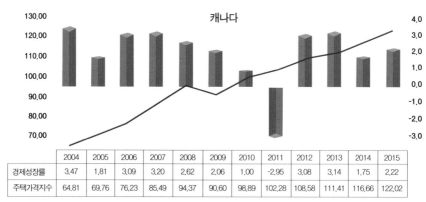

캐나다

	2004	2005	2006	2007	2008	2009	2010	2011	2012	2013	2014	2015
경제성장률	3.47	1.81	3.09	3.20	2.62	2.06	1.00	-2.95	3.08	3.14	1.75	2.22
주택가격지수	64.81	69.76	76.23	85.49	94.37	90.60	98.89	102.28	108.58	111.41	116.66	122.02

프랑스

	2004	2005	2006	2007	2008	2009	2010	2011	2012	2013	2014	2015
경제성장률	2.15	0.85	2.59	1.67	2.51	2.35	0.08	-2.86	1.88	2.11	0.22	0.62
주택가격지수	69.86	80.58	92.08	99.61	103.96	96.33	97.49	104.35	106.28	104.15	102.22	99.71

●경제성장률(우)　　●주택가격지수(좌)

〔그림 6〕 선진국의 경제성장률과 주택가격지수 : 독일, 이탈리아, 스페인

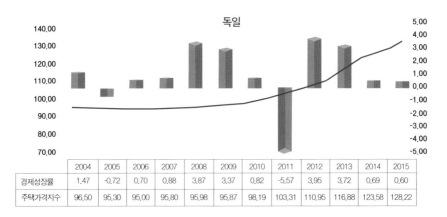

독일

	2004	2005	2006	2007	2008	2009	2010	2011	2012	2013	2014	2015
경제성장률	1.47	-0.72	0.70	0.88	3.87	3.37	0.82	-5.57	3.95	3.72	0.69	0.60
주택가격지수	96.50	95.30	95.00	95.80	95.98	95.87	98.19	103.31	110.95	116.88	123.58	128.22

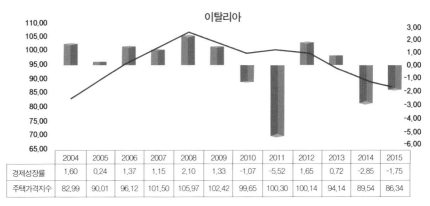

이탈리아

	2004	2005	2006	2007	2008	2009	2010	2011	2012	2013	2014	2015
경제성장률	1.60	0.24	1.37	1.15	2.10	1.33	-1.07	-5.52	1.65	0.72	-2.85	-1.75
주택가격지수	82.99	90.01	96.12	101.50	105.97	102.42	99.65	100.30	100.14	94.14	89.54	86.34

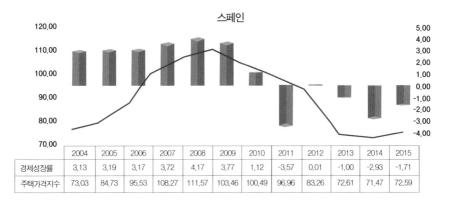

스페인

	2004	2005	2006	2007	2008	2009	2010	2011	2012	2013	2014	2015
경제성장률	3.13	3.19	3.17	3.72	4.17	3.77	1.12	-3.57	0.01	-1.00	-2.93	-1.71
주택가격지수	73.03	84.73	95.53	108.27	111.57	103.46	100.49	96.96	83.26	72.61	71.47	72.59

●경제성장률(우)　●주택가격지수(좌)

가 94.37에서 90.60로 하락한 걸 제외하면 경제성장률과 상관없이 지속적으로 상승했다. 심지어 경제성장률이 −2.95%였던 2011년에도 주택가격지수는 상승했다. 12년 동안 주택가격지수가 무려 57.21p나 올랐다.

프랑스는 인구가 늘고 있지만 경제 상황은 그다지 좋지 않다. 2009년까지는 상황이 어느 정도 괜찮았지만 2011년 경제성장률이 −2.86%로 바닥을 친 후로는 계속해서 경제가 어렵다. 지난 12년간 평균 경제성장률은 1.18%다. 그럼에도 주택가격지수는 2004년부터 2008년까지 무려 34.1p나 상승했다. 경제성장률이 하락한 때에 맞춰 주택가격지수도 하락한 후 재상승하여 2013년에 전 고점 이상으로 올랐지만 그 후 경제성장률이 정체되며 주택가격지수도 하락하는 중이다.

독일은 현재 유럽의 실질적인 맹주다. 지난 12년 동안 독일의 평균 경제성장률은 1.15%였다. 2005년과 2011년에 마이너스 경제성장률을 보인 걸 제외하면 꾸준히 성장했다. 2008과 2009년에는 3%대 경제성장률을 보였는데 이때를 기점으로 주택가격지수가 상승한 걸로 나온다. 보통 독일의 주택가격은 안정적일 것이라고 생각하지만 2009년부터 2015년까지 32.35p나 상승했다. 2012년과 2013년에 경제성장률이 다시 3%대를 보인 후 2014년과 2015년에는 0%대에 머물렀지만 주택가격은 계속 상승하고 있다.

이탈리아는 선진국 중에서도 마이너스 경제성장을 하며 힘든 시절을 보내고 있다. 지난 12년간 평균 경제성장률도 −0.08%다. 특히나 최근 들어 2014년 −2.85%, 2015년 −1.75%로 어려움을 겪고 있다. 이런 상황에서 주택가격이 상승하기는 힘들다. 실제로 그나마 플러스 경제성장을 했던 2008년까지는 주택가격이 상승했으나 2009년부터는 경제성장률보다 먼저 하락하기 시작했다. 2008년 최고점을 찍은 주택가격지수는 2015년까지 무려 19.63p나 하락했다.

스페인의 지난 12년간 평균 경제성장률은 1.09%다. 스페인의 2004년에서 2009년까지 경제성장률은 평균 3.52%로 다른 선진국에 비해 월등히 높았다. 문제는 그 이후부터다. 2010년 1.12%를 끝으로 계속해서 경제가 성장하지 못하고 마이너스 상태다. 주택가격지수도 2004년부터 2008년까지 무려 38.54p나 올랐지만 그 이후 지속적으로 하락했다. 2011년에서 2015년까지 평균 경제성장률은 −1.84%일 정도다. 2004년 73.03였던 주택가격지수는 2008년 111.57까지 상승했다가 2015년 72.59로 하락했다. 스페인은 경제성장률이 지속적으로 하락하며 주택가격 하락에도 직접적으로 영향을 미친 대표적인 국가다.

일본은 지난 12년간 평균 경제성장률이 0.9%다. 2004년부터 2009년까지 플러스 경제성장을 했던 시기에 주택가격지수는 오히려 하락했다. 이런 현상은 주택가격과 인구감소의 연관성을 더욱 밀접하게 보여주는 지표가 되었다. 2011년 경제성장률이 −5.53%나 하락한 이후 상승과 하락을 반복했는데 앞서 살펴본 바와 같이 주택가격지수는 이와 상관없이—심지어 인구감소와도 무관하게—2010년 99.59에서 2015년 104.72로 상승했다.

영국의 주택가격 상승은 유명하다. 12년간 평균 경제성장률은 1.56%였다. 2010년 −0.63%, 2011년 −4.33% 마이너스 경제성장을 한 것을 제외하면 지속적으로 성장했다. 2010년 전까지 꾸준히 2% 중후반을 보인 경제성장률은 2012년부터는 1% 중반을 유지하고 있다. 반면에 주택가격지수는 2009년 금융위기 여파로 하락한 것을 제외하면 지속적

〔그림 7〕 선진국의 경제성장률과 주택가격지수 : 일본, 영국

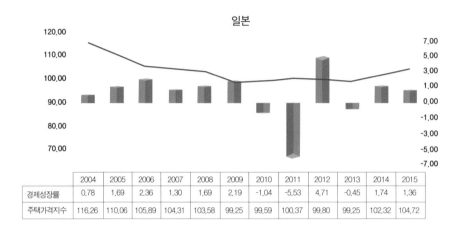

	2004	2005	2006	2007	2008	2009	2010	2011	2012	2013	2014	2015
경제성장률	0.78	1.69	2.36	1.30	1.69	2.19	-1.04	-5.53	4.71	-0.45	1.74	1.36
주택가격지수	116.26	110.06	105.89	104.31	103.58	99.25	99.59	100.37	99.80	99.25	102.32	104.72

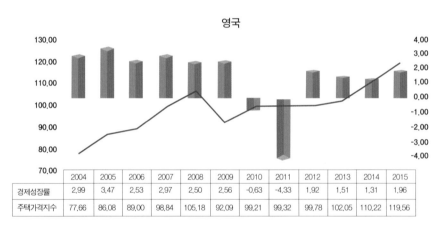

	2004	2005	2006	2007	2008	2009	2010	2011	2012	2013	2014	2015
경제성장률	2.99	3.47	2.53	2.97	2.50	2.56	-0.63	-4.33	1.92	1.51	1.31	1.96
주택가격지수	77.66	86.08	89.00	98.84	105.18	92.09	99.21	99.32	99.78	102.05	110.22	119.56

●경제성장률(우) ●주택가격지수(좌)

으로 상승하고 있다. 2004년 77.65에서 2015년 119.56으로 지금까지 살
펴본 국가 중 2번째로 많이 상승한 41.9p다.

경제가 성장해야 주택가격도 오른다

선진국마다 주택가격이 상승한 국가도 있고 하락한 국가도 있다. 공통점은 경제성장률과 어느 정도 연관이 있다는 것이다. 경제성장률이 마이너스를 기록한 적이 있더라도 경제가 꾸준히 성장한 국가는 주택가격지수도 상승 추세임을 알 수 있다. 반면 국가의 경제성장률이 0%대로 미진하거나 마이너스인 국가는 주택가격지수도 이에 발맞춰 하락했다.

이런 상황은 일본에도 그대로 적용된다. 엄청난 버블이 터졌던 1991년에 정점을 찍은 후 1992~2002년까지의 평균 경제성장률은 0.2% 였다. OECD 발표에 의하면 이런 흐름을 보인 것은 일본이 유일하다. 동기간 일본 다음으로 평균 경제성장률이 안 좋았던 국가는 스위스로 2.1% 였다. 의외로 독일이 그다음인 2.7%였다. 독일의 경제성장률이 저조했던 것은 당시에 서독과 동독의 통일에 따른 비용을 치렀기 때문이다. OECD 발표에 의하면 1992~2002년까지 OECD 국가 평균 경제성장률이 6.7%였으니 일본이 인구감소 때문에 주택가격이 하락했다는 표현은 잘못된 것이라고 볼 수 있다.

단순히 보더라도 장기간 경제가 성장하지 못한 국가는 자산가격도 상승하지 않을 것이다. 1992~2002년까지 11년간 일본의 평균 경제성장률은 0.2%였다. 그렇다면 1억 원에 복리 0.2%를 적용한다면 11년 후에는 1억 222만 2,133원이 된다. 이 방식을 주택에 적용한다면 현금과 달리 세금 등을 감안해야 하는 주택은 당연히 매수 욕구가 줄어들 것이다. 게다가 평균 성장률이 0.2%라는 것은 어떤 해에는 마이너스 성장률을 보였다는 것이다. 이렇게 볼 때 주택가격 상승은 더욱 제한적일 수밖에 없다. 그나마 2004~2015년 일본의 평균 경제성장률이 0.9%가 되면서 1억 원이 1억 1,135만 967원으로 상승하는 것이 눈에 들어온다. 11년간 0.2% 상승하고 그 후 12년간 0.9%가 상승했다면 1억 원은 23년 후에 1억 1,382만 5,334원이 된다. 이렇게 경제성장률은 장기간으로 볼 때 주택가격에 큰 영향을 미친다.

1991년부터 2016년까지 한국의 평균 경제성장률은 5.08%였다. 이 상승률을 주택가격에 반영하면 1991년 1억 원짜리 주택은 26년이 지난 2016년에 3억 6,267만 8,380원이다. 같은 기간 주택시장 평균 수익률인 2.17%를 대입하면 1억 7,476만 4,396원이다. 일본 주택가격이 상승하지 못한 이유 중 하나로 장기 디플레이션을 들 수 있다. 경제가 장기 디플레이션 국면에 처해 있다 보니 자산가격이 상승하지 못한 것이다. 사람들은 주택가격이 하락할 때는 주택을 구입하려 하지 않는다. 주택을 구입하지 않고 때를 노리며 현금을 보유했으나 주택가격이 상승하지 않자 투자를 포기한 것이다.

몇 해 전 일본에 큰 지진이 났을 때 강물에 수많은 금고가 떠다녔다. 노인들이 주택에 보유하고 있던 금고가 물이 넘치며 두둥실 떠오른 것이다. 노인들의 입장에서는 은행에 돈을 맡겨도 제대로 된 이자를 받지 못하니 금고에 넣어두는 것이 낫다. 굳이 은행에 가서 돈을 입출금하는 수고를 할 필요 없이 금고에 넣어뒀다 필요할 때마다 꺼내 쓰면 된다.

이런 현상은 인플레이션 상황에서는 꿈도 꾸지 못할 일이다. 잃어버린 20년이란 표현을 쓰는 일본에서는 이런 상황이 펼쳐지며 자산가격이 상승하지 않았다. 일본에서는 노인들이 금융자산을 가장 많이 보유하고 있다. 일본 제일생명경제연구소에 따르면 개인 금융자산 1,500조 엔

중 65세 이상이 보유한 자산이 60%를 넘는다고 한다. 사회가 활발해지려면 돈이 돌아야 한다. 일본 정부는 이를 위해 자녀는 물론이고 손자, 손녀에게 결혼, 육아, 교육, 주택구입 자금 등을 증여하면 비과세하는 조치를 취할 정도다. 어느 정도 일정 성과가 나와 2019년 6월까지 3,000만 엔(약 3억 원) 한도로 연장 시행하고 있다.

고령화가 진행되며 일본 노인은 돈을 쓰지 않고 있다. 돈을 보유하고 있어도 남은 수명이 어느 정도인지 모르니 함부로 돈을 쓸 수 없다. 반면 젊은 층은 돈이 생기면 노인들과 달리 신나게 돈을 쓴다. 자동차를 산다든지, 여행을 가는 식으로 보유하기보다는 지출한다. 이런 돈이 개인에게는 지출이지만 사회 전체로 볼 때는 유동성이 확대되면서 경제가 더 좋아진다. 이런 활력이 떨어진 일본은 경제성장이 정체되며 자산가격 상승을 더욱 억눌렀다. 노령인구 비율이 비슷한 유럽 국가들과 일본의 차이였다. 경제가 어느 정도 성장했느냐 여부가 중요하다. 세계 3위의 GDP 국가이자 덩치도 큰 선진국 일본은 몇 년간 평균 경제성장률 2%에만 근접해도 주택가격이 상승할 가능성이 크다.

전 세계 대부분 국가에서 경제성장률이 반드시 주택가격과 밀접한 관련이 있는 것은 아니었지만 어느 정도 지속적으로 경제가 성장한다면 주택을 비롯한 자산가격이 상승한다. 반대로 장기간 경제성장이 지체되고 정체될 뿐 아니라 심지어 마이너스가 되면 어김없이 자산가격이 하락한다. 경제성장에 따른 자산가격 상승은 일정 시간을 두고 시장에 영향을 미치지만 반대의 경우에는 그 즉시 시장에 영향을 미치며 자산가격이 하락한다. 한국은 아직까지 경제성장률이 마이너스로 하락한 경우가 1991년 조사를 시작한 이래 IMF에 구제금융을 요청한 다음해인 1998년

−5.5% 딱 한 번뿐이었다. 1998년을 제외하고는 금융위기 다음해인 2009년 0.7%가 가장 낮았다. 참고로 그다음으로 나쁜 해는 2012년 2.3%이다.

한국은 과거처럼 5%대 경제성장률을 달성하기 어려운 규모가 되었다. GDP 순위에서도 11위에 해당한다. 이런 상황에서 해마다 2%대 경제성장만 유지해도 자산가격이 장기간 떨어지긴 힘들다. 수출지향적인 국가라 수출 위주로 경제가 성장하는 한국의 구조상 쉽게 경제가 하락하기도 힘들다. 전 세계 경제가 완전히 암흑기에 빠지지 않는다면 경제성장은 약간의 하락은 있어도 일본처럼 장기간 디플레이션을 언급할 정도로 나빠질 이유가 없다. 인구의 증가와 감소, 주택의 공급, 가구수의 증가 여부 등도 중요하지만 국가의 경제성장도 무시할 수 없는 요소다. 현재와 같은 상황에서 한국은 잘해나가고 있으니 경제성장에 너무 일희일비할 필요는 없다. 큰 충격이 오지 않는 한.

경제위기는
기회인가, 절망인가

　　뉴스를 보면 한국은 늘 경제위기다. 한 해도 경제가 좋았던 적이 없다. 신문을 펼치면 해외 언론의 경제위기설이 나오고 내수 경기가 불황이라고 한다. 과거 어려울 때는 먹고 살기 힘들어 늘 위기라 했고 지금은 먹고 살 만한 경제 규모가 되었음에도 잠시도 긴장의 끈을 놓으면 안 된다는 의미에서 위기를 말한다. 앞에서 살펴본 것처럼 1991년부터 한국이 실제로 위기를 겪은 IMF 구제금융 이후 경제성장률이 마이너스를 기록한 것은 1998년이 유일하다. 그 외 금융위기 직후인 2009년 경제성장률이 2% 미만인 0.7%였다.

　　경제위기와 밀접하게 관련되어 있는 것은 금리다. 꼭 경제위기가 아니더라도 금리는 시장에서 중력 같은 작용을 한다. 돈을 빨아들이고 내뱉는 역할을 하는 것이다. 금리가 오르면 돈이 시중은행으로 들어가고 금리가 내리면 은행에 있는 돈이 자산으로 이전한다. 금리는 경제성장률과 함께 움직인다. 경제가 좋으면 금리가 올라가고 경제가 안 좋아지면 금리가 내려간다. 반대 현상이 일어나기도 하지만 경제가 좋아지면 자산 가격 상승이 동반되는 경우가 많아 과열을 식히기 위해 금리를 올린다. 경제가 나빠지면 사회 전체적으로 급속히 식어가는 경제 주체에게 피 같은 유동성을 공급하기 위해 금리를 낮춘다.

금리는 대출과 연결되어 있다. 반드시 꼭 그런 것은 아니지만 금리가 상승하면 대출금리도 상승하고 금리가 하락하면 대출금리도 내려간다. 대부분의 사람들이 대출을 받아 주택을 구입하므로 대출금리가 상승하면 가계의 이자 부담이 커지고 대출금리가 하락하면 이자 부담이 줄어든다. 대출금리는 주택가격의 등락에 얼마나 영향을 미칠까? 대체적으로 금리가 상승하면 이자 부담을 이기지 못해 주택가격이 하락할 것이라 예상한다. 금리가 상승할 때마다 이런 뉴스가 많이 나온다. 그러나 금리가 하락할 때는 경제가 전반적으로 좋지 않아 주택가격이 상승할 것이라는 뉴스가 나올 확률이 낮다.

한국의 금리와 주택가격상승률

〈그림 1〉은 1999년부터 2016년까지 한국은행 기준금리와 KB주택가격 전년 말 대비 증감률이다. 한국 정부가 제대로 된 금융정책을 펼치기 시작한 것은 IMF 구제금융 이후부터다. IMF에서 글로벌 스탠다드에 맞출 것을 요구했기 때문이다. 이에 따라 한국은행 기준금리는 1999년부

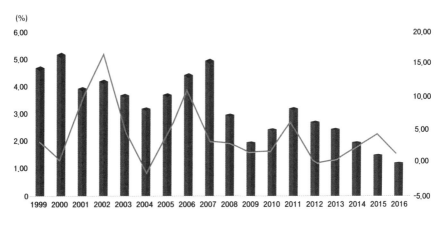

●기준금리(좌)   ●KB주택가격(우)

터 살펴본다. 보통 금리가 상승하면 대출이자를 감당하지 못하는 사람들이 늘어나 결국에는 부동산 경매로 넘어가는 주택이 많아져 주택가격이 하락하는 것으로 알려져 있다.

　　2002~2004년에 기준금리가 내려가며 주택가격도 전년 말보다 하락했다. 2005~2007년까지는 금리와 주택가격이 동시에 상승했다. 2007년에는 2000년대 들어 금리가 가장 높았으며 주택가격은 전년 말 대비 하락했지만 그래도 여전히 마이너스가 아닌 플러스였다. 그 후 2009~2011년에는 금리와 주택가격 모두 상승했지만 2011년과 2012년에는 금리와 주택가격 모두 하락했다. 최근 들어 금리는 지속적으로 하락하고 있지만 반대로 주택가격은 상승하고 있다. 금리와 주택가격은 역

의 관계를 보인다는 상식과 달리 〈그림 1〉에서는 금리와 주택가격이 동행하는 경우가 더 많다.

금리와 주택가격이 동행한다는 것을 의아해할 수 있어 2006년 1월부터 2016년 12월까지 총 11년, 132개월로 구분해 살펴보겠다(〈그림 2〉 참조). 금리는 주택담보대출금리를 기준으로 했다. 주택담보대출금리는 2008년 10월 연 7.58%까지 오른 후 지속적으로 하락하는 추세를 보인다. 2008년 11월부터 2009년 3월까지 겨우 5개월 만에 주택담보대출금리가 무려 1.99%p나 내렸다. 급작스런 금리 하락에 맞춰 주택가격은 전월 대비 평균 −0.35%p나 하락했으며 한 달 만에 −0.72%p나 하락한 달도 있다.

월별로 지켜봐도 주택담보대출금리와 전월 대비 주택가격은 동행

〔그림 2〕 주택담보대출금리와 전월 대비 주택가격 추이

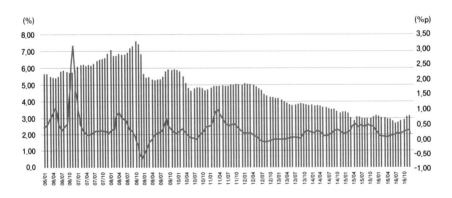

●주택담보대출금리(좌)   ●전월 대비 주택가격 증감률(우)

한다. 2016년 대출금리는 연 2.66%로 최저점을 찍은 후 12월 3.123%까지 점점 상승할 때 전월 대비 주택가격도 매월 상승하는 추세를 보이다 12월 들어 상승폭이 꺾였다. 앞에서 말했듯이 12월, 1월은 대체로 주택가격이 하락할 때가 많지만 3월부터 가격이 상승하기 시작한다. 이런 패턴은 거의 매년 반복된다. 물론 금리가 지속적으로 상승하면 주택가격이 더 이상 버티지 못하고 하락할 가능성도 크다. 그럼에도 1년 단위로 볼 때 1%p 이상 금리가 상승한 경우는 거의 없다. 금리가 하락할 때는 5개월 만에 1.99%p나 하락한 적은 있어도 말이다.

〈그림 3〉과 〈그림 4〉는 서울, 부산, 대구, 인천 등 8개 지역의 2006년 1월부터 12월까지 주택담보대출금리와 전월 대비 주택가격 증감을 보여준다.

서울은 2006년 11월에 대출금리가 하락한 것과 반대로 주택가격은 전월 대비 4.79%p나 상승한 걸 제외하면 금리와 주택가격이 동행하여 상승했다. 2011년 초반까지 주택담보대출금리와 전월 대비 주택가격은 동행하는 모습이 더 많았다. 주택가격은 2009년 9월 1.12%p 상승을 끝으로 점점 하락세를 보였다. 지속적인 금리하락에 주택가격도 동반 하락하며 지부진한 모습을 보이다 2014년 6월 −0.07%p 저점을 찍은 후 상승 추세를 보였다. 2016년 주택담보대출금리 연 3%를 기준으로 0.2% 정도 등락을 거듭했지만 주택가격은 2015년에 비해 3.01%p 상승했다.

부산 지역 주택가격은 2011년 4월 전월 대비 2.27%p나 가파르게 상승한 뒤 하락세에 들어섰다. 2011년 전까지 주택가격은 주택담보대출금리와 비슷하게 움직였다. 주택가격은 2013년 3월 −0.36%p로 바닥을 찍고 하락세를 보인 주택담보대출금리와 반대로 상승하기 시작했다.

〔그림 3〕 주택담보대출금리와 전월 대비 주택가격 추이 : 서울, 부산, 대구, 인천

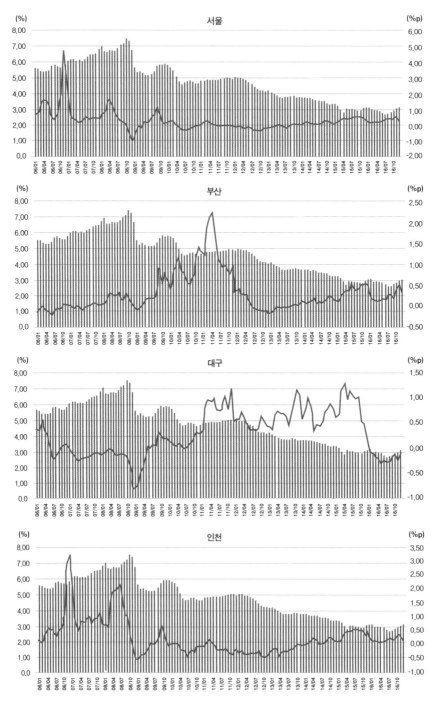

●주택담보대출금리(좌) ●전월 대비 주택가격 증감률(우)

〔그림 4〕 주택담보대출금리와 전월 대비 주택가격 추이 : 광주, 대전, 울산, 경기

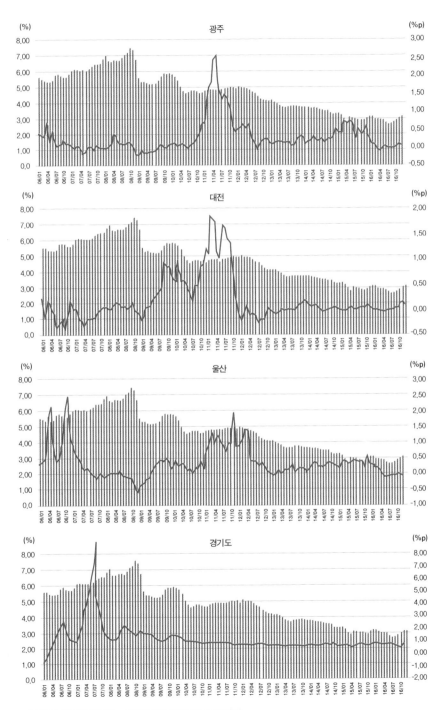

● 주택담보대출금리(좌)   ● 전월 대비 주택가격 증감률(우)

2016년 들어서는 금리와 주택가격이 동행하는 모습을 보이고 있다. 대구는 전월 대비 주택가격 증감률이 2010년 7월 −0.02%p로 바닥을 친 후 주택담보대출금리와는 상관 없이 등락을 빈복했다. 그나마 2009년에서 2010년 잠깐 주택가격과 대출금리가 비슷하게 하락했다. 2016년에도 동행하는 모습을 보이긴 했다.

인천은 2010년 7월까지 주택담보대출금리와 주택가격이 동행했다 2012년 10월 정도부터 대출금리와 전월 대비 주택가격이 역행하는 모습을 보이고 있다. 금리가 하락하며 주택가격은 상승하는 익숙한 패턴은 2016년 들어서는 동행하는 모습을 보였다. 광주는 2011년 4월 전월 대비 주택가격이 2.48%p로 상승한 걸 제외하고 역시나 주택담보대출금리와 주택가격이 동행하며 역행하는 모습은 찾아보기 어렵다. 단, 2012년과 2016년에 다소 동행하는 모습과 2015년에 역행하는 모습 정도를 찾아볼 수 있다.

2011년 2~3월, 6~7월에 전월 대비 주택가격이 평균 1.75%씩 상승한 대전은 그 후 세종에 본격적으로 주택이 공급되면서 지지부진한 모습을 보였다. 주택가격이 주택담보대출금리의 등락과는 거의 상관이 없으며 공급 물량에 좌지우지되고 있다. 2011년 중반에서 2012년 중반까지 주택가격 상승폭이 컸던 울산은 그 이후에도 주택담보대출금리와 다소 역행하는 모습을 보이긴 했지만 2016년 들어 잠시 동행하는 모습을 보인 후 중반부터 금리상승에 맞춰 가격이 하락하고 있다.

경기도는 2006년 11월에 전월 대비 주택가격이 무려 6.8%p나 상승했다. 2006년에 주택가격이 큰 폭으로 상승할 때 주택담보대출금리도 함께 상승하는 추세였다. 그 후에도 주택담보대출금리와 주택가격은

2011년 중반까지 동행하는 모습이었다. 2012년부터 월 기준으로 볼 때 대출금리는 주택가격에 별다른 영향을 미치지 않는 것으로 보인다.

지금까지 살펴본 것처럼 주택담보대출금리와 주택가격은 역의 관계를 띄기보다 동행하는 경우가 많았다. 금리의 등락은 경제와 밀접한 관련이 있다. 금리는 경제가 좋을 때 상승하고 나쁠 때 하락한다. 주택을 매수하는 요소는 다양하다. 더 저렴한 금리가 주택을 구입할 수 있는 가장 큰 메리트가 아니다. 금리가 낮아진다고 해서 주택을 매수하지 않는다. 그보다는 경제가 좋아 돈을 잘 벌 때 오히려 주택을 구입할 마음이 더 생긴다. 금리 하락은 경기가 안 좋다는 의미고 금리 상승은 경기가 좋다는 의미가 된다. 그렇기에 금리와 주택가격은 오히려 동행하는 경우가 더 많다.

선진국의 금리와 주택가격의 상관관계

한국이 아닌 외국에서는 금리와 주택가격이 서로 어떻게 영향을 미치는지 한번 살펴보도록 하자. 이번에도 OECD에서 발표한 자료를 토대로 하겠다. 다시 한 번 말하지만 금리는 대부분 그 국가 경제성장률과 밀접한 연관이 있으므로 이미 경제성장률을 살펴봤던 국가를 대상으로 했다.

미국 금리는 2007년 연 4.63%였으나 2012년 1.8%까지 떨어졌다. 금리가 하락하니 주택가격이 지속적으로 상승할 것이라고 예측됐으나 금리와 주택가격이 동반 하락했다. 주택가격지수는 2007년 120.32에서 2012년 96.69까지 떨어졌다. 세계 경제의 바로미터가 되는 미국 금리가 상승하면 세계 자본이 안전자산을 찾아 미국으로 몰려든다. 금리가 2012년 연 1.8%에서 2014년 2.54%로 오르며 주택가격지수도 2012년 96.69에서 2014년 110.29로 상승했다. 2015년에 금리는 다시 하락했지만 주택가격지수는 여전히 상승했다. 본격적인 금리 인상이 예견되는 거의 유일한 국가인 미국은 주택가격도 상승 중이다.

일본은 금리를 살펴보는 것이 무의미하다. 워낙 장기간 경제성장률이 0%대에 머물러 있어 금리라고 할 것도 없었다. 2007년 연 1.67%에서 2015년 0.35%까지 지속적으로 내려갔다. 은행에 돈을 맡겨도 세금을 제하고 나면 남는 돈이 없다. 이런 실정에도 일본의 주택가격은 상승 추세였다. 2007년 104.31에서 2009년 99.25까지 떨어졌던 주택가격지수는 한동안 보합세를 보였다. 2013년부터 주택가격지수는 상승하기 시작해 2015년 104.72로 올랐다. 금리만 놓고 볼 때 일본은 8개국 중 9년간 금리가 지속적으로 하락한 유일한 국가다.

독일은 금리와 주택가격이 어느 정도 역의 관계를 갖고 있다. 2007년 연 4.22%에서 2009년 3.22%로 금리가 하락할 때 주택가격지수는 95.80에서 95.87로 별다른 변화가 없었다. 2010년부터 주택가격지수는 상승하기 시작했다. 2010년 연 2.74%에서 2011년 2.61%로 금리는 살짝 하락했지만 주택가격지수는 98.19에서 103.31로 상승했다. 그 이후 2015년 0.5%까지 금리가 하락했고 주택가격지수는 128.22까지 상승했다.

프랑스는 2007년 연 4.3%에서 2010년 3.12%까지 금리가 하락할 당시 주택가격지수도 99.61에서 97.49로 함께 하락했다. 2011년 금리가

〔그림 5〕선진국의 금리와 주택가격지수 : 미국, 일본, 독일

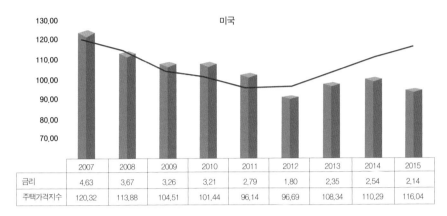

미국

	2007	2008	2009	2010	2011	2012	2013	2014	2015
금리	4.63	3.67	3.26	3.21	2.79	1.80	2.35	2.54	2.14
주택가격지수	120.32	113.88	104.51	101.44	96.14	96.69	108.34	110.29	116.04

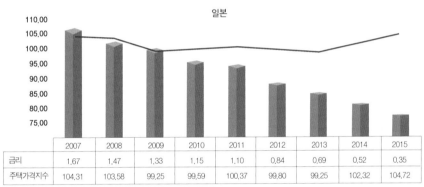

일본

	2007	2008	2009	2010	2011	2012	2013	2014	2015
금리	1.67	1.47	1.33	1.15	1.10	0.84	0.69	0.52	0.35
주택가격지수	104.31	103.58	99.25	99.59	100.37	99.80	99.25	102.32	104.72

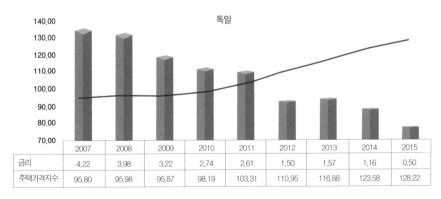

독일

	2007	2008	2009	2010	2011	2012	2013	2014	2015
금리	4.22	3.98	3.22	2.74	2.61	1.50	1.57	1.16	0.50
주택가격지수	95.80	95.98	95.87	98.19	103.31	110.95	116.88	123.58	128.22

●금리　●주택가격지수

연 3.32%로 상승한 시기에 주택가격지수도 104.35로 상승했다. 이후 금리가 2012년 연 2.54%에서 2015년 0.84%로 하락할 때 주택가격지수는 2012년 106.28로 정점에 다다른 후에 99.71까지 떨어졌다. 프랑스는 금리와 주택가격지수가 동반 하락한 국가다.

영국은 주택가격의 변동성이 큰 국가다. 2007년 연 5.01%에서 2009년 3.65%로 금리가 하락할 때 주택가격지수는 2007년 98.84에서 2008년 105.18로 상승했다 2009년에는 92.09로 큰 폭으로 하락했다. 2010년 연 3.62%에서 2012년 1.92%까지 금리가 하락할 당시 주택가격지수는 99.21에서 99.78로 거의 변동이 없었다. 2013년 연 2.39%에서 2014년 2.57%로 금리가 상승함과 동시에 주택가격지수도 102.05에서 110.22로 상승했다. 금리는 2015년에 더 하락했지만 주택가격지수는 오히려 119.56로 더 상승했다.

앞에서 캐나다는 2004년에서 2015년까지 주택가격이 크게 상승했다는 것을 확인했다. 2007년 연 4.27%에서 2009년 3.23%로 2년에 걸쳐 금리가 하락할 때 주택가격지수는 85.49에서 94.37로 상승했다 90.60로 하락했다. 그 후 금리는 2010년 연 3.24%에서 2015년 1.52%까지 하락했고, 주택가격지수는 98.89에서 122.02로 큰 폭으로 상승했다. 캐나다는 금리의 등락과 상관없이 주택가격이 지속적으로 상승한 국가다.

스페인은 2007년 연 4.31%에서 2012년 5.85%까지 금리가 상승했지만 주택가격은 다른 국가와 완전히 다른 양상을 보였다. 동기간 주택가격지수는 2007년 108.27에서 2008년 111.57로 유일하게 상승한 후 금리가 상승했던 2012년까지도 주택가격지수는 83.26까지 떨어졌다. 그 후 금리는 2015년 연

〔그림 6〕 선진국의 금리와 주택가격지수 : 프랑스, 영국, 캐나다

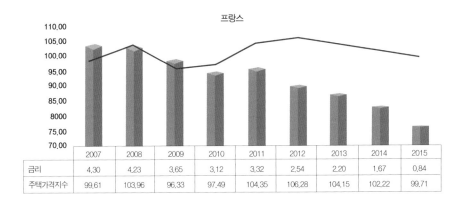

프랑스

	2007	2008	2009	2010	2011	2012	2013	2014	2015
금리	4.30	4.23	3.65	3.12	3.32	2.54	2.20	1.67	0.84
주택가격지수	99.61	103.96	96.33	97.49	104.35	106.28	104.15	102.22	99.71

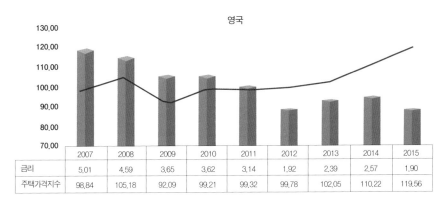

영국

	2007	2008	2009	2010	2011	2012	2013	2014	2015
금리	5.01	4.59	3.65	3.62	3.14	1.92	2.39	2.57	1.90
주택가격지수	98.84	105.18	92.09	99.21	99.32	99.78	102.05	110.22	119.56

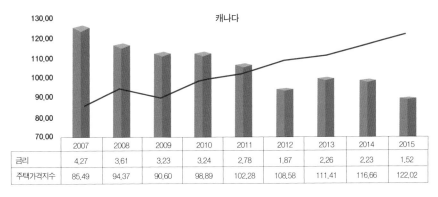

캐나다

	2007	2008	2009	2010	2011	2012	2013	2014	2015
금리	4.27	3.61	3.23	3.24	2.78	1.87	2.26	2.23	1.52
주택가격지수	85.49	94.37	90.60	98.89	102.28	108.58	111.41	116.66	122.02

●금리 ●주택가격지수

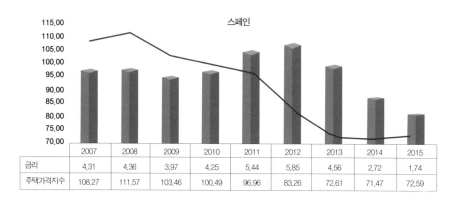

	2007	2008	2009	2010	2011	2012	2013	2014	2015
금리	4.31	4.36	3.97	4.25	5.44	5.85	4.56	2.72	1.74
주택가격지수	108.27	111.57	103.46	100.49	96.96	83.26	72.61	71.47	72.59

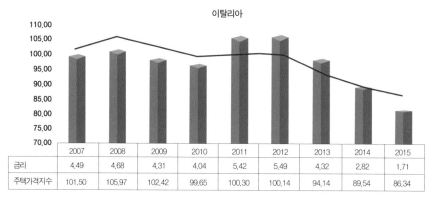

	2007	2008	2009	2010	2011	2012	2013	2014	2015
금리	4.49	4.68	4.31	4.04	5.42	5.49	4.32	2.82	1.71
주택가격지수	101.50	105.97	102.42	99.65	100.30	100.14	94.14	89.54	86.34

●금리 ●주택가격지수

1.74%까지 하락했는데 주택가격지수는 그에 맞춰 상승하기는커녕 오히
려 72.59까지 계속 하락했다.

　　이탈리아는 2007년 연 4.49%에서 2008년 4.68% 금리가 상승할 때
주택가격지수도 101.5에서 105.97로 상승했다. 그 후 금리가 2010년 연

4.04%로 하락할 때 주택가격지수도 99.65로 하락했다. 2012년 연 5.49%까지 금리가 상승했지만 주택가격지수는 보합을 유지했다. 2013년부터 본격적으로 금리가 하락하며 2015년 연 1.71%로 급격히 하락했고 이에 맞춰 주택가격지수도 86.34로 엄청나게 하락했다.

경제위기와 주택가격의 상관관계

해외 여러 국가들을 살펴봤듯이 금리와 주택가격이 반드시 역의 관계가 성립하는 것은 아니다. 금리가 하락해서 주택을 저렴하게 구입할 수 있다 해도 경제가 좋지 않아 주택가격이 하락하는 경우가 더 많다. 이런 현상은 한국을 비롯한 대부분 국가에서 거의 동일하다. 경제가 안 좋으면 각국 정부는 금리를 떨어뜨리고 유동성을 늘려 자산가격의 하락을 막으려고 한다. 해당 국가의 경제가 좋지 못하면 아무리 금리를 낮춰도 자산가격이 상승할 수 없다. 이는 전 세계 어느 나라에서나 동일하게 나타나는 현상이다. 경제가 좋아진다는 지표가 속속 나오면 각국 정부는 금리를 올린다. 이미 자산 곳곳에 들어간 경제의 윤활유가 본격적으로 주택가격을 상승시키는 패턴을 보인다.

경제성장이 지속된다면 갑자기 닥친 위기는 일시적인 현상일 뿐이다. 한국은 그동안 5% 이상 고성장을 당연시하던 국가였다. 2010년대 들어 경제성장이 2%대로 추락했다며 걱정하고 염려한다. 2%대보다 5% 경제성장이 훨씬 더 좋다는 것은 누구나 다 안다. 다만 이제는 한국 경제가 고성장하리라고 기대할 수 없다. 세계적으로도 GDP 순위 11위에 해당하는 국가가 그 정도의 성장률을 지속하기란 힘들다.

공부를 전혀 하지 않아 평균 20점을 받던 학생이 마음먹고 공부를 하면 시험을 칠 때마다 눈에 띄게 성적이 향상될 수 있다. 한동안 매번 10% 향상을 유지할 것이다. 평균 점수가 70점을 넘어가면 예전처럼 10% 향상은 힘들고 5%대로 떨어진다. 그럼에도 꾸준히 공부해서 평균 점수가 90점대가 되면 이때부터는 성적 향상은 그다지 눈에 들어오지 않는다. 현 수준을 유지하는 것도 잘하는 것이고 어쩌다 시험을 잘 봐도 평균 점수는 기껏해야 0.5점이나 많아야 1점 올라간다.

지금 한국이 이런 상황이다. 작은 눈덩어리는 한 번만 굴려도 눈덩이가 커진다. 계속 굴리면 굴릴수록 점점 커진다. 어느 순간부터 커진 눈덩이는 굴리는 것도 쉽지 않고 한 번 굴리는 것도 아주 오래 걸린다. 이제는 힘들게 한 번 굴려도 눈에 들어오지 않을 정도다. 한국은 이와 같이 경제 규모가 커진 상황이라 현재 같은 경제성장률만 오래도록 유지할 수 있다면 큰 문제가 없을 것이다. 금리는 결국 경제성장률과 연관되어 있기 때문에 특별한 경제적 사건이 발생하지 않는다면 금리가 단기간에 5% 이상 상승하기 힘들다. 선진국을 봐도 대부분 5%대가 최대치였다. 한국도 그럴 가능성이 크다. 경제가 피부로 느껴질 만큼 엄청나게 좋아지지 않는다면 금리 상승에는 한계가 있다.

그나마 1991년부터 한국에서 경제위기라고 할 수 있는 상황은 딱 두 번 있었다. 1997년 IMF 위기 이후 1998년 −5.5% 하락했던 때와 금융위기 이후인 2009년에는 0.7%였다. 이 시기를 제외하면 한국은 지금까지 경제성장률이 2% 미만은커녕 1% 미만인 경우도 없다. 한국 경제에

〔그림 8〕 한국의 경제성장률과 금리

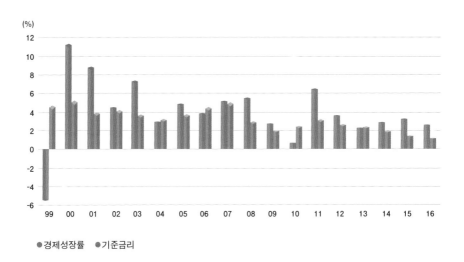

●경제성장률 ●기준금리

큰 충격을 안긴 2번의 경제위기 상황에서 주택가격이 하락했을 것으로 판단되지만 실상은 조금 다르다.

    1997년 연말 한국은 IMF 사태로 구조조정이 시작되었다. 1998년에 경제성장이 후퇴했지만 이미 1997년에 경제성장률과 상관없이 자산가격은 망가졌다. 당시 전국 아파트 기준으로 1997년 주택가격은 전년 말 대비 −13.5%p나 하락했고 서울 아파트 기준으로는 −14.6%p로 더 많이 하락했다. 당시에 주택은 이제 거주하는 곳이지 소유하는 것이 아니라는 인식이 퍼지며 주택시장이 꽁꽁 얼어붙었다. 그러나 1998년 경제성장률이 −5.5%를 보이며 하락한 것과 달리 전국 아파트 가격은 전년 대비 무려 8.54%p가 상승했고, 서울 아파트 가격은 12.5%p나 상승했다.

그 이후로 아파트 가격은 상당 기간 전년 말 대비 상승했다.

2008년 금융위기 이후 2009년 경제성장률이 0.7%밖에 오르지 못했다. 이 당시에도 전국 아파트 기준으로는 주택가격이 여전히 상승세를 이어가고 있었다. 오히려 다음 해인 2010년 전국 아파트 가격은 전년 말 대비 무려 9.6%p나 상승했다. 다만 서울 아파트 가격에는 그 즉시 영향을 미쳐 2009년 −2.19%p 하락하기 시작해 2012년까지 지속적으로 하락했다. 전국 단위로 볼 때 지역에 따라 상승과 하락이 생긴 결과 전국 아파트 가격과 서울 아파트 가격의 차이가 생겼다. 서울 아파트 가격도 2010년부터 마이너스였지만 2014년부터 2016년까지 전년 말 대비 지속적으로 상승세를 이어갔다.

지금까지 한국 경제에 심각한 타격을 입힌 경제 위기 때마다 주택가격은 분명히 하락했다. 다만 경제성장률 하락은 그 다음해에 영향을 미쳤다. 이는 2번의 경제위기가 전부 해당연도 초반이 아닌 중반 이후에 벌어졌기 때문이다. 반면 주택가격은 1997년에는 그 즉시 영향을 미쳤고 2008년에는 그 다음해부터 서울, 수도권 아파트의 경우에는 영향을 미쳤다.

경제위기는 분명 주택가격 하락을 동반한다. 우리가 경제위기를 조심하고 따져봐야 하는 이유다. 이탈리아, 스페인 등도 경제 상황이 나빠지자 주택가격이 동반 하락한 것을 확인했다. 과거를 되돌아보면 한국은 경제위기가 닥칠 때마다 대부분 슬기롭게 잘 극복했다. 그 덕분에 경제가 지속적으로 성장할 수 있었고 자산가격도 상승했다. 이런 현상은 향후에도 변함이 없을 듯하다. 인구감소로 무조건 주택가격이 하락할 것이라는 예측은 여러 변수 중 하나를 전부로 받아들이는 것과 마찬가지다. 고령화로 인해 인구가 감소한 유럽 국가들의 사례에서 보듯 인구감소보다는 경제성장률을 변수로 보는 것이 더 정확했다고 볼 수 있다. 이마저도 해당 국가의 주택 수요와 공급을 비롯하여 다양한 요소를 따져봐야 한다.

한국의 미래가 어둡다면 경제성장은 정체되며 후퇴하고 이에 맞춰 주택가격도 하락할 수밖에 없다. 한국이 지금 정도의 경제성장을 이어간다면 주택가격은 하락보다는 상승할 가능성이 좀 더 크다. 다른 선진국도 기껏해야 2~3%대의 경제성장률이 최대치다. 한국이 그 정도 성장을 못할 것이라 생각하는가. 나는 이 정도는 가능하리라고 생각한다. 이는 주택가격의 등락보다 더 중요한 의미를 지닌다. 한 국가의 경제가 좋지 못하면 주택가격의 등락은 무의미하다. 주택가격의 부침은 있을지언정 향후 최소한 10년 내에 주택가격이 폭락할 일은 없을 듯하다. 완만한 상승과 하락을 반복하며 우상향하지 않을까?

주택가격의 상승을 믿는다는 것은 한국의 저력을 믿는다는 것이다. 한국이 지금과 같은 경제성장률을 유지한다는 전제조건이 있어야 하니 말이다. 주택가격이 당연히 폭락할 것이라는 의견은 한국 경제가 망가져서 곳곳에서 힘들다고 아우성치기를 원한다는 것과 비슷한 주장이다. 과도한 폭등도 바라지 않지만 폭락도 원하지 않는다. 폭락했다는 뜻은 한국 경제가 국가 위기 상황이라는 의미일 테니까.

2장

주택
시장의
변화

Intro

인간을 비롯한 지구 위에 존재하는 모든 생물은 환경과 상황에 적응하며 진화해왔다. 변화를 받아들이지 못하는 사람은 도태되고 이를 적극적으로 받아들인 사람은 더 좋은 세상에서 살게 마련이다. 불평 불만을 하는 사람에게 기대할 것은 없다. 비관적인 현실은 인정하고 긍정적인 마음을 품고 살아가는 사람이 결국 승자가 된다는 '스톡데일 패러독스' 마인드가 필요하다.

주택시장이 끊임없이 변하듯 사회가 발전하면서 사람들이 선호하는 주택의 유형도 변하고 있다. 우리가 인식하지 못하는 사이에 지역마다 주택의 모습이 조금씩 달라지고 있는데 언론에서는 한국 주택을 통으로 취급하는 경향이 있다. 한국의 주택시장은 서울, 수도권과 그 외 지역으로 구분되며 지역마다 성격이 완전히 다르다. 주택가격의 상승과 하락을 보더라도 지역마다 다른 양상을 보인다. 금융위기 전 서울, 수도권 주택이 뉴타운 열풍으로 인해 엄청나게 가격이 상승했을 때 지방의 주택은 거의 가격 변화가 없었다. 그 후 금융위기와 함께 가격이 하락한 서울, 수도권과 달리 지방은 서서히 기지개를 켜며 가격이 상승했다.

이 두 시장에서 지난 시기 투자자들이 어떻게 대처하고 움직였는지 알아본다. 주택가격이 상승한다는 뉴스에도 하락하는 지역이 있고 가격이 하락한다는 뉴스에도 상승하는 지역이 있게 마련이다. 지역별로 구분해서 파악해야 한다. 비근한 예로 2016년 부산의 주택가격은 지속적으로 상승했지만 대구는 하락했다. 가격이 상승한다는 뉴스가 나와도 부화뇌동할 필요가 없다. 가격이 하락한다는 뉴스가 나와도 공포에 사로잡힐 이유가 없다. 지역별로 어떻게 다른지 따져보는 것이 더 중요하다.

주택을 매수할 때 자기자본만으로 구입할 수 있는 사람은 별로 없다. 대다수가 담보대출을 받아 주택을 매수한다. 언론에서 가계부채가 문제라고 한다. 가계부채가 부풀대로 부풀어 조만간 터져 한국 경제의 큰 걱정거리가 될 것이라며 이를 염려하며 과도한 대출을 받아 주택 구입에 올인하는 사람들을 걱정한다. 막상 주택담보대출의 성격을 파악하면 생각보다 크게 걱정할 필요는 없다. 몇몇 대출자들의 위험도는 우려스럽지만 전체적으로 안정적인 상황이다. 한국보다 더 많은 담보대출을 한 국가도 살펴보며 한국과 비교해 본다.

가계부채에서 가장 우려해야 할 것은 대부분 사람들이 별로 눈여겨보지 않는 전세대출이다. 최근 몇 년 동안 주택담보대출 금액보다 전세대출 금액이 훨씬 더 빠른 속도로 늘어났다. 과거와 달리 전세를 구입하는 대다수 임차인들은 대출을 받아 전세를 구한다. 몇몇 주택은 주택 소유자보다 임차인의 대출이 더 많은 실정이다. 전세대출은 주택담보대출보다 오히려 더 빠른 시기에 상환해야 한다. 전세대출은 2년 만기에 최대 4번까지 연장 가능하다. 만기가 되었을 때 연장이 안 되면 오히려 더 큰 문제에 봉착할 수 있다.

소형 아파트가 대세다. 최근 주택시장 가격 상승을 견인한 것은 소형 아파트였다. 인구 감소와 맞물려 소형 아파트의 인기는 하늘 높이 올랐다. 그런 이유로 시장에 소형 아파트 공급이 훨씬 더 많았을 것이라 여긴다. 소형 아파트 수요가 많으니 공급도 그만큼 많이 되었을 것이라는 추론이 가능하다. 정말 그럴까? 늘 우리가 알고 있는 상식과 실제는 다른 경우가 많다. 이를 위해 각 지역별로 준공된 아파트를 근거로 소형면적이 대형면적에 비해 시장에 많이 공급되었는지 면적별로 하나씩 따져가며 확인해보았다.

소형 아파트의 인기는 1~2인 가구의 증가와 맞물려 있다. 현재 한국 사회에서 1인가구와 2인가구가 가장 많은 비율을 차지하고 있다. 이는 한국만의 특별한 사회 현상이 아닌 전 세계적인 현상이다. 외국에 비하면 한국의 1인가구 비중은 오히려 적은 편이다. 1인가구의 생활패턴과 소득, 지출을 파악해서 향후 주택시장의 변화를 예측한다. 1~2인 가구가 거주하는 주택 유형을 제대로 파악하지 못하면 오판할 수 있다. 사람들에게 회자되고 언급하는 이야기와 달리 1~2인 가구로 인해 변화될 주택시장을 추측한다. 지금까지 우리가 알고 있는 것과 다른지, 같은지 여부를 확인할 수 있다.

수도권과
지방의 차별화

　대한민국의 중심은 서울이다. 국가 수도이자 경제, 문화를 비롯한 모든 것이 서울에 집중되어 있다. 그리고 서울 집중화를 막기 위해 서울을 중심으로 그 주변인 인천과 경기도를 합쳐 수도권을 형성하고 있다. 서울은 우리가 접하는 대부분의 뉴스가 발생하는 곳이기도 하다. 지역 민방이나 신문사를 제외하면 전국 방송사나 신문사는 전부 서울에 본사가 있다. 서울에 본사를 둔 기자들도 수도권에 거주하며 출퇴근한다.

　사람은 자연스럽게 자신 주변부터 살펴보고 변화를 체감한다. 기자라고 다를 바 없다. 서울, 수도권 주택시장은 금융위기 이후부터 하락하기 시작했다. 인구감소로 인한 부동산시장의 부정적 전망이 거론되자 주택가격이 오르지 않을 거라는 이론이 힘을 얻었다. 상승은 고사하고 더욱 하락할 것이라 믿기 시작한 사람들이 부동산시장을 빠져나왔다. 주택가격이 하락하자 하락을 주장하는 사람들의 논리가 힘을 받았고, 언론은 이런 자극적인 뉴스를 앞다퉈 보도했다. 인간은 손실회피 경향이 강해 상승 뉴스보다 하락 뉴스에 더욱 민감하게 반응한다. 게다가 곳곳에서 주택가격이 하락하고 더 이상 상승할 기미가 보이지 않는 상황에서 일본 주택시장의 이야기를 들은 사람들은 주택 구입을 망설였다.

주택의 가격이 하락하자 실거주자들은 구매를 더욱 망설였다. 조금 더 기다리면 저렴한 금액으로 주택을 살 수 있게 될 거라고 믿었다. 또는 주택가격이 더 하락할지도 모르는데 주택을 구입하는 것은 멍청한 짓이라 판단했다. 비관론이 팽배해지며 서울, 수도권 지역의 주택 관련 뉴스는 암울 그 자체였다. 대부분의 사람들은 주택가격이 더 하락하기만을 기다렸다.

비슷한 시기에 지방에서는 다른 양상이 나타나고 있었다. 서울, 수도권이 뉴타운 바람이라는 꿈을 먹고 가격 상승에 몸살을 앓던 시기에 지방 주택은 가격이 상승하지 않았다. 당시 인천에서는 일주일 만에 반지하 빌라 가격이 1,000만 원이나 오를 정도로 무섭게 가격이 상승했다. 재개발을 하면 지상이든 지하든 문제가 되지 않는다. 소유주는 지분만큼의 권리를 행사할 수 있다. 그러다 보니 서울, 수도권 곳곳에서 구역 지정된 곳뿐만 아니라 주변 시세까지 들썩였다. 이후 부동산 경매물건이 다수 쏟아졌다. 2009년부터 인천에서는 빌라 경매물건이 하루에 30~40건씩 나왔다. 게다가 주택가격이 상승하던 시기이다 보니 감정가 7,000만 원인 빌라의 주택담보대출 설정액이 1억 원인 경우도 있었다. 은행에서도 가격 상승폭을 감안해 대출을 실행한 것이다.

2000년대 중반 주택가격 상승은 어디까지나 서울, 수도권의 일일뿐 지방과는 관련이 없었다. 지방 사람들은 자신들과 하등 상관없는 뉴

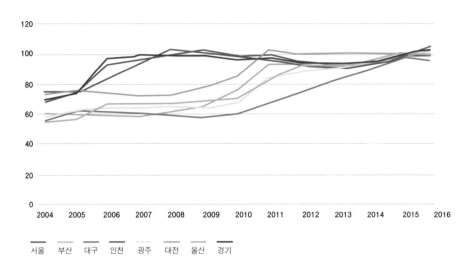

〔그림 1〕 지역별 아파트 가격지수

서울 부산 대구 인천 광주 대전 울산 경기

스를 연일 접해온 것이다. 정작 지방의 주택가격은 일정하게 유지되고 있었으니 말이다. 이런 상황에 금융위기가 터지며 분위기가 급변했다. 서울, 수도권 주택은 가격이 상승하던 모든 에너지가 한순간에 사라지고 하락하기 시작했다.

지방으로 눈 돌리기 시작한 부동산 투자자들

금융위기의 충격이 가시기 시작한 2009년부터 부동산 투자자들은 다시 투자를 재개했다. 가격이 떨어진 서울, 수도권 주택에 투자하면 좋겠지만 서울과 수도권의 주택가격은 여전히 비쌌다. 부동산 투자자라고 하면 수십 억 자산가를 떠올리겠지만 꼭 그렇지만은 않다. 부동산 투자자의 대부분은 그다지 자본이 많지 않다. 3,000만~5,000만 원으로 투자를 시작하는 사람도 많다. 어느 정도 자본이 된다고 하면 1억 원 정도다. 부동산 투자는 대출을 활용할 수도 있기 때문에 1억 원도 결코 적은 금액이 아니다. 1억 원짜리 아파트에 투자한다고 할 때 80~90%까지 대출을 받는다면 실제 투자금은 1,000만~2,000만 원만 있으면 된다.

직접 현장을 돌아다니며 부동산 투자를 하고 싶어도 서울, 수도권 주택은 투입비용이 워낙 컸다. 이럴 때 지방 아파트가 부동산 투자자들의 눈에 들어온 것이다. 먼저 부동산 경매 투자자들이 지방으로 진출하기 시작했다. 지방에는 서울, 수도권에서는 꿈도 꾸지 못할 소자본 아파트가 넘쳐났다. 아파트 가격이 5,000만 원인데 전세가격은 4,000만 원이다. 이런 아파트를 경매로 4,500만 원 정도에 낙찰 받으면 500만 원만 있어도 충분히 '갭투자'로 불리는 부동산 투자를 할 수 있었다. 당시는 일반인들의 주택투자에 대한 부정적인 시선이 강했다. 서울, 수도권은 하락했고 지방은 꽤 오랜 시간 동안 상승하지 않고 답보 상태였다. 어느 누구도 주택 구입을 고려하지 않던 시기였다.

지방은 주택가격이 상승하지 않으면서 한동안 주택공급이 정체되어 서서히 물량이 부족해지기 시작했다. 가격이 상승하지 않자 주택 매수자가 줄어들고 주택이 팔리지 않으니 건설사들은 주택을 건축하지 않게 된 것이다. 지방 건설사는 기존에 건축된 물건을 분양하기 위한 노력만 했다. 시간이 지나 점점 인구와 가구수가 늘어나 주택이 부족해졌다.

〔그림 2〕지역별 아파트 전세가격지수

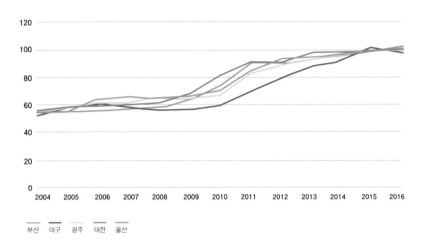

부산　대구　광주　대전　울산

이렇게 누적된 수요와 공급의 불일치가 시장에 영향을 미치기 시작했다. 전세가격이 오르며 주택가격도 동반 상승했다. 2009년부터 전세가격이 서서히 상승하기 시작하자 발 빠른 부동산 투자자들이 지방 아파트가 새로운 기회가 될 것을 알아보고 아파트를 구입하기 시작했다.

　　2년마다 상승한 전세가격은 또 다른 투자 밑천이 되어 지방 아파트를 찾아다니며 투자했다. 이 당시 서울, 수도권 부동산 투자자들은 강원도와 충청도, 경상도와 전라도에도 찾아갔다. 지방에는 1억 원 미만의 아파트가 많았다. 매매가격과 전세가격의 차이가 500만~1,000만 원 정도인 아파트가 곳곳에 있었다. 이런 상황에서 지방 투자자들도 동참하기 시작했다. 특히 대구, 부산 쪽 투자자들이 본격적으로 갭투자에 뛰어들었다. 그 결과 지방의 어지간한 아파트는 서서히 갭이 벌어지기 시작했다.

2013년도부터 상황이 모호해졌다. 지방에서 상승하던 아파트가 갭이 벌어지며 서서히 부동산 투자자들이 투자하기 애매한 금액이 되었다. 대부분의 갭투자자들은 2,000만~3,000만 원 정도를 최대치로 보고 투자한다. 1,000만 원이면 묻지도 따지지도 않고 투자했다. 전형적인 상승장에서 할 수 있는 투자법이었다. 지방에는 투자할 아파트 매물이 점점 줄어들어 부동산 투자자들은 다음 먹거리를 찾아나섰다. 마침 아파트가격이 상승하자 실거주자들이 매수에 참여한다. 전세가격이 계속 상승하며 2년마다 전세보증금을 올려주느라 지친 실거주자들이 하나둘씩 주택을 구입하기 시작했다. 전세가격이 다소 주춤해지며 고민이 많은 부동산 투자자들 눈에 서울, 수도권이 들어왔다.

무엇보다 1기 신도시와 인천 아파트들이 눈에 들어왔다. 당연히 서울, 수도권 아파트는 비싸다는 선입견에 그동안 외면했는데 막상 찾아보니 매매가격과 전세가격의 차이가 얼마 되지 않았다. 운이 좋으면 1,000만 원으로 살 수 있는 아파트도 있었다. 매매금액이 1억 원 미만도 아니고 1억 원이 넘어가는 수도권 아파트가 말이다. 드디어 부동산 투자자들이 수도권에서 갭투자를 시작했다. 각 카페나 투자 모임에서는 지역 선정을 하고 갭이 적은 곳을 찾아 서로 추천하며 주말이면 수도권에서 아파트를 사들였다.

이 당시 지방 투자자들이 관광버스를 대절해서 상경했다. 지방 아파트에서 갭투자로 이득을 본 투자자들의 확증편향이 강해졌다. 매매가격과 전세가격의 차이가 적다면 가격 상승은 시간문제였다. 입지가 나쁜 곳이 아니라면 묻지도 따지지도 않고 매수했다. 아파트 단지에 관광버스가 멈추면 사람들이 내려 부동산 중개업소에 들어간다. 매매가격과 전세가격의 차이가 나지 않는 아파트라면 내부를 확인하지도 않고 물건을 매수한다. 집주인의 매도 의사를 묻고 계좌번호를 알려달라고 한 후 즉시 계약금을 넣는다. 특정 지역 아파트 단지에 나와 있는 갭이 적은 아파트를 동시 다발적으로 매수한다.

주말마다 이런 현상이 1기 신도시를 비롯한 인천과 경기도 곳곳에서 벌어지는데도 수도권 실거주자들은 아무런 반응이 없었다. 그때까지 아파트 가격이 상승하지 않고 있었기 때문이다. 집주인들은 드디어 주택을 팔 수 있다는 기쁨에 어떤 일이 벌어지고 있는지 별 관심조차 두지 않았다. 전세가격뿐만 아니라 매매가격도 상승하기 시작하자 수도권 실거주자들도 느끼기 시작했지만 '이러다 말겠지'라는 생각이 더 컸다. 여전히 시장에는 인구구조에 따른 주택가격 하락론이 팽배해 있었다. 오히려 마지막 발악이라며 매수하는 사람들을 조롱하며 끝물에 고생한다는 의견도 있었다.

가격 상승이 잠시 유행이 아닌 2년을 넘게 계속 유지되자 드디어 주택을 매수하는 실거주자들이 늘어나기 시작했다. 이런 와중에 서울에도 작은 변화가 생겼다. 서울은 갭투자자가 들어오기에 쉽지 않은 시장이었다. 아무리 가격이 하락했어도 매매가격과 전세가격의 차이가 3,000만 원 미만인 경우는 극히 드물었다. 괜찮은 아파트를 매수하려면 그래도 5,000만 원 정도는 필요하다. 그렇기에 부동산 투자자들 중에는 서울에 투자하기를 꺼리는 사람들이 많았다. 대다수 갭투자자들이 2년 보유후 전세 만기가 될 때 매도하는 방식으로 투자하다 보니 큰 금액을 투자하기는 아무래도 어려웠다. 이런 실정에 서울 아파트처럼 자금이 많이 소요되는 투자는 주저하기 마련이다.

상대적으로 금액이 조금 더 많은 서울 거주 부동산 투자자들이 서울 아파트를 구입하고 지방 부동산 투자자 중에서도 어느 정도 여유가 있는 사람이 서울 아파트를 투자 목적으로 구입했다. 부동산 투자를 하는 사람이나 여유 있는 지방 사람은 서울에 아파트 하나 갖는 걸 로망으로 생각하는 경우가 많다. 이들은 비록 돈이 많이 투입하더라도 서울 아파트 하나를 보유하고 있다는 만족감이 크다. 좀 더 여유 있는 투자자는 혹시 가격이 하락하더라도 자녀를 거주시키면 된다고 판단하기도 했다. 그렇게 서울 아파트마저 가격이 상승했다.

현재 부동산 투자자들은 대체적으로 소강 상태에 빠져 있다. 매매가격과 전세가격의 차이가 적다고 무조건 구입할 수 있는 시기가 아니다. 일부 지역에서는 매매가격과 전세가격 차이를 이용해 적은 금액으로 투자해보려던 애초 의도와 달리 전세 세입자를 구하지 못해 결국 자신의 투자금이 더 들어가거나 대출을 받는 경우도 있다. 원래는 계약일과 잔금일을 길게 해서 그동안 전세가격 상승분으로 부족한 금액을 보충해보려 했으나 작전이 실패한 것이다. 이런 현상이 곳곳에서 벌어지자 투자자들은 다시 혼돈에 빠져들었다.

수도권과 지방의 부동산 투자의 승자는 누구인가

많은 사람들의 생각과 달리 서울, 수도권 아파트 투자는 무조건 확실하고 좋은 방법이고 지방 아파트 투자는 불확실하며 수익을 내기 힘들다는 편견은 잘못된 것이다. 지방이든 서울이든 사람이 살게 마련이고 어느 곳이든 원하는 지역의 주택은 한정되어 있다. 이런 사정은 지방이나 서울이나 차이가 없다. 허허벌판에 아파트만 달랑 있는 곳이 아니라면 수요과 공급에 따른 영향을 받을 수밖에 없다. 지방도 공급 부족이 누적되며 불일치가 발생해 벌어진 현상이고 서울, 수도권도 마찬가지다. 이런 상황을 좀 더 들여다보자.

〈표 1〉은 2016년 7월의 서울, 수도권과 지방의 평당 매매가가 높은 지역을 20위까지 조사한 것으로 10년간 지역별로 매매가가 얼마나 달라졌는지 비교해볼 수 있다. 2006년 당시 평당 매매가 1위는 경기도 과천으로 평당 3,877만 원이었고 지방은 대전 유성으로 평당 620만 원이었다. 2016년 7월 기준 1위는 서울 강남으로 3,339만 원이고, 지방은 대구 수성으로 1,108만 원이었다. 2006년과 2016년에 1위를 한 지역은 서울·수도권과 지방 모두 변경되었다. 2006년 경기도 과천은 1위에서 3위로 밀렸고 대전 유성은 16위로 내려갔다. 2006년 2위였던 강남은 1위로 올라섰고 똑같이 2위였던 대구 수성은 1위에 등극했다.

우리는 서울이나 강남은 안전한 투자처라고 생각한다. 사람들이 선호하고 원하는 지역이고 한국을 대표하는 도시이니 수익을 크게 볼 수 있을 거라고 믿는다. 현실은 이와 다르다. 2006년 평당 3,540만 원이었던 강남은 2016년 7월에 3,339만 원으로 오히려 떨어졌다. 2006년 평당 620만 원으로 지방에서 제일 비쌌던 대전 유성은 순위는 16위까지 하락했지만 평당 791만 원으로 상당히 상승했다. 이뿐 아니라 서울, 수도권에서 2006년 20위 내에 들었던 지역 중 2016년에 하락한 지역은 경기 과

	수도권 평당 매매가 순위				지방 평당 매매가 순위			
	2006	매매가	2016. 7.	매매가	2006	매매가	2016. 7.	매매가
1	경기 과천	3,877	서울 강남	3,339	대전 유성	620	대구 수성	1,108
2	서울 강남	3,540	서울 서초	3,001	대구 수성	610	부산 해운대	1,081
3	서울 서초	2,773	경기 과천	2,932	부산 수영	589	부산 수영	1,080
4	서울 송파	2,611	서울 용산	2,351	울산 남구	575	부산 연제	922
5	서울 용산	2,299	서울 송파	2,324	대전 서구	556	부산 동래	922
6	서울 양천	2,212	서울 양천	1,865	부산 동구	541	대구 중구	909
7	서울 강동	2,069	서울 마포	1,828	부산 동래	528	울산 남구	897
8	경기 성남	1,893	서울 광진	1,816	부산 해운대	527	부산 금정	879
9	서울 광진	1,739	서울 강동	1,776	부산 금정	517	부산 남구	864
10	서울 영등포	1,544	서울 성동	1,757	경상 창원	516	부산 강서	859
11	서울 마포	1,500	서울 중구	1,739	울산 중구	513	경상 창원	844
12	서울 중구	1,474	서울 종로	1,617	부산 연제	511	대구 달서	840
13	서울 성동	1,467	서울 영등포	1,615	대구 달서	504	대구 동구	809
14	서울 동작	1,445	서울 동작	1,593	대구 중구	504	울산 중구	809
15	서울 강서	1,348	경기 성남	1,593	부산 서구	498	부산 북구	793
16	경기 안양	1,286	서울 강서	1,425	경상 진주	483	대전 유성	791
17	서울 종로	1,260	서울 서대문	1,350	부산 남구	481	충북 청주	791
18	경기 용인	1,220	경기 광명	1,348	충남 천안	476	부산 부산진	786
19	서울 관악	1,214	경기 하남	1,343	부산 강서	475	대구 북구	784
20	경기 의왕	1,188	서울 동대문	1,319	부산 부산진	444	울산 동구	766

자료 : 부동산 114

천, 서울 강남, 서울 송파, 서울 양천, 서울 강동, 경기 성남으로 6군데
다. 이들 지역은 모두 서울, 수도권에서 노른자 지역이다. 매매가격만 놓
고 볼 때 2006년 20위 내에 든 지역의 평당 평균 매매가는 1,898만 원에
서 2016년 7월 1,897만원으로 1만 원이 하락했다.

이와 달리 지방은 다른 모습을 보였다. 2006년 1위부터 20위까지
지역 중에 가격이 하락한 곳은 단 한군데도 없다. 2006년부터 2016년까
지 돌아보면 서울, 수도권보다 지방 아파트의 가격 상승폭이 훨씬 더 컸

다. 2006년 20위 안에 든 지방 지역의 평당 평균매매가격은 523만 원에서 2016년 7월 877만 원으로 무려 354만 원이나 상승했다. 전용면적 20평이라면 2006년 1억 460만 원에서 2016년 1억 7,540만원으로 7,080만 원이 오른 것인데 매년 700만 원씩 상승한 것이다.

〈표 1〉은 지난 2010년부터 부동산에 투자한 사람이 서울, 수도권이 아닌 지방으로 갔다면 투자에 성공했을 거라는 사실을 보여준다. 지난 10년을 되돌아 보면 한국은 크게 서울, 수도권과 지방이라는 두 축을 놓고 사이클이 반복되었다. 서울, 수도권이 상승할 때 지방은 아무런 소식이 없었고 지방이 상승할 때 서울, 수도권은 별 반응 없이 잠잠했다. 향후에도 이런 사이클이 반복될지는 정확하지 않다. 갈수록 동조화 현상이 심화되고 있어서다. 주먹구구식으로 투자하던 부동산 투자자들은 이제 각종 차트를 근거로 지역을 보기 시작했다. 전세가격과 매매가격의 차이는 이제 모두가 주목하는 지표가 되었다.

매매가격이 하락하지 않고 지지선이 구축되고 전세가격이 상승하면 갭이 줄어들어 매매가격이 틀림없이 상승할 것이라고 본다. 혹시나 그렇지 않아도 전세가격이 상승하면 그걸로 버틸 수 있다. 이런 식의 투자법이 널리 퍼지며 어지간한 투자자는 이런 방법을 들여다보고 있다. 관련 통계와 차트를 유료나 무료로 얼마든지 접할 수 있다. 이런 상황에서는 거의 동시에 누구나 지역을 파악하게 된다. 누가 먼저 매수하느냐의 싸움이 되면서 다른 차별화 전략이 필요해졌다.

지방은 그동안 충분히 상승했기 때문에 이제부터 상승 여력이 없다고 말하는 사람도 있다. 점점 인구가 줄어들어 지방의 주택가격이 상승하기 힘들 거라는 주장도 있다. 이런 주장은 얼핏 보면 일견 타당하고 직관적으로 와 닿는다. 한편으로 이런 주장은 인구구조에 따른 주택가격 하락론과 그다지 차이가 없게 느껴진다. 흔히 말하는 6대 광역시는 어느 날 갑자기 우리 눈앞에 나타난 것이 아니다. 그 외 지역도 과거부터 계속 자연발생적으로 존재해온 도시다. 광역 도시에 지금까지 사람들이 살았던 것처럼 향후에도 사람들이 살아갈 수밖에 없다. 지방 주택가격이 하락할 것이라는 주장은 지극히 서울, 수도권 부동산 투자자들의 관점으로 보인다.

물론 그렇게 될 가능성이 존재하긴 하지만 주택가격 하락의 원인을 인구만 가지고 분석하는 것은 오비이락임을 이미 설명했다. 무엇보다 인구감소가 당장 눈앞에 닥친 일은 아니다. 몇십 년에 걸쳐 서서히 생길 변화다. 이런 현상은 지역적인 특성을 갖기보다는 국가적 특성을 갖게 된다. 그렇다고 지방 주택가격이 향후에도 계속 상승할 것이라는 섣부른 주장은 아니다. 단순히 그런 점 때문에 지방 주택이 폭락할 것이라거나 지속적으로 하락할 것이라고 말하는 것도 너무 과하다. 이미 2000년대 중반에도 지방 주택가격은 더 이상 상승하지 못할 것이라는 분위기가 지배적이었다.

상승장과 하락장은 늘 다른 모습을 하고 찾아온다. 이번은 다르다는 이야기가 회자되며 사람들은 믿는다. 과거와 달리 보인다. 이제는 다른 분석으로 새로운 세상이 펼쳐진다고 사람들은 말한다. 불행히도 시간이 지나면 역시나 이번에도 비슷했다는 걸 알게 된다. 다만 그때마다 새로운 이론이 등장하고 참신한 데이터를 보게 된다. 우리는 또 다시 그런 시기를 지나고 있다.

담보대출 증가는
위기인가

대출은 주택과 관련해 가장 많이 거론되는 문제다. 대출액이 늘어나고 있다는 것부터 전 세계에서 한국만큼 가계부채가 많은 국가가 없다는 것까지 들먹이며 언론에서 지속적으로 대출의 심각성에 대해 조명한다. 부채 증가를 아무렇지 않게 보는 것도 위험하지만 가계부채에 대한 과도한 우려도 현상을 제대로 파악하지 못하도록 가로막는 요인이다. 가계부채라고 두루뭉술하게 이야기하는 것보다는 정확히 어떤 부분에 문제가 있는지 지적하는 것이 옳다. 주택담보대출도 정확한 분석 없이 단순 비교만으로는 올바른 판단을 할 수 없다.

2016년 6월 한국의 GDP 대비 가계부채비율은 90%로 전 세계에서 7번째로 많다. 가계부채비율이 가장 높은 국가는 스위스로 127.7%나 된다. 이에 비해 영국은 87.6%, 미국은 78.8%, 일본은 65.9%로 한국보다 가계부채비율이 낮다. 이런 상황을 볼 때 한국의 가계부채비율은 위

〔그림 1〕 GDP 대비 가계부채비율

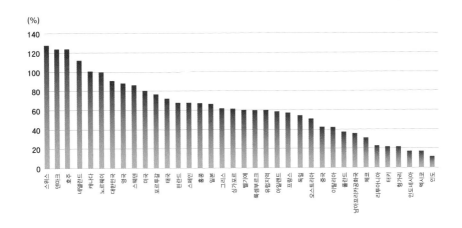

험하다는 걱정이 틀린 건 아니다. 우리가 늘 비교하는 주요 선직국보다 부채비율이 높은 것은 사실이다. 한국이 영국, 미국, 일본보다 잘 사는 국가도 아닌데 부채비율이 높다는 것은 그만큼 위험한 상황에 처했다는 뜻이다.

　　또 다른 측면에서 보자면 부채비율이 높은 국가는 전부 다 한국보다 잘사는 나라라는 사실이다. 한국의 가계부채비율이 높은 것은 사실이지만 한국보다 못 사는 국가는 부채비율이 매우 낮다. 은행마다 신용 관리를 하며 일정 신용이 되지 않으면 대출을 해주지 않는다. 대출을 받고 싶다고 해서 누구나 받을 수 있는 것은 아니다. 국가도 마찬가지다. 단순히 가계부채가 많다고 하는 것보다는 이 점이 더 중요하다. 예를 들어 100억 자산가가 20억 원을 대출 받은 것과 월급 100만 원을 받는 사람이 1,000만 원 한도 마이너스 대출을 받는 것은 대출 금액만큼이나 대출 상환 능력에서도 엄청난 차이가 난다.

가계부채에는 주택담보대출을 비롯한 모든 부채가 다 포함된다. 부채는 크게 정부부채와 기업부채, 가계부채로 나눌 수 있다. 이 중에서 가계대출이 유독 많다고 우려되는 것은 맞지만 이를 근거로 주택담보대출까지 위험하다고 하는 것은 올바른 판단이 아니다. 가계대출의 내용을 들여다보면 주택구입, 전월세 보증금, 투자나 사업자금, 생활비 등 그 용도가 제각각이다. 물론 이 중 가장 문제가 되는 것은 생활비와 사업자금 마련을 위한 대출이다. 통계청에서 발표한 2014년 기준 가계금융조사에 의하면 소득분위 하위 1분위의 44.5%, 하위 2분위의 28.7%가 생활비와 소비자금 마련을 위해 대출을 받은 것으로 나타났다. 소비자금도 실제로는 결혼자금, 의료비, 교육비 등의 지출이 포함되므로 생활비나 마찬가지다. 이들이 받는 대출은 상대적으로 상환 가능성이 낮다.

주택담보대출 무엇이 문제인가

주택담보대출 금액은 2007년 292조 원에서 2016년 561조 원으로 9년 만에 91.7%나 증가했다. 주택담보대출 금액이 이토록 짧은 시간에 늘어나는 것에 대해 많은 전문가들이 우려를 표한다. 그렇다면 주택담보대출 금액이 많이 늘어난 이유는 무엇일까? 주택담보대출은 주택을 담보로 대출을 받는 것이다. 주택가격은 2008년부터 2016년까지 지역별 양상은 조금씩 다르지만 전국적으로 따져보면 결과적으로 상승했다. 주

〔그림 2〕 주택담보대출 추이

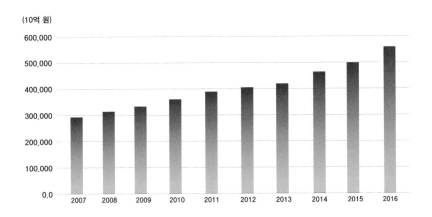

(10억 원)

택가격이 상승했다는 것은 주택담보대출을 받아야 할 금액이 그만큼 늘어났다는 의미다. 2008년 1억짜리 아파트를 구입하는 데 대출을 50% 받으면 대출 금액은 5,000만 원이다. 이 아파트가 2016년에 1억 2,000만 원으로 올랐을 때 똑같이 대출을 50% 받는다면 대출 금액은 6,000만 원이다. 이처럼 단순히 주택가격이 상승하는 것만으로도 주택담보대출 금액이 늘어난다.

주택가격은 대부분 개인이 갖고 있는 현금만으로 구입할 수 없을 만큼 비싸다. 과거에도 돈을 모아 집을 구입하는 것은 힘들었다. 주택가격이 상승하며 더욱 힘들어졌기에 대부분 대출을 활용해서 주택을 매수한다. 그렇기에 주택가격이 상승한 만큼 주택담보대출 금액은 늘어날 수밖에 없다. 여기에 더 중요한 이유가 하나 더 있다. 통계청에서 발표한 주택수는 2005년 1,322만 3,000호에서 2015년 1,636만 7,000호로 314만 4,000호가 늘었다. 늘어난 숫자만큼 대출을 받을 수밖에 없다. 이 주택에는 빈집이 포함되었기에 보다 정확한 숫자를 위해 준공물량으로 알아보자.

현재 발표된 준공 수치는 2011년부터다. 2011년부터 2016년까지 전국적으로 준공된 총 주택수는 250만 5,652호다. 주택가격은 천차만별이라 지역별로 아파트, 단독주택, 빌라에 따라 가격이 다르다. 단순 계산을 위해 1호당 1억 원이라 가정하면 총 주택가격은 약 250조 원이다. 여기서 보통 신규 분양 아파트는 70%, 빌라는 80%까지는 대출을 받을 수 있지만 50%까지만 대출을 받을 수 있다고 가정하면 대출 금액은 약 125조 원이다. 2016년 주택담보대출 금액인 561조 원에서 2011년 392조 원을 제외하면 이 기간 동안 늘어난 주택담보대출 금액은 169조 원이다. 신규 주택 구입에 따른 대출 금액인 125조 원 약 74%에 해당된다. 동기간 원금을 갚아나가며 대출 금액을 줄인 것도 포함하기 위해 처음부터 대출비율을 50%로 잡았으니 충분히 감안한 것이라 할 수 있다. 이렇게 볼 때 남은 44조 원은 주택가격 상승에 따른 대출 금액이라고 볼 수도 있다.

현재 일반 가구 1,911만 1,000가구 중 주택 소유 가구는 1,069만 9,000가구이고 무주택 가구는 841만 2,000가구다. 무주택 가구만큼 누군가 주택을 제공했다는 뜻이다. 주택 소유 1,069만 9,000가구 중 1주택 가구는 797만 4,000가구다. 이들은 1가구 1주택자라 할 수 있다. 이 중에서 2주택 가구는 200만 8,000가구다. 일시적인 1가구 2주택자도 있지만 전부 포함하면 총 998만 2,000가구가 실거주 가구로 전체의 93.3%다. 유주택자 중 71만 7,000가구가 실질적으로 민간에 주택을 임대하는 다주택자라 할 수 있다. 가구로 계산했기에 부부 중 한 명이 주택 5호를 보유해도 1가구가 되는 한계는 있다. 참고로 통계청에서 발표한 2015년 주택소유 통계 조사에 따르면 개인이 소유한 주택 수는 1,414만 8,000호이고 주택을 소유한 개인은 1,304만 5,000명이다.

다주택자는 현실적으로 대출을 받을 수밖에 없지만 전세를 끼고 주택을 구입한 경우에는 주택담보대출을 받지 않고 주택을 보유할 수 있다. 이런 주택은 등기부상으로는 담보대출이 나오지 않는다. 2015년 국세청에서 발표한 주택임대사업자는 총 14만 2,936명이다. 71만 7,000명은 다주택자라고 추정했다. 이 숫자를 개인으로 가정해도 큰 무리는 없다. 주택담보대출비율이 한국이 상대적으로 높은 이유 중 하나가 여기에 있다. 다주택 보유자가 71만 7,000명이지만 이 중 임대사업자로 등록한 14만 2,000명을 제외한 약 57만 5,000명이 주택임대사업을 하면서 개인으로 주택담보대출을 받은 것으로 통계가 잡히는 것이다.

외국과 이 부분에서 차이가 난다. 외국에서도 개인이 민간에게 주택을 임대한다. 한국과 다른 점은 한국은 다수의 다주택자가 사업자등록을 하지 않고 임대사업을 하지만 외국의 다주택자들은 사업자등록을 하고 임대사업을 한다는 것이다. 개인이 주택을 담보로 대출을 받는 것과 달리 임대사업자가 대출을 받으면 주택담보대출이 아닌 사업자대출로 잡힌다. 이 부분이 한국에서는 누락되고 있다. 57만 5,000명 정도의 다주택자가 임대사업을 위해 빌린 주택담보대출이 사업자대출이 아닌 일반 주택담보대출로 잡혔다. 57만 5,000명은 1가구 2주택자는 제외한 숫자였다. 이렇게 하면 현재 임대사업자로 신고하지 않은 57만 5,000명이

1명당 주택 2호를 임대하면 115만 호다. 1호당 5,000만 원씩 주택담보대출을 받았다고 가정하면 주택담보대출 중 약 57조 5,000억 원이 임대사업 용도라고 환산할 수 있다. 2016년 주택담보대출 561조 원의 10.1%에 해당하는 금액이다.

이들 임대사업자들의 대출은 전세 임대보다는 월세 임대를 위한 대출로 봐야 한다. 현재 대부분 아파트의 전세가율은 70~80%이다. 매매가격이 3억 원일 때 전세가격이 70%면 2억 1,000만 원이다. 이런 상황에서 5,000만 원 정도의 대출을 받는다면 전세가격과 대출 금액을 합치면 2억 6,000만 원이다. 집주인이 전세 임차인을 먼저 들이면 돈이 필요해 은행으로부터 대출을 받으려고 해도 대출을 받기 힘들다. 매매가격이 하락하거나 집주인한테 현금흐름에 문제가 생겨 부동산 경매가 진행되면 은행은 후순위가 되어 대출금을 돌려받지 못할 가능성이 크기 때문이다. 보통 경매가 진행되면 6개월에서 1년은 걸려야 배당받을 수 있다. 이렇게 되면 이 기간 동안 대출이자도 전혀 받지 못한다. 은행 입장에서 대출원금은 물론이고 이자까지 따져서 보수적으로 따져볼 때 대출을 해줄 리 없다.

먼저 대출이 되어 있는 주택에 임차인이 전세로 들어올 때도 마찬가지다. 임차인 입장에서 매매가격이 3억 원인 주택에 전세와 대출이 도합 2억 6,000만 원이나 설정되어 있는 주택에 입주하기를 꺼린다. 어느 누구도 이런 주택에는 입주하려 하지 않는다. 융자 없는 집의 전세보증금액이 상승하는 이유 중 하나다. 모든 임차인들이 담보설정이 안 된 주택을 찾지만 그런 주택이 드물다 보니 전세가격이 상승했다. 이런 이유로 대부분 임대를 위해 대출받은 사업자들은 사업자로 등록하고 임대업을 하든, 그렇지 않든 전세가 아닌 월세를 시장에 내놓기 위해 대출을 받는다. 사업자들이 바보가 아닌 다음에 이자보다 월세가 최소한 5만 원 정도는 더 생겨야 한다. 혹시나 대출금리가 상승해서 매월 내는 이자가 많아질 수 있으니 다소 여유 있게 월세를 놓게 된다. 이런 부채로 구성되어 있는 주택이 담보대출이 많다고 할 수 있을까? 오히려 일반 주택 소유자들의 담보대출보다 안전하다고 할 수 있다.

이보다 더 큰 문제는 전세자금대출이다. 무엇보다 먼저 전세를 끼고 주택을 매수한 사람들이다. 최근 몇 년 동안 '갭투자'가 성행했다. 전세와 매매가격 차이만큼의 현금만 갖고 주택을 보유하는 투자전략이다. 과거부터 내려오던 방법이지만 '갭투자'라는 새로운 이름으로 사람들에게 알려지고 가장 각광받는 투자법이 되었다. 전세가격과 매매가격 차이가 2,000만 원이니 여러 세금을 포함해도 상대적으로 저렴한 금액으로 억 단위의 주택을 보유할 수 있었다. 2년 후 전세계약이 만기되었을 때 매매가격이 상승하면 무조건 성공하는 투자법이었다. 이 방법으로 수익을 낸 많은 투자자들이 있었다.

그들 입장에서는 단지 2년 만에 2,000만 원을 투입했는데 원금을 포함해서 4,000만~5,000만 원이 되었다. 다시 또 투자할 수 있는 실탄이 마련되었다. 이렇게 쉽게 돈을 벌 수 있는 방법을 몰랐다는 사실이 오히려 억울할 정도다. 많은 고민과 번뇌 끝에 내린 결단이 흐뭇한 결과로 돌아오자 확신이 생긴다. 갖고 있는 돈 5,000만 원이면 2년 후에 1억 원으로 불릴 수 있다는 걸 알기에 신용대출 등을 받아 투자금을 1억 원으로 늘려 주택을 1채가 아닌 3~4채를 매수한다. 이런 주택은 등기부상 아주 깨끗하다. 입주하는 임차인들도 안심하고 들어간다. 문제는 그 주택의 구입자금이 대출받은 돈이라는 것이다.

과거를 돌아볼 때 전세가격은 하락할 때보다 상승할 때가 더 많았다. 하락을 하더라도 얼마 되지 않아 회복했다. 주택가격은 꽤 오랫동안 하락하거나 보합한 적이 있어도 전세가격은 그런 적이 거의 없었다. 하지만 전세가격도 입주물량 등의 과다로 일시적으로 하락한다. 하필 이런 타이밍에 여러 채를 보유한 갭투자자의 임차인이 이사를 가려고 한다. 어떻게 하든 차일피일 미루며 새로운 임차인이 들어와야 전세보증금을 줄 수 있다며 시간을 끌 수 있다. 또는 겨우겨우 돈을 마련해서 구해줬다. 1,000만~2,000만 원 하락한 금액을 주기 위해 또 다시 대출받아 해결했다. 문제는 보유한 주택이 하나가 아니고 비슷한 시기에 여러 채를 마련했기에 또 다시 다른 주택 임차인이 보증금 반환을 요구한다. 더 이상 하락한 전세자금을 돌려줄 여유도 없고 대출받은 곳에서는 상환 요청이 들어온다. 전세가격의 하락 기간은 길지 않을지라도 이런 기간이 6개월에서 1년만 되어도 대출을 받아 운영하는 갭투자자들은 어려움을 겪는다. 더 이상 버티지 못하고 보유한 주택이 하나둘씩 부동산 경매에 들어간다.

이런 상황은 어제 오늘 벌어진 일이 아니다. 서울, 수도권에서는 이미 2004~2007년 상승기에 전세를 끼고 투자한 투자자들이 많았다. 2008년부터 매매가격이 하락하며 일시적인 전세물량 과다로 인해 전세가격이 하락했다. 이와 함께 수많은 주택이 부동산경매에 나오면서 각 지방법원마다 하루에도 몇십 건의 주택경매 사건이 열렸다. 이런 상황이 다시 벌어지지 말라는 법이 없다. 이처럼 주택담보대출에 잡히지 않는 대출이 있어서 더 문제다. 안전하다고 생각되었던 전세물건에서 벌어지고 있는 현상이다. 넓게 보면 가계부채에 포함되긴 하겠지만 이런 노출되지 않는 부분이 오히려 더 큰 문제를 야기할 가능성이 있다.

주택담보대출보다 위험한 전세자금대출

또 다른 문제는 전세자금이다. 분명히 전세자금은 주택보유자가 아닌 입주민의 돈이다. 전세자금은 실거주자들의 돈이기에 확실하고도 안전한 돈이라고 본다. 주택가격에는 거품이 섞여 있어도 전세자금에는 아무런 거품도 없다고 믿는다. 결코 그렇지 않다. 전세자금에도 거품이 포함되어 있다. 10년 전만 해도 전세자금은 오랫동안 아끼고 모은 돈만큼 집주인에게 줬다. 대출을 받아 전세자금을 집주인에게 주는 경우는 드물었다. 그나마 영세민 전세대출처럼 국가에서 저리로 빌려주는 대출은 일정 자격조건을 갖춰야 했다.

2008년부터 금융위기에 따른 주택가격이 하락하자 이전과 달리 국가에서는 전세임차인들에게 전세대출을 해줬다. 전세는 철저히 실수요층이라고 한다. 과거에는 집주인이 전세임차인에게 무리한 금액을 요구할 수 없었다. 무리한 금액을 요구하면 임차인은 감당하지 못하고 이사를 갔다. 상대적으로 전세금 상승이 안정적으로 천천히 이뤄진 결과다. 되돌아 보면 전세자금이 미쳤다고 표현할 정도로 상승한 시기는 2010년 전후부터다. 이전까지 주택 매매가격 상승이 가파르다는 이야기를 해도 전세자금이 그렇다는 표현은 거의 없었다. 최근 몇 년 전부터 전세자금이 해마다 엄청난 폭으로 상승하며 뉴스에 연일 등장할 정도였다.

　신한, 국민, 우리, 하나, 농협중앙회인 5대 은행의 전세대출은 2010년 2조 3,196억 원에서 2016년 34조 485억 원으로 늘었다. 같은 기간 동안 주택담보대출은 55% 늘어났지만 전세자금대출은 무려 1,368% 나 늘었다. 5대 은행뿐만 아니라 모든 금융기관을 전부 합치면 전세자금 대출 금액은 더욱 늘어날 것이다. 이러한 전세자금대출 금액이 전세가격 상승의 주요인이다. 이런 사실을 부정할 수 없다. 과거와 달리 이제 집주 인이 전세자금을 올려달라고 하면 지금까지 모은 돈으로 주는 것이 아니 라 은행에서 돈을 빌려 집주인에게 주는 것이다. 정부에서도 주택담보대 출 금액에는 각종 제한을 두고 까다로운 규제를 하지만 전세자금대출은 서민들을 위해 독려하고 있는 실정이다.

　집주인이 올려달라고 할 때마다 전세임차인들은 손쉽게 은행을 통 해 대출받아 해결했다. 주택가격을 올린 주범이 대출 금액인 것처럼 전 세자금을 올린 것도 마찬가지로 대출이다. 대출이 없었다면 전세자금은 지금처럼 상승하지 못했다. 집주인도 임차인에게 받을 수 없는 금액을 요구하지 않는다. 요구한 금액을 계속해서 임차인들이 마련해주니 그만 큼 전세자금이 상승할 수 있었다. 이렇게 올려준 전세자금은 대부분 2년 만기 전액 상환해야 한다. 최대 4번까지 연장해준다. 그동안 전세자금대 출을 받은 대부분의 사람들은 2년 후 전세자금을 상환하기 위해 열심히 돈을 모았지만 또 다시 상승한 전세자금을 마련하기 위해 다시 대출을 받는다.

　전세가격이 떨어지지 않고 계속해서 오른다면 더 이상 버티지 못 하는 전세 임차인이 나타날 수 있다. 이들은 어쩔 수 없이 다운사이징을 해야 한다. 지금까지 추가 대출을 받으며 버텨왔지만 더 이상 대출을 받을 수 없으니 어쩔 수 없이 더 저렴한 전세 주택으로 이사를 갈 수밖에 없다. 이렇게 전세금을 대출받으며 버텨온 임차인들이 전세금이 오르기 시작한 2010년 차라리 주택을 매수했더라면 원금과 이자를 갚아나갈 수 있었을 것이다. 처음부터 본인이 갚아나갈 금액을 계획하며 대출받을 수 있는 주택보유자와 달리 전세 임차인은 이를 준비하는 것이 힘들다. 2년 후에 집주인이 얼마를 올려달라고 할지 모르니 돈을 모을 틈도 없고 여유도 없다. 돈을 조금 모을 만하면 상승한 전세가격을 메우기에 정신이 없었다.

힘든 상황이 올 때 주택 매도라는 대안이 있는 보유자와 달리 임차인은 돈을 갚거나 다운사이징을 하는 것 외에는 다른 대안이 없다.

이런 상황은 주택담보대출보다 더 큰 위험요소다. 실질적으로 정부는 아직까지 전세자금대출에 대해서는 아무런 대책이 없다. 정작 통제해야 하는 대출은 주택담보대출이 아닌 전세자금대출이다. 주택담보대출처럼 소득 대비 과도한 전세대출을 막아야 한다. 이럴 때 오히려 전세가격은 안정화될 수 있다. 집주인들이 올려달라고 해도 올려줄 금액이 없으니 일정 수준 이상으로 금액이 상승하기 힘들다. 철저하게 실수요층 위주 시장이라고 하는 전세가격이니 말이다.

주택담보대출보다는 전세와 관련된 부분에서 위험이 대두되며 가격이 하락할 수 있다. 전세는 전형적인 사금융의 한 방법이다. 집주인 입장에서는 이자 없이 돈을 빌리는 방법이다. 임차인 입장에서는 대출을 받아 집주인에게 빌려주는 이상한 방법이다. 언제까지 이런 방법이 계속 유지될 수 있을지 모르겠으나 점차 한계에 다다를 가능성이 크다. 외국

〔그림 3〕국가별 DSR 비율

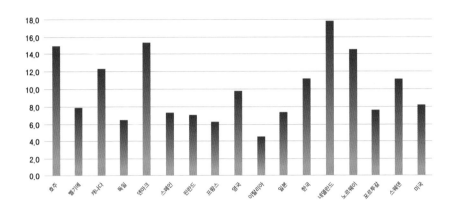

에서는 전세가 이해할 수 없는 제도로 받아들여지고 있다. 집주인이 왜 그렇게 착한 일을 하느냐고 의아해한다. 앞으로도 전세제도가 사라지지는 않을 것이라 본다. 여전히 임차인과 집주인간 필요가 충족되며 전세는 존재하리라 본다.

전세로 살고 있는 임차인들의 대부분은 주택가격이 하락할 것이라 여기며 구입하지 않는다. 더 이상 주택가격이 상승하지 않고 하락하거나 보합을 유지한다면 주택보유자들이 굳이 임차인에게 전세를 줘야 할 이유가 없다. 그토록 주택가격 하락을 원할 때 생기는 현상은 전세가 시장에서 사라지는 것이다. 주택을 보유함으로써 얻는 이득이 없다면 주택을 전세로 임대하는 집주인은 점차 사라지고 대출을 받아서라도 월세를 놓으려고 할 것이다. 이자를 내고 매월 단 돈 만 원이라도 남는다면 그 편이 전세로 임대하는 것보다 훨씬 더 현명한 방법이다. 그나마 지금까지 주택가격이 상승했기에 시세차익을 얻으려 월세가 아닌 전세로 임차인을 들인 투자자들이 많았기에 전세제도가 유지된 것이다.

주택담보대출이 아직까지 큰 문제는 아니지만 가계부채가 우려스럽다는 것은 사실이다. 가계부채에는 이미 언급한 것처럼 자영업자가 사업을 위한 대출과 생활비를 위한 신용대출 등이 포함되어 있기에 쉽게 상환할 수 있는 상황이 아니다. 그렇다 해도 아직까지 크게 걱정할 단계는 아니다. 가계대출 연체율은 1998년 7.9%나 된 적도 있었고 1998년부터 2015년까지 평균 연체율이 1.5%인데 반해 2016년은 0.3%다. 이마저도 주택담보대출 연체율은 0.24%로 더 낮다. 이는 저금리에 따른 효과이기도 하다. 또한 연체율은 후행지표라 경제가 나빠지면 상승할 가능성이 크다. 무조건 낙관할 수는 없지만 아직은 크게 걱정하지 않아도 되는 상황이다.

소형과 대형 아파트의
미래는?

1980년대 MBC에서 〈한지붕 세가족〉이라는 드라마를 방영했다. 제목처럼 단독주택에 세 가족이 살았다. 주인집과 옥탑에 거주하는 만화가 가족, 전파상을 운영하는 순돌이네. 그중 순돌이네가 가장 인기가 좋았다. 순돌이네는 전파상에 딸린 단칸방에 순돌이와 엄마, 아빠가 함께 살았다. 이들의 희망은 단칸방이라도 좋으니 내 집을 마련하는 것이었다. 당시 세 가족은 지금으로 치면 원룸보다 조금 큰 정도의 방에서 살았다.

1980년 초반에 건축된 개포동 주공아파트 단지에서 가장 큰 면적은 60㎡(약 18평)대였다. 층수도 5층 정도로 높지 않았다. 당시에는 그 정도만 해도 살아가는 데 아무런 불편을 느끼지 않았다. 그 정도 면적에서 가족이 함께 살아가는 걸 당연하게 여겼다. 지금처럼 3~4인가구도 아닌 4~5인 가구가 기껏해야 15평 정도로도 불평 없이 살아갔다. 사회가 발달하며 주택의 면적이 점점 커졌다. 과거에는 4~5인 가구가 단칸방에서 살기도 했지만 이제 단칸방은 원룸이라고 불리며 주로 1인가구가 거주하는 주거 형태로 변했다.

현재 분양하는 아파트는 전용면적 59㎡가 가장 작은 면적인 경우가 대다수다. 과거에는 큰 주택에 해당했는데 이제는 제일 작은 면적이다. 우리가 살아가는 집이 점점 커지고 있다. 소형 주택이 대세가 될 거라고 말한다. 소형아파트가 가장 수익률이 좋으며 대형면적의 아파트는 필요 없다는 식의 이야기도 있다. 한때 각광을 받았던 대형 아파트가 찬밥이 된 실정이다. 2000년대 중반만 하더라도 대형 아파트의 인기가 좋았는데 이제는 소형 아파트가 가장 인기가 좋다. 향후에도 소형 아파트의 인기가 변하지 않고 계속될까?

소형 · 중형 · 대형 중 가장 많이 지어진 면적은?

이미 언급한 것처럼 과거에는 그다지 큰 주택이 많지 않았다. 인구가 늘며 베이비부머 세대 중 어느 정도 여유가 있는 사람들은 집이 좁다고 느꼈다. 4~5인 가구가 함께 살아가기에 작았다. 형편이 안 되면 어쩔 수 없이 적응하며 살겠지만 능력이 되는 데도 그런 주택에 살고 싶지는 않았다. 서울 강남 같은 요지에 넓은 주택이 극히 드물었다. 이로 인해 희소성이 생겼다. 이때부터 30평대 아파트가 등장하기 시작했다. 좁은 집에서 거주하던 많은 중산층이 드디어 답답함에서 벗어나게 되었다.

충분하지 않았지만 대형 아파트가 공급되기 시작했다. 대형면적이 필요한 수요에 공급이 미치지 못해 대형 아파트 가격이 상승했다. 더 큰 집을 선호할 것이라는 건설사의 판단에 따라 50평 이상 아파트도 건축되었다. 대형 아파트는 어느 정도 경제적 여력이 있어야 입주한다. 아파트 특성상 관리비는 물론이고 각종 공과금까지 따져보면 우후죽순처럼 대형 아파트가 생기는 데는 한계가 있다. 이런 상황에서 곳곳에 건축된 대형 아파트는 공급을 제대로 감당하지 못하고 만다.

　　국토교통부 통계누리에서는 주택면적을 총 12개로 구분한다. 제일 적은 면적인 42.9㎡(13평) 미만부터 시작해서 제일 넓은 면적을 198㎡(60평) 이상으로 한다. 42.9㎡ 미만을 따로 더 구분하지 않을 만큼 작다는 의미다. 소형, 중형, 대형의 구분은 발표하는 기관마다 약간씩 다르다. 흔히 말하는 국민평형이라고 불리는 85㎡(25평)가 중형에 속하고, 보통 59㎡(18평)를 소형으로 볼 수 있고, 132㎡(40평) 이상을 대형으로 보면 된다. 소형 아파트가 좋다고 하면 시간이 지날수록 과거보다 소형 아파트 건축을 더 많이 했을 것이라 예측할 수 있다. 실제로 그런지 직접 들여다보자.

　　지난 2000년부터 2013년까지 국토교통부에서 발표한 자료를 근거로 살펴보면 그 추이가 보인다. 다시 한 번 언급하자면 소형의 기준이 무엇이냐에 따라 애매하긴 하지만 이미 언급한 것처럼 59㎡ 미만을 소형이라 부르면 큰 문제는 없을 듯하다. 42.9㎡(13평) 미만 주택이 2000년에 2.7%를 차지했다가 중간에 1% 미만까지 떨어졌다 2012년 5.2%까지 올라간 걸 제외하면 지난 13년 동안 평균 1.88%였다. 42.9㎡(13평)는 2000년에 4%에서 2013년 1.1%까지 하락했다. 평균 1.5%였다. 49.5㎡(15평)대 주택은 2000년에는 6.1%였으나 이후로 계속 줄어들다 2013년에 4.6%까

〔그림 1〕준공 아파트 면적별 비율

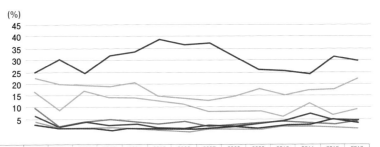

	2000	2001	2002	2003	2004	2005	2006	2007	2008	2009	2010	2011	2012	2013
42.9㎡ 미만	2.7	1.3	1.5	0.9	1	0.4	0.2	0.8	1.9	1.9	2.4	3.1	5.2	3.7
42.9~49.5㎡	4	1.6	1.8	1.7	1.1	0.5	0.5	1	0.8	1.1	2.1	2.2	1.7	1.1
49.5~59.4㎡	6.1	1.7	3.9	2.9	2.8	1.8	1.5	2.2	2.1	3.3	4.4	7.3	4.7	4.6
59.4~66.0㎡	9.8	1.9	4.1	5	3.8	3.1	4	2.5	2.8	3.6	3.9	3.8	3.1	4.1
66.0~82.5㎡	16.4	8.7	16.9	14.2	14.2	12.9	11.4	8.1	8.6	8.4	6.4	12	7.2	9.2
82.5~99.0㎡	22.6	20.5	19.9	19.3	20.5	15	14.7	11.6	15.2	18.4	15.7	18	18.2	22.7
99.0㎡ 이상	24.7	30.5	24.4	32	33.6	38.3	36.4	37.4	31.1	25.9	25.8	24.4	31	29.7

지 떨어져 평균 3.52%였다.

59.4㎡(18평)대 주택은 2000년 9.8%에서 2013년 4.1%까지 떨어졌고 평균 3.96%로 생각보다 적다. 특히나 59.4㎡(18평)는 꽤 많은 아파트에서 소형 아파트로 많이 나온 면적이라 가장 선호하는 면적일 것이라는 생각과 달리 오히려 준공물량이 점점 줄어들었다. 66㎡(20평)대 주택은 2000년 16.4%에서 2013년 9.2%로 가장 많이 줄어든 면적이다. 평균 11%로 시간이 지날수록 시장에 나오는 물량이 적다. 가장 선호하는 아파트 면적인 82.5㎡(25평)대 주택은 2000년에 22.6%에서 2013년 22.7%로 비율상 변화는 없지만 준공물량 중 2번째로 많으며, 평균 18.16%이다.

99㎡(30평)대 주택은 2000년 24.7%에서 2013년 29.7%로 가장 크

〔그림 2〕 아파트 면적별 준공 물량

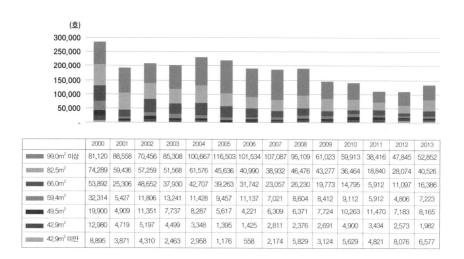

	2000	2001	2002	2003	2004	2005	2006	2007	2008	2009	2010	2011	2012	2013
99.0㎡ 이상	81,120	88,558	70,456	85,308	100,667	116,503	101,534	107,087	95,109	61,023	59,913	38,416	47,845	52,852
82.5㎡	74,289	59,436	57,259	51,568	61,576	45,636	40,990	38,932	46,476	43,277	36,464	18,840	28,074	40,526
66.0㎡	53,892	25,306	48,652	37,930	42,707	39,263	31,742	23,057	26,230	19,773	14,795	5,912	11,097	16,386
59.4㎡	32,314	5,427	11,806	13,241	11,428	9,457	11,137	7,021	8,604	8,412	9,112	5,912	4,806	7,223
49.5㎡	19,900	4,909	11,351	7,737	8,287	5,617	4,221	6,309	6,371	7,724	10,263	11,470	7,183	8,165
42.9㎡	12,980	4,719	5,197	4,499	3,348	1,395	1,425	2,811	2,376	2,691	4,900	3,434	2,573	1,982
42.9㎡ 미만	8,895	3,871	4,310	2,463	2,958	1,176	558	2,174	5,829	3,124	5,629	4,821	8,076	6,577

게 상승한 면적이다. 전체에서 평균 30%가 99㎡(30평) 이상으로 준공되는 물량 중 가장 많이 시장에 나오는 면적이다. 소형면적 아파트가 인기라고 하지만 실제로 시장에 가장 많이 공급되는 면적이 중형이다. 59.4㎡(18평) 미만 아파트가 전체 준공물량의 약 10.87%지만 66㎡(20평)에서 99㎡(30평)는 무려 59.57%나 된다. 대형면적 아파트는 인기가 없어 거의 나오지 않을 것이라는 선입견과 달리 전체에서 29.56%나 된다. 지난 13년 동안 115.5㎡(35평)는 10.48%, 132㎡(40평)는 7.26%, 148.5㎡(45평)는 5.5%, 166.5㎡(50평)는 3%, 198㎡(60평)는 1.6%다. 생각과 다른 결과가 나온 것을 볼 수 있다.

공급면적의 비율로 보면 다소 부정확한 판단이 들 수 있다. 과거보다 비율은 줄어들었더라도 더 많이 공급되었을 수도 있다. 보다 정확히 판단하기 위해 공급물량으로 따져봐도 차이는 크지 않다. 국토교통부에서 발표한 준공물량을 보면 2000년 최대 32만 8,329호, 2012년 최소 15만 4,126호의 물량이 나온 후 2013년 17만 8,138호가 준공되었다. 그렇기에 비슷한 비율로 준공되었다면 2000년보다 2013년에 시장 공급물량이 더 적게 나왔다는 뜻이다.

42.9㎡(13평) 미만을 기준으로 볼 때 2000년 8,895호에서 2006년 558호로 가장 적게 나온 걸 비롯해서 2013년 6,577호로 26%가 줄었다. 심지어 42.9㎡(13평)는 2000년 1만 2,980호에서 2013년 1,982호로 85%나 줄었다. 49.5㎡(15평)는 2000년 1만 9,900호에서 2013년 8,165호로 59%가 줄었고, 59.4㎡(18평)는 2000년 3만 2,314호에서 2013년 7,223호로 78%나 줄었다. 66㎡(20평)는 2000년 5만 3,892호에서 2013년 1만 6,386호로 70%가 줄었고, 82.5㎡(25평)는 2000년 대비 45%나 줄었다. 99㎡(30평)는 2000년 8만 1,120호에서 2013년 4만 526호로 35%나 줄었다.

전체 준공물량은 2000년 32만 8,000호에서 2013년 17만 8,000호로 46%나 줄어든 가운데 대형면적의 준공물량은 오히려 늘어났다. 115.5㎡(35평)는 1만 50호에서 1만 6,402호로 63%가 늘어났고, 166.5㎡(45평)는 2,738호에서 5,343호로 95%가 늘어났으며, 198㎡(60평)는 1,389호에서 2,843호로 무려 105%나 늘어났다. 이처럼 준공물량이 줄어들었음에도 소형보다 대형면적이 시장에 더 많이 공급된 것이다. 이 기간 동안 인구는 물론이고 가구수도 늘어났다. 현재 1~2인 가구가 가장 높은 비율을 차지하고 있는데도 42.9㎡ 미만은 과거보다 더 적게 공급되고 99㎡의 공급은 늘어나는 불일치 상황이 벌어지고 있는 것이다.

결혼하고 아이를 갖게 되면 3~4인 가구가 되는데 이들이 가장 선호하는 면적은 82.5~99㎡이고 여기서 금전적으로 힘들면 66㎡, 여유가 있으면 115.5㎡에 거주한다고 볼 수 있다. 실제로 준공물량의 대다수가 이들 면적으로 전체의 약 70%를 차지한다. 이제부터는 면적별 준공물량을 지역별로 살펴보자.

주택의 면적은 지역별 차이가 있나

준공물량을 기준으로 보면 서울은 2001년보다 2013년에 66㎡(18평) 미만 면적의 비중이 전체적으로 줄었다. 서울에서 공급이 가장 많이 늘어난 면적은 82.5㎡(25평)로 2001년 17.4%에서 2013년 23.7%로 비중이 높아졌다. 이외에도 대형면적인 148.5㎡(45평), 166.5㎡(50평), 198㎡(60평)는 2001년보다 2013년에 비중이 더 커졌다. 서울 아파트 준공물량은 2001년 6만 1,270호에서 2013년 1만 8,528호로 4만 2,742호 줄었다. 서울 아파트의 공급물량이 전체적으로 줄어든 것이다. 비중으로 보면 82.5㎡(25평)가 2001년 1만 625호에서 2013년 4,389호, 99㎡(30평)가 2001년 1만 8,040호에서 2013년 3,922호로 많이 줄었다. 그럼에도 두 면적을 합친 전체 비중은 2001년 46.8%에서 2013년 44.9%로 여전히 가장 크다. 132㎡(40평) 이상의 대형면적 아파트는 2001년 9,654호에서 2013년 2,831호까지 줄었어도 16%, 22%, 35%, 29%까지 비중이 커졌다가 2013년 15%로 비중이 낮아졌다. 66㎡(20평) 미만 소형면적 아파트는

〔그림 3〕 서울 아파트 면적별 준공물량

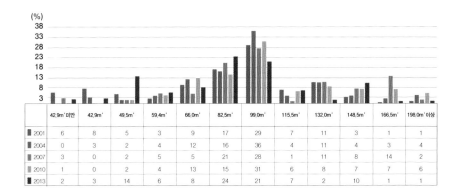

	42.9m²미만	42.9m²	49.5m²	59.4m²	66.0m²	82.5m²	99.0m²	115.5m²	132.0m²	148.5m²	166.5m²	198.0m²이상
■ 2001	6	8	5	3	9	17	29	7	11	3	1	
■ 2004	0	3	2	4	12	16	36	4	11	4	3	4
■ 2007	3	0	2	5	5	21	28	1	11	8	14	2
■ 2010	1	0	2	4	13	15	31	6	8	7	7	6
■ 2013	2	3	14	6	8	24	21	7	2	10	1	1

〔그림 4〕 부산 아파트 면적별 준공물량

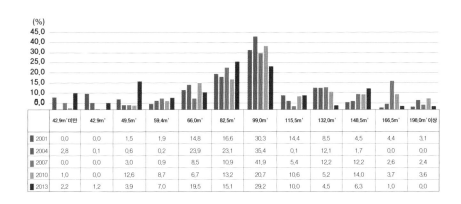

	42.9m²미만	42.9m²	49.5m²	59.4m²	66.0m²	82.5m²	99.0m²	115.5m²	132.0m²	148.5m²	166.5m²	198.0m²이상
■ 2001	0.0	0.0	1.5	1.9	14.8	16.6	30.3	14.4	8.5	4.5	4.4	3.1
■ 2004	2.8	0.1	0.6	0.2	23.9	23.1	35.4	0.1	12.1	1.7	0.0	0.0
■ 2007	0.0	0.0	3.0	0.9	8.5	10.9	41.9	5.4	12.2	12.2	2.6	2.4
■ 2010	1.0	0.0	12.6	8.7	6.7	13.2	20.7	10.6	5.2	14.0	3.7	3.6
■ 2013	2.2	1.2	3.9	7.0	19.5	15.1	29.2	10.0	4.5	6.3	1.0	0.0

2001년 1만 2,926호에서 2013년 4,607호로 줄어드는 동안 21%에서 9%,

10%, 6%로 비중이 낮아졌으나 2013년에는 25%로 비중이 높아졌다. 그

동안 소형보다 대형아파트가 더 많이 공급되었다. 2013년 49.5㎡(15평) 면적의 비중이 14%로 커진 것이 눈에 들어온다.

부산은 2001년 1만 5,794호에서 2004년 2,368호로 준공물량이 완전히 줄었다. 심지어 2001년과 2007년에는 49.5㎡(15평) 미만은 준공물량 자체가 없었다. 부산에서 가장 많이 준공된 면적은 99㎡(30평)로 2001년 30.3%에서 2007년 41.9%까지 증가한 후 2013년에도 여전히 29.2%로 가장 높다. 다음으로 82.5㎡(25평)와 66㎡(20평)의 비중이 크다. 59.4㎡(18평) 면적이 2001년 1.9%에서 2013년 7%로 소형면적 중 비중이 가장 높아졌다. 132㎡(40평) 이상 대형면적의 비중이 2001년 20%에서 2004년 14%로 낮아진 것을 제외하면 29%, 26%, 12%이었다. 반면 66㎡(20평) 미만 소형면적은 2001년 3%에서 4%로 비중이 낮다. 2010년 22%, 2013년 14%로 비중이 커지긴 했다. 중형면적은 2001년 76%에서 82%, 67%, 51%에서 2013년 74%다.

대구 지역 아파트 준공물량은 2001년 6,752호에서 2013년 1만 1,924호로 늘었다. 준공물량이 이렇게 늘었지만 2010년 59.4㎡(18평) 미만은 아예 공급조차 되지 않았다. 2013년에도 42.9㎡(13평)와 49.5㎡(18평)는 공급되지 않았다. 대구에서 가장 많이 공급된 아파트 면적은 99㎡(35평)이다. 2001년에는 23.4%였으나 2004년과 2007년에는 전체 비중의 절반이 넘는 52.1%와 52.2%였다. 그 이후에도 35.3%, 33.6%나 공급되었다. 중형면적인 82.5㎡(25평)도 2001년 16%에서 2013년 11.3%까지 공급되었다. 대구는 66㎡(20평) 미만은 거의 공급되지 않았다고 할 수 있다. 66㎡(20평) 면적은 2001년 유일하게 1,740호 공급되었는데, 이는 115.5㎡(35평) 이상 면적이 8% 차지한 것보다 큰 26%에 해당하는 비중이다. 대

〔그림 5〕대구 아파트 면적별 준공물량

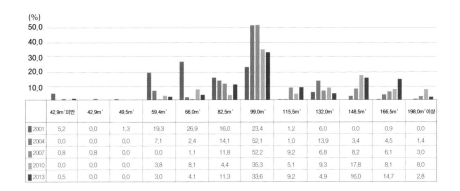

	42.9m²미만	42.9m²	49.5m²	59.4m²	66.0m²	82.5m²	99.0m²	115.5m²	132.0m²	148.5m²	166.5m²	198.0m²이상
2001	5.2	0.0	1.3	19.3	26.9	16.0	23.4	1.2	6.0	0.0	0.9	0.0
2004	0.0	0.0	0.0	7.1	2.4	14.1	52.1	1.0	13.9	3.4	4.5	1.4
2007	0.8	0.8	0.0	0.0	1.1	11.8	52.2	9.2	6.8	8.2	6.1	3.0
2010	0.0	0.0	0.0	3.8	8.1	4.4	35.3	5.1	9.3	17.8	8.1	8.0
2013	0.5	0.0	0.0	3.0	4.1	11.3	33.6	9.2	4.9	16.0	14.7	2.8

〔그림 6〕인천 아파트 면적별 준공물량

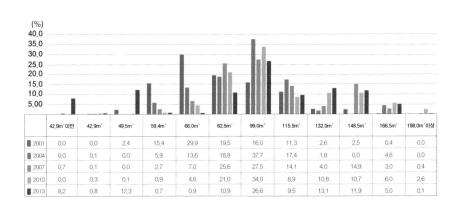

	42.9m²미만	42.9m²	49.5m²	59.4m²	66.0m²	82.5m²	99.0m²	115.5m²	132.0m²	148.5m²	166.5m²	198.0m²이상
2001	0.0	0.0	2.4	15.4	29.9	19.5	16.0	11.3	2.6	2.5	0.4	0.0
2004	0.0	0.1	0.0	5.9	13.6	18.8	37.7	17.4	1.8	0.0	4.6	0.0
2007	0.7	0.1	0.0	2.7	7.0	25.6	27.5	14.1	4.0	14.9	3.0	0.4
2010	0.0	0.3	0.1	0.9	4.6	21.0	34.0	8.9	10.8	10.7	6.0	2.6
2013	8.2	0.8	12.3	0.7	0.9	10.9	26.6	9.5	13.1	11.9	5.0	0.1

형면적인 132㎡(40평) 이상 면적은 2001년 7%밖에 안 되었지만 그 이후
로 23%, 24%로 비중이 커졌다. 2010년과 2013년에는 43%, 38%나 될 정

도였다. 99㎡(30평) 이상으로 확장하면 2004년 전체 물량의 76%를 시작으로 2007년 85%, 2010년 84%, 2013년 81%나 된다.

인천은 한국에서 서울, 부산 다음으로 인구가 많은 도시다. 그럼에도 아파트 준공물량은 편차가 심한 편이다. 2001년 5,101호에서 2007년 3만 890호로 증가한 후 2013년에는 다시 8,543호밖에 준공되지 않았다. 2001년 49.5㎡(15평) 미만은 전혀 준공되지 않았고 2004년에는 59.4㎡(18평) 미만은 겨우 20호밖에 공급되지 않았다. 인천에서도 가장 선호하는 99㎡(30평) 면적이 2001년 16%로 가장 비중이 적은 걸 제외하면 2004년 37.7%, 27.5%, 34%, 26.6%로 가장 많다. 다음으로 82.5㎡(25평)가 2001년 19.5%에서 18.8%, 25.6%, 21%로 꾸준히 공급됐는데 2013년 10.9%로 줄었다. 특이하게 66㎡(20평) 면적의 준공물량이 2001년 29.9%나 비중이 컸는데 지속적으로 작아져 2013년에는 0.9%밖에 되지 않았다. 인천은 다른 지역에 비해 148.5㎡(45평) 면적의 비중이 커진 점이 눈에 들어온다. 2001년 2.5%에서 2007년 14.9%, 2010년 10.7%, 2013년 11.9%나 된다. 66㎡(20평) 미만 비중은 2001년 18%에서 2004년 6%, 4%, 1%로까지 낮아졌다가 2013년 22%로 높아졌다. 132㎡(45평) 이상은 2001년 6%에서 비중이 점점 커져 2007년 22%, 2010년, 2013년 30%가 되었다.

광주는 지금까지 살펴본 도시와 다른 양상을 보인다. 다른 도시들의 준공물량은 최근에 좀 많아지는 양상이지만 광주는 2001년 1만 2,452호를 정점으로 2004년 5,742호, 2007년 8,925호, 2010년 6,664호, 2013년 7,362호다. 광주는 82.5㎡(25평)가 2001년 8.6%에서 2013년 49.6%나 비중이 증가했다. 가장 선호하는 면적인 99㎡(30평)가 2001년 34.4%에서 2013년 1.9%밖에 준공되지 않았다. 광주는 49.5㎡(15평) 미만은 시장

〔그림 7〕 광주 아파트 면적별 준공물량

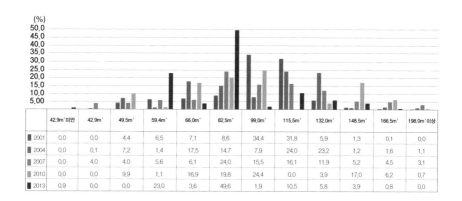

	42.9㎡ 미만	42.9㎡	49.5㎡	59.4㎡	66.0㎡	82.5㎡	99.0㎡	115.5㎡	132.0㎡	148.5㎡	166.5㎡	198.0㎡ 이상
2001	0.0	0.0	4.4	6.5	7.1	8.6	34.4	31.8	5.9	1.3	0.1	0.0
2004	0.0	0.1	7.2	1.4	17.5	14.7	7.9	24.0	23.2	1.2	1.6	1.1
2007	0.0	4.0	4.0	5.6	6.1	24.0	15.5	16.1	11.9	5.2	4.5	3.1
2010	0.0	0.0	9.9	1.1	16.9	19.8	24.4	0.0	3.9	17.0	6.2	0.7
2013	0.9	0.0	0.0	23.0	3.6	49.6	1.9	10.5	5.8	3.9	0.8	0.0

〔그림 8〕 대전 아파트 면적별 준공물량

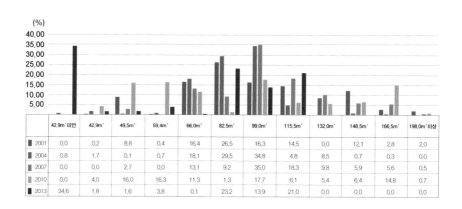

	42.9㎡ 미만	42.9㎡	49.5㎡	59.4㎡	66.0㎡	82.5㎡	99.0㎡	115.5㎡	132.0㎡	148.5㎡	166.5㎡	198.0㎡ 이상
2001	0.0	0.2	8.8	0.4	16.4	26.5	16.3	14.5	0.0	12.1	2.8	2.0
2004	0.8	1.7	0.1	0.7	18.1	29.5	34.8	4.8	8.5	0.7	0.3	0.0
2007	0.0	0.0	2.7	0.0	13.1	9.2	35.0	18.3	9.8	5.9	5.6	0.5
2010	0.0	4.0	16.0	16.3	11.3	1.3	17.7	6.1	5.4	6.4	14.8	0.7
2013	34.6	1.8	1.6	3.8	0.1	23.2	13.9	21.0	0.0	0.0	0.0	0.0

에 거의 공급되지 않고 있다. 특이하게 59.4㎡(18평)가 2001년 6.5%에서 그 후로도 1.4%, 5.6%, 1.1%로 비중이 낮은 편이었는데 2013년에 무려

23%나 높아졌다. 66㎡(20평) 미만 아파트의 준공물량 비중은 2001년 11%를 시작으로 10%대를 유지하다 2013년 24%로 커졌다. 132㎡(40평) 이상은 2001년 7%로 비중이 낮았지만 그 이후로 20%대를 유지하다 2013년에는 10%로 축소되었다. 광주는 연도에 따라 준공물량 중 유독 많이 나오는 면적이 있다는 특성이 있다.

대전은 지금까지 본 도시 중 가장 적은 준공물량이 시장에 나오고 있다. 2001년 5,737호, 2004년 7,577호, 2007년 9,485호, 2010년 9,634호를 정점으로 2013년에는 3,646호밖에 공급되지 않았다. 대전은 82.52㎡(25평) 면적이 2001년 26.5%에서 2013년 23.2%로 비중이 가장 컸지만 2010년에는 1.3%밖에 안 될 때도 있었다. 99㎡(30평) 면적이 2004년 34.8%에서 2007년 35%로 비중이 가장 컸지만 2013년에는 13.9%가 전부다. 42.9㎡(13평) 미만이 2013년 비중 34.6%로 1,262호나 공급되었다. 더구나 2013년에 132㎡(40평) 이상 면적은 단 1호도 공급되지 않은 점이 눈에 들어온다. 세종시의 여파 때문인지 대전의 준공물량은 최근 들어 양상이 달라졌다. 2001년 66㎡(20평) 미만은 9%에서 2007년 3%로 비중이 축소되었지만 2010년 36%, 2013년 42%로 비중이 확대되었다. 반대로 132㎡(40평) 이상 면적은 2001년 17%에서 2004년 10%, 2007년 22%로 비중이 더 늘어난 후 2010년 27%로 확대되었지만 2013년에는 0%였다. 대부분의 도시가 66㎡(20평) 이상에서 132㎡(40평) 미만 면적의 비중이 가장 큰데 대전은 2010년에 비중이 36%밖에 안 될 때도 있었다.

울산은 광역시 중 인구가 가장 적다. 2007년 1만 1,547호가 가장 많은 준공이었고 2010년 6,930호, 2013년 6,397호였다. 울산은 2001년과 2003년에는 49.5㎡(15평) 미만은 공급되지 않았다. 대형면적도 2001

[그림 9] 울산 아파트 면적별 준공물량

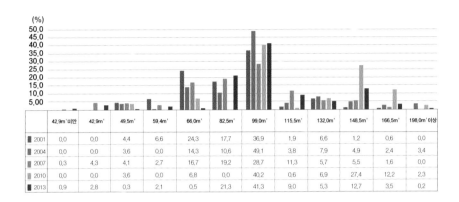

	42.9㎡미만	42.9㎡	49.5㎡	59.4㎡	66.0㎡	82.5㎡	99.0㎡	115.5㎡	132.0㎡	148.5㎡	166.5㎡	198.0㎡이상
2001	0.0	0.0	4.4	6.6	24.3	17.7	36.9	1.9	6.6	1.2	0.6	0.0
2004	0.0	0.0	3.6	0.0	14.3	10.6	49.1	3.8	7.9	4.9	2.4	3.4
2007	0.3	4.3	4.1	2.7	16.7	19.2	28.7	11.3	5.7	5.5	1.6	0.0
2010	0.0	0.0	3.6	0.0	6.8	0.0	40.2	0.6	6.9	27.4	12.2	2.3
2013	0.9	2.8	0.3	2.1	0.5	21.3	41.3	9.0	5.3	12.7	3.5	0.2

년과 2007년에 198㎡(60평) 면적은 전혀 공급되지 않았다. 99㎡(30평) 면적은 2001년 36.9%에서 49.1%, 28.7%, 40.2%에서 2013년 41.3%를 차지할 정도로 가장 많이 공급되었다. 다음으로 많이 공급되는 82.5㎡(25평) 면적은 2010년에는 전혀 공급되지 않았다. 66㎡(20평) 미만이 2001년 11%로 대형면적보다 많이 공급된 걸 제외하면 2004년 4%를 비롯해서 2013년 6%로 비중이 낮았다. 132㎡(40평) 이상은 2001년 8%로 소형면적보다 비중이 낮았지만 19%, 13%에서 2010년 무려 49%나 비중이 높아진 후 2013년에도 22% 비중이다. 소득이 제일 높은 도시답게 타 도시에 비해 99㎡(30평) 면적의 비중이 유독 높은 점이 눈에 들어온다.

경기도는 워낙 넓은 지역에 도시가 많아 도시별로 봐야 정보가 정확할 수 있다. 모든 시도를 다 합쳐 준공물량이 가장 많은 곳이기도 하다. 경기도에서 99㎡(30평) 면적은 2007년 47.9%를 비롯해서 2013년

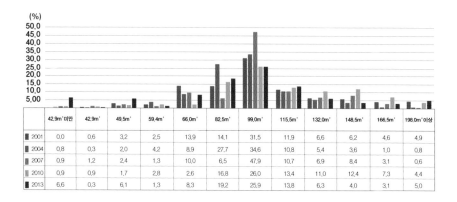

〔그림 10〕 경기도 아파트 면적별 준공물량

	42.9㎡ 미만	42.9㎡	49.5㎡	59.4㎡	66.0㎡	82.5㎡	99.0㎡	115.5㎡	132.0㎡	148.5㎡	166.5㎡	198.0㎡ 이상
2001	0.0	0.6	3.2	2.5	13.9	14.1	31.5	11.9	6.6	6.2	4.6	4.9
2004	0.8	0.3	2.0	4.2	8.9	27.7	34.6	10.8	5.4	3.6	1.0	0.8
2007	0.9	1.2	2.4	1.3	10.0	6.5	47.9	10.7	6.9	8.4	3.1	0.6
2010	0.9	0.9	1.7	2.8	2.6	16.8	26.0	13.4	11.0	12.4	7.3	4.4
2013	6.6	0.3	6.1	1.3	8.3	19.2	25.9	13.8	6.3	4.0	3.1	5.0

25.9%로 준공물량이 가장 많다. 그다음으로 82.5㎡(25평) 면적은 2001년 14.1%에서 2004년 27.7%로 비중이 높았고 2007년 6.5%로 비중이 낮아졌지만 2013년 19.2%로 두 번째로 높은 비중을 차지한다. 66㎡(20평) 미만 면적은 2001년 13.9%였으나 비중이 점점 낮아져 2013년 8.3%로 여전히 비중이 낮다. 132㎡(40평) 이상 면적은 2001년 22%에서 2003년 11%로 비중이 많이 낮아졌음에도 소형면적보다 비중이 크며 2010년 35%로 가장 큰 비중이었다. 2013년 18%로 소형면적보다 많이 공급되고 있다. 경기도는 소형면적이 많이 공급된다는 느낌이 있는데 소형면적 공급 비중은 서울보다 오히려 적다. 2013년 42.9㎡(13평) 미만이 2,479호 공급되며 6.6%, 49.5㎡(15평)가 2,277호 공급되며 6.1%로 비중이 높아진 것이 눈에 들어온다.

소형 아파트가 많이 늘어났다고 생각한 것과 달리 대형 아파트가 더 많이 늘어났다. 소형 아파트가 더 인기가 좋고 많은 사람들이 찾을 것이라는 예측은 이미 2000년 중반부터 있었다. 향후 인구 구조를 볼 때 1~2인 가구가 더 늘어나며 과거보다는 작은 평형의 주택이 인기를 끌며 시장에 많이 쏟아질 것이라고 전문가들도 예측했다. 정작 직접 들여다보니 예상한 것과 다른 결과가 나왔다. 지역적인 편차가 존재하지만 거의 대부분 소형보다는 대형이 훨씬 더 많이 건축되었다.

가장 많이 건축된 아파트는 중형 아파트이기는 하다. 특히나 99㎡의 아파트는 물량 증가 속도가 빠르고 건축 비중이 높아졌다. 이런 현상이 갈수록 더욱 심해지고 있다. 심지어 49.5㎡ 이하 아파트는 비중이 낮아지고 실제로 건축물량도 줄어들고 있다. 이는 아파트라는 특수성에서 기인한 것으로 보인다. 많은 사람들이 아파트를 선호하지만 누구나 거주할 수 있는 건 아니다. 소득이 그리 많지 않은 1인가구는 주택 유형 중 가장 비싼 아파트를 선택의 대상에서 제외할 수밖에 없다. 잠재 수요는 많지만 실제 소형 아파트에 들어가 살 가구는 적다 보니 아파트는 대체적으로 3~4인 가구에 초점을 맞출 수밖에 없다.

신혼부부의 대부분은 아파트에서 생활을 시작한다. 이들은 세월이 흘러 좀 더 나이가 들고 아이가 생기면 자산을 축적해 보다 큰 평수로 이사를 간다. 소형 아파트는 잠시 머무는 곳이다. 이런 상황에 건설사들은 수지타산도 적은 소형 아파트보다는 중형 이상 아파트에 보다 집중한다. 1~2인 가구의 증가는 건설사 입장에서는 당장 중요한 요소가 아니다. 그보다는 3~4인 가구의 증가가 더 중요한데 이들에게 소형 아파트는 선택에서 후순위다. 역설적으로 소형 아파트가 적어 가격 상승이 더 심하다고 볼 수 있다. 1~2인 가구는 늘지만 소형 아파트의 공급은 갈수록 줄어든다. 이런 수요와 공급의 불일치가 소형 아파트의 가격을 상승시킨 주범일 수 있다.

1~2인 가구를 위한 아파트가 부족하기도 하지만 1~2인 가구라고 해서 모두 소득이 적은 것은 아니다. 대기업 같은 곳에 근무하며 소득이 충분한 1인가구나 맞벌이를 하는 2인가구는 59.4㎡ 정도의 면적에 살아야 넉넉하고 편안하게 생활할 수 있다. 그러다 보니 59㎡(18평)대 아파트가 인기를 끌고 사람들이 많이 찾아 가격이 상승하는 것 아닐까? 지금 같은 추세가 계속 이어진다면 수요와 공급의 불일치가 더욱 심해질 것이다.

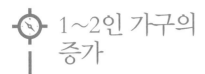

1~2인 가구의 증가

　2015년 인구주택 총조사가 발표되자 많은 사람들이 깜짝 놀랐다. 1인가구가 늘어나고 있다는 건 지속적으로 회자되고 있었지만 실제 수치로 확인되었기 때문이다. 전체 가구 유형 중 1인가구 비중이 27.2%로 가장 많아졌다. 지금까지 가장 큰 비중을 차지하던 것은 3~4인 가구였으나 1~2인 가구가 더 많아진 것이다. 우리는 가족 하면 아내와 남편이 있고 아이들이 있는 모습을 떠올린다. 그렇기에 3~4인 가구가 가장 많을 거라고 생각하지만 시간이 지날수록 1인가구가 증가하고 있다.

　1990년대만 하더라도 1인가구의 비중은 9%로 가장 적었다. 당시는 4인에서 5인 이상 가구 비중이 가장 컸다. 시간이 지나 2015년이 되자 이제는 1인가구 비중과 5인 이상 가구 비중이 역전되었다. 1인가구 비중은 27.2%가 되었고 5인 이상 가구는 1990년 28.7%에서 2015년 6.4%로 줄었다. 1~2인 가구는 지난 시간 동안 지속적으로 비중이 상승했고 4인

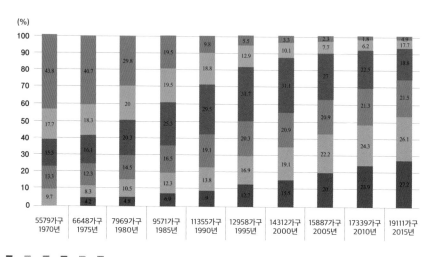

이상 가구는 지속적으로 하락했다. 유일하게 3인 가구만 비중이 비슷하다. 2인가구는 아이 없는 부부나 자녀를 출가시킨 부부의 경우다. 대체적으로 3인 가구가 2인가구나 1인가구로 변할 가능성이 좀 더 크다. 1~2인가구의 비중은 2015년 53.4%로 절반이 넘는다.

1인가구의 증가는 전 세계적인 추세다. 유럽 28개국 역시 1인가구 비중이 2006년 29.3%에서 2015년 33.4%로 증가했다. 아이 없이 살아가는 2인가구 비중도 2006년 23.9%에서 2015년 24.6%로 미세하지만 늘어났다. 여기에 아이와 살아가는 1인 성인 가구 비중도 4%에서 4.5%로 증가했다. 그나마 아이와 살아가는 2인 성인가구 비중은 21.3%에서

20%로 줄었다. 이처럼 아이를 포함하지 않은 1~2인 가구 비중은 2006년 53.2%에서 2015년 58%로 늘어났다. 일본도 1995년 1인가구 비중은 25.6%에서 2010년 32.4%로 급격히 늘어난 후 2015년에는 32.7%로 다소 정체되었지만 1인가구 비중은 여전히 높다. 그 외에 미국도 2015년 기준으로 1인가구 비중은 28%다.

늘어나는 1인가구 비중

대부분 국가에서 1인가구 비중이 점점 늘어나는 추세인 것처럼 한국도 2015년 27.2%에서 2020년에는 29.6%로 예측되고 있다. 사회상도 이에 발맞춰 변화하고 있다. BC카드에서 발표한 〈1인가구 소비트렌드 및 솔로이코노미의 성장〉 보고서에 의하면 1인가구인 사람들 중 43.9% 이상이 5년 이상 현재의 가구 유형을 유지할 것으로 보고 있다. 1년 이내일 것으로 생각하는 사람은 13.6%밖에 되지 않았다. 심지어 1인가구에서 탈출할 계획이 없다는 응답자도 23.9%나 되었다. 1인가구는 줄어들기보다는 향후 늘어날 가능성이 더 크다.

1~2인 가구의 비중이 늘어나며 과거처럼 많은 물량을 소비하기보다는 소량 소비하는 추세로 변했다. 대형마트에서 쇼핑카트 가득히 구매한 후 자동차로 실어오기보다는 부담 없이 가볍게 동네 근처 편의점에서 소량으로 구입한다. 이 덕분에 편의점이 무섭게 골목상권을 잠식해가고 있다. 2015년 2만 8,900여 개였던 편의점 숫자는 2016년 10월 3만 3,500

여 개로 늘어나 1년도 안 되는 기간 동안 무려 약 4,000개나 늘어났다. 2016년 10월말 기준 CU가 1만 600여 개, GS25가 1만 400여 개, 세븐일레븐이 8,400여개, 미니스톱이 2,300여 개, 위드미가 1,600여 개다. 골목슈퍼가 전부 편의점으로 바뀌었고 서로 마주보는 자리에 점포가 생기는 경우도 많다.

1인가구가 살면서 가장 불편하다고 꼽은 것은 집안일 56.3%, 식재료 구입 48.7%, 배달음식 40.2% 순이었다. 이들은 온라인으로 쇼핑을 하는 비율이 54.1%나 된다. 주로 외식/식료품에 74%를 소비하고 편의점을 주로 이용하는 것으로 조사될 정도로 과거와는 다른 소비 패턴을 보이고 있다. 1인가구를 위한 다양한 제품은 물론이고 일반 음식점도 이들을 위한 다양한 요리를 선보이고 있다. 이들이 주거와 주택에 미치는 영향은 어떠한지 보자.

1인가구의 평균 연소득은 2012년 1,622만 원에서 2016년 1,825만 원으로 상승했다. 월급으로 따지면 약 152만 원이다. 이마저도 2015년 1인가구의 44.1%가 1,000만 원 미만이다. 다음으로 1,000만~3,000만 원 미만이 35.9%다. 2인가구는 1,000만~3,000만 원 미만이 42.2%이고 3,000만~5,000만 원 미만이 23.4%다. 1~2인 가구의 절대 다수가 3,000만 원 미만의 소득을 벌고 있다.

현대경제연구원이 발표한 보고서 〈싱글족(1인가구)의 경제적 특성과 시사점〉에 의하면 1인가구의 가처분소득은 2010년 130만 1,000원에서 2014년 136만 7,000원이었다. 2016년만 놓고 볼 때 60대 이상은 가처분소득 83만 9,000원에서 100만 4,000원을 소비하고, 20~30대는 가처분소득 192만 7,000원에서 141만 9,000원을 소비하고, 40~50대는 가처분소득 201만 1,000원에서 130만 2,000원을 소비한다. 스스로 모든 것을 다 해야 하는 1인가구의 특성상 소비 성향이 강하다. 비취업자를 제외한 1인가구의 직업은 단순노무 종사자가 33.7%로 가장 많은데 60대 이상에서 71.5%나 된다. 20~30대에서는 전문가 및 관련 종사자와 사무직 종사자를 합쳐 66.8%로 가장 많다. 1인가구의 고용률은 55.6%다. 부모의 도움을 받거나 공무원시험을 준비하거나 아르바이트를 하며 거주하는 1인가구는 제외되었다고 할 때 산업도시인 울산이 1인가구 고용률이 64.6%로 제일 높고 전북이 49.5%로 제일 낮다. 서울은 55.8%, 경기는 59.2%다. 전체 고용자 중에서도 임금근로자가 76.3%, 비임금근로자가 23.7%다. 임금근로자 중에서도 상용은 64.2%, 임시직과 일용직은 35.8%로 그다지 썩 좋은 편은 아니다.

현재 1인가구의 주택 유형은 52.1%가 단독주택(다가구 포함)에 거주하고 아파트는 27.5%만 거주한다. 대다수 1인가구는 아파트가 아닌 다른 주택 유형에 거주하고 있다는 걸 알 수 있다. 이 중에서도 비도시 지역에 거주하는 1인가구는 108만 9,479가구로 21%이고 대다수인 412만 4,961가구인 79%가 도시에서 거주하고 있다. 30대 이하와 70대 이상에서는 거의 60% 해당하는 가구가 단독주택에 거주한다. 1인가구라 해도 60대가 32.6%로 가장 많이 아파트에 거주하는 걸로 나오는데 이는 원래부터 아파트에 거주하던 2인가구가 1인가구로 변경된 원인이 큰 것으로 보인다.

전국적으로 1인가구는 지역을 막론하고 비중이 증가하고 있다. 특정 지역이 유독 더 많이 늘어났다고 꼭 집어 언급하기 어려울 정도로 1인가구의 증가는 이제 보편적이다. 2015년 기준으로 1인가구가 가장 많은 지역은 강원도로 31.2%다. 이는 20대보다는 60대 이상에서 1인가구가 증가한 이유다. 가장 적은 지역은 인천 지역으로 23.3%다. 인천 지역은 1인가구가 가장 적은 지역이지만 다세대주택과 단독주택이 가장 많은 지역이라 상대적으로 20~30대 1인가구가 많다. 인천 옹진군은 1인가구 비율이 가장 높은 46.3%이고 강원도의 화천군과 고성군도 1인가구 비율이 3, 4위를 차지할 만큼 높았다.

일반 가구 1,911만 1,000가구 중 70세 이상에서는 배우자의 사망으로 1인가구가 된 경우가 91만 가구로 17.5%를 차지한다. 일반 가구에서 20대가 88만 7,000가구로 17%, 30대가 95만 3,000가구로 18.3%로 가

〔표 1〕 시도별 1인가구 비율(1990~2015년)

(단위 : %, %P)

	1990ᵀ	1995ᵀ	2000ᵀ	2005ᵀ	2010ᵀ	2010ᴿ(A)	2015ᴿ(B)	증감(B-A)
전국	9.0	12.7	15.5	20.0	23.9	23.9	27.2	3.3
서울	9.1	12.9	16.3	20.4	24.4	25.7	29.5	3.8
부산	7.8	10.7	13.8	18.8	23.4	22.6	27.1	4.5
대구	10.0	11.8	14.2	18.2	22.2	21.5	25.8	4.3
인천	7.9	10.3	13.0	17.2	20.8	20.7	23.3	2.6
광주	8.1	12.1	14.7	19.0	23.7	24.3	28.8	4.6
대전	7.8	11.5	15.2	20.6	25.3	24.7	29.1	4.4
울산	-	-	13.9	17.1	20.7	20.6	24.5	3.9
세종	-	-	-	-	-	-	29.1	-
경기	8.1	10.6	12.6	16.9	20.3	21.1	23.4	2.3
강원	9.7	15.0	18.8	23.5	27.9	27.2	31.2	4.1
충북	8.1	13.2	17.1	22.7	26.9	25.9	28.8	2.9
충남	6.6	12.9	17.2	22.6	27.0	26.8	29.5	2.7
전북	8.6	14.1	17.4	22.1	26.5	25.7	29.8	4.1
경남	8.9	16.3	19.7	24.6	28.9	27.0	30.4	3.3
경북	12.3	15.9	18.5	23.9	28.8	27.1	30.4	3.3
경남	10.0	13.8	17.1	21.4	24.9	24.0	37.6	3.5
제주	12.7	15.8	16.6	21.5	24.0	22.8	26.5	3.7

장 많다. 이들 20~30대 1인가구의 특징은 결혼을 염두에 두지 않으며 혼자 사는 것에 익숙하다는 특징이 있다. 최근 〈나 혼자 산다〉와 같은 TV 프로그램이 인기를 끄는 것과도 맞닿아 있다. 굳이 결혼으로 함께 살기보다는 자신만의 삶을 즐기는 사람이 늘어났다. 특히 어느 정도 소득이 되는 20~30대에게 이런 점이 더욱 두드러지고 있다.

이런 점은 국토부의 2014년 주거실태조사로 더 잘 알 수 있다. 2인 이상 가구의 자가주택 점유 비중은 60%를 넘지만 1인가구의 자가 비중은 31%밖에 되지 않는다. 이에 반해 월세 비중은 46%나 된다. 가처분소득으로 소비하고 여력이 남으면 주택을 구입하기보다는 더 쾌적한 환경과 삶의 만족도를 더 추구하는 라이프 스타일을 원한다. 과거 부모 세대가 아끼고 모아 주택을 장만했다면 젊은 세대는 현재를 즐기는 현상이 더욱 강하다. 이런 경향은 1인가구에서 가장 크다. 아이를 출산하지 않는 딩크족 맞벌이 부부인 2인가구에서도 이런 현상은 더욱 두드러지며 소비 시장의 가장 중요한 세력이 되었다.

1인가구의 47.3%가 2015년 기준으로 40㎡ 이하에서 거주하고 있다. 2014년 기준으로 1인당 평균 주거사용면적은 33.5㎡로 2006년 26.2㎡보다 많이 증가했지만 외국에 비해서는 여전히 부족하다. 1인가구의 주거사용면적이 한국은 48.6㎡, 영국은 71.2㎡, 미국은 141.3㎡ 다. 이는 전국을 토대로 작성한 것이라 이미 살펴본 도시 지역으로 한정하면 훨씬 많이 축소된다. 한국이나 외국이나 이런 현상은 동일하다. 2014년을 기준으로 해도 1인당 주거사용면적이 수도권은 31.3㎡, 광역시는 34.5㎡, 도 지역은 36.2㎡로 대도시로 갈수록 주거사용면적은 적다. 대부분 수도권 도시에 거주하는 1인가구가 원룸에 거주한다는 이미

지가 구축된 가장 큰 이유다. 대부분 단독주택으로 분류되는 원룸 주택은 6~8평(19.8~26.4㎡)이다.

1~2인 가구의 소득은 그리 높지 않다. 그나마 2인가구로 맞벌이 하면 상관없는데 2인가구지만 외벌이로 가족을 돌보는 2인가구에게 주거비용은 만만치 않다. 1인가구도 소득대비 주거비용은 적지 않기에 될 수 있는 한 줄이려고 노력한다. 현대경제연구원의 보고서 〈싱글족(1인가구)의 경제적 특성과 시사점〉에 의하면 1인가구의 평균 전세보증금은 2014년 5,307만 원이고 월세보증금은 1,458만 원이다. 20~30대는 평균 전세보증금이 6,253만 원, 월세보증금이 1,864만 원이다. 40~50대는 평균 전세보증금이 6,034만 원, 월세보증금이 1,348만 원이다. 60세 이상은 평균 전세보증금이 3,842만 원, 월세보증금이 1,254만 원이다.

보증금 추세는 전세가 2010년에서 2014년 증가율이 연평균 5.4%, 월세보증금은 연평균 19.9%다. 월세는 2014년 평균이 22만 8,000원인데 20~30대는 27만 7,000원, 40~50대는 24만 3,000원, 60세 이상은 16만 7,000원이다. 전체적으로 20~30대가 가장 많은 보증금과 월세를 내며 살고 있다. 그만큼 좀 더 좋은 주택을 선호하고 여가 대부분을 주택에 머물며 셀프 인테리어를 하는 추세와도 맞물려 있다. 편안하고 쾌적한 주거환경에서 거주하고 싶은 것이다. 각종 SNS의 발달로 자신의 다양한 모습과 주변 환경을 노출시키는 20~30대에게 주택 내부는 중요한 배경이 된다.

1인가구 증가에 대비한 주택 유형 늘려야

아파트 면적이 갈수록 넓게 건축되고 있다는 것을 확인했다. 1~2인 가구는 갈수록 늘어나는데 소형 아파트는 줄어들고 있다. 1인가구 소득 대비 소비 성향은 2014년 기준으로 80.1%에 달한다. 2인가구의 소득 대비 소비 성향은 72.6%다. 소득의 대부분을 소비하다 보니 저금할 돈이 그만큼 적다. 거기에 전세보증금은 쉽게 구할 수 있는 돈이 아니다. 비록 전세보증금을 대출 받아 해결한다고 해도 매월 내는 이자 부담은 결코 적지 않다. 대출을 받은 보증금이니 나중에 갚아야 할 부채다. 이런 상황에서 1~2인 가구가 아파트를 선호하더라도 현실적으로 거주하기는 쉽지 않다. 이들이 선택할 수 있는 차선의 대안은 단독(다가구)주택이나 다세대 주택이다.

1~2인 가구가 늘어나는 상황에서도 소규모 아파트가 줄어드는 이유다. 1~2인 가구는 통칭 빌라로 불리는 주택을 더 선호할 수밖에 없다. 이마저도 힘든 사람들은 도시형 생활주택 같은 곳에 있는 원룸에 거주하거나 좀 더 여유가 있는 1~2인 가구는 오피스텔에서 거주하기도 한다. 아파트에서 거주하는 1~2인 가구는 소득분위가 높은 층이며, 2인가구의 경우에는 아파트 거주자가 1인가구보다 많다.

보증금에 월세를 매월 내야 하는 1인가구 입장에서 돈을 모아 더 좋은 주택으로 이사하기란 어려운 일이다. 일이 끝난 후 지친 몸을 이끌고 집에 들어와 만사가 귀찮으니 가볍게 편의점을 이용하거나 인터넷 쇼핑몰을 통해 주문한 음식 등을 편하게 먹는다. 이렇게 의지와 상관없이 소비 성향이 높아 어쩔 수 없이 저축할 돈은 그다지 많지 않다. 이런 상황에서 주택가격은 상승하고 월세는 조금씩 상승했다. 그나마 주택을 구입한 1~2인 가구는 자산의 증가 덕분에 어느 정도 소비 성향이 높아도 이를 상쇄하는 효과가 있지만 그렇지 않은 1~2인 가구는 소득의 대부분을 소비하니 갈수록 더욱 어려운 실정이다.

1~2인 가구는 향후에도 지속적으로 늘어날 가능성이 훨씬 크다. 1인가구만 놓고 보더라도 유럽 28개국이 2015년 33.4%, 일본도 32.7%로 30%가 넘었다. 현재 27.2%인 한국의 1인가구는 향후에 더 늘어날 가능성이 크다. 가구당 평균 인원을 보더라도 OECD에서 2016년 12월 발표한 〈가족의 구조(The structure of families)〉에 의하면 평균 2.46명이다. 가장 적은 국가가 스웨덴으로 1.8명이고 가장 많은 국가가 멕시코로 3.93명이다. 일본은 2.33명, 미국은 2.53명이다. 한국은 2.7명으로 다소 높은 편이다. 이미 인구는 줄더라도 가구는 늘어날 것이라 예측한 것처럼 가구당 인원이 적어진다는 것은 독립하는 식구가 생기며 1인가구가 된다는 뜻이다.

한국이 선진국이라 부르는 국가들은 대부분 가구당 평균 인원이 OECD 평균보다 적다. 한국도 그런 추세로 계속 갈 것이라고 쉽게 예측할 수 있다. 베이비부머 세대가 은퇴하고 배우자가 사망하면 비자발적인 1인가구가 늘어나게 된다. 대다수 3~4인 가구가 아이들이 자라 독립하며 2~3인 가구로 줄어들고 1인가구는 늘어난다. 지방에도 이미 1인가구로 살아가는 노인들이 많다. 도시는 이미 본 것처럼 20~30대가 1인가구로 살아가는 현상이 더욱 심화되고 있다. 대다수 유럽 국가가 인구 대비 가구수가 많은 이유가 바로 1인가구에 기인한다.

1~2인 가구의 증가에 따른 주택시장의 변화는 어떻게 진행될까?

이들은 어느 곳에서 거주하게 될까? 최근 유행했던 미니멀리즘도 따지고 보면 1~2인 가구의 증가와 맞닿아 있다. 피곤한 몸을 이끌고 집에 들어와 혼자 사는 집에 여기저기 짐이 널브러져 있는 모습에 지친다. 때마다 정리하는 것도 힘들다. 집에서는 온전히 모든 피로를 풀며 편안히 있고 싶다. 딱 필요한 가재도구와 생활도구만 구비하고 살아가고 싶다. 1인가구 중에는 집에서 요리를 하지 않는 사람도 많다. 이들에게 주방은 쓸데없는 공간이 될 수 있다. 어차피 식사는 편의점에서 간단히 사서 집에 와서 먹거나 시켜 먹는다.

홍콩처럼 삼시세끼를 거의 사 먹는 문화가 있는 곳은 주방이 없는 곳도 있다. 주방이 없는 만큼 좀 더 공간을 효율적으로 활용할 수 있고 같은 면적의 주택이라도 훨씬 크다. 한국도 그런 공간을 창조한 주택이 나오지 말란 법도 없다. 단순히 네모반듯한 방이 천편일률적으로 나열된 한국 주택도 외국처럼 공간을 극대화시킨 디자인으로 구성된 주택이 나올 수 있다. 이런 주택이 향후에 더욱 인기를 끌고 수요를 창출할 것이다. 자신만의 개성을 중시하는 사회로 발전하며 나만의 공간을 꾸미고 싶은 1인가구 수요자들에게 매력적으로 다가갈 것이다.

1인가구의 대다수가 월세 생활자다. 틀에 박힌 똑같은 공산품 같은 주택보다는 겉은 일반 주택과 다를 바 없어도 내부 공간을 효율적으로 꾸민다면 같은 면적이라도 월세 5만~10만 원 정도를 더 내고도 충분히 살 수 있다. 1인가구의 44.1%가 1,000만 미만 소득이라 해도 5,000만 원 이상 소득도 5.8%가 된다. 2015년 기준 1인가구가 520만 가구인데 5.8%면 30만 가구에 해당한다. 굳이 넓은 면적의 주택이 필요하지 않으면서 소득이 3,000만~5,000만 원 정도인 1인가구가 14.2%로 73만 가구나 된다. 이 정도 소득이 있는 가구의 니즈를 충족시키는 주택이 나온다면 월세가 다소 비싸더라도 이들은 얼마든지 지불할 용의가 있을 것이다.

이미 1~2인 가구의 증가는 대세다. 이들의 니즈에 부합되는 주택은 현재 없는 실정이다. 소득이 적어 어쩔 수 없이 형편에 맞는 주택을 찾는 가구도 있겠지만 원하는 주택이 없어 마지 못해 거주하는 1~2인 가구도 많다. 이미 일본이나 미국을 비롯한 선진국에서 이런 주택들이 나오고 있으니 한국도 그런 방향으로 건축된 주택이 시장에서 선호하게 될 것이라 본다.

3장
세계 속
월세

Intro

한국의 주택가격이 상승할지, 하락할지는 확실하지 않다. 지금까지 여러 조건과 상황을 따져봤듯 주택가격은 대체적으로 하락보다는 상승할 가능성이 더 크다고 할 수 있다. 한국인들이 그렇듯 다른 나라 사람들도 모두가 자가 주택에 거주하고 있지는 않다. 다양한 이유로 임차인으로 살고 있다. 한국의 주택가격이 외국에 비해 싸다, 비싸다는 설왕설래가 많다. 어떤 숫자와 기준을 갖고 비교하느냐에 따라 비쌀 수도 있고 아닐 수도 있다. 그 기준점에 대해서 따지는 것도 애매하다.

국가간 주택가격을 비교하는 대표적인 지표로는 소득 대비 주택가격이 어느 정도인지 따지는 PIR(Price to Income Ratio)이 있다. 물론 PIR은 가장 공정한 방법이라고 하기에는 논란의 여지가 있다. 우선 뉴욕이나 도쿄라고 하면 한국처럼 서울만 기준으로 하는 것인지 우리가 수도권이라고 지칭하는 것처럼 뉴욕권이나 도쿄권을 말하는지 정확하지 않다. 게다가 뉴욕과 도쿄는 전체 주택을 기준으로 하는데 서울은 아파트를 기준으로 한다. 서울 주택 중 아파트는 50%가 넘지 않는 상황이니 이는 충분한 비교 대상이라고 할 수 없다. 더구나 서울 아파트는 일반 단독주택이나 다세대 주택에 비하면 비싼 편이다.

이처럼 주택가격의 적정성을 판단하는 것은 생각보다 어렵고 힘들다. 실거주자 입장에서는 주택가격보다 임차에 따른 주거비용이 더 현실적으로 다가온다. 아직까지 한국에는 전 세계에서 거의 유일한 주거 유형인 전세가 존재하지만 월세가 계속해서 늘어나고 있다. 따라서 외국의 월세 가격은 어느 정도인지 따져보는 것이 훨씬 객관적일 것이다. 주택가격은 어느 정도 투자 수요를 감안한 금액일 수 있다. 반면에 월세는 철저하게 실거주자들의 수요에 따른 가격이다.

　　다양한 월세를 전부 하나씩 다 따져가며 비교하는 것은 현실적인 어려움이 있어 각 국가에서 사람들이 가장 많이 거주하는 수도, 혹은 실질적 수도인 대도시를 중심으로 비교해보고자 한다. 보통 수도는 해당 국가에서 주택가격이 가장 비싸고 사람들이 몰리는 지역이다. 그렇기에 이들 도시의 월세를 해당 국가의 월세 시세를 대표한다고 보기는 어렵다. 해당 국가에 거주하는 한국인이 운영하며 생활상을 포스팅한 다양한 블로그와 부동산 거래 사이트를 참고해서 조사했다. 비록 충분하지는 않더라도 어느 정도 어림짐작이라도 한국과의 차이를 비교해볼 수 있을 것이다.

　　국가마다 주거 문화가 다르고 임대차 문화도 천차만별이다. 조사결과 한국처럼 보증금이 큰 국가가 없다는 사실도 알 수 있었다. 어느 나라나 대도시의 월세는 결코 저렴하지 않다는 공통점이 있다. 상상할 수 없을 정도로 비싼 월세에 살 수밖에 없는 사람들과 비교하면 아직까지 한국은 거주비용이 적은 편이라는 것도 알게 될 것이다. 지금까지 한국의 실거주자들은 전세제도로 인해 큰 혜택을 받아왔다. 전세는 어디까지나 주택가격 상승을 전제로 하는 제도이다. 주택가격이 상승하지 않는다면 집주인이 임차인에게 전세를 줄 이유가 없다.

　　월세 전환 흐름은 주택가격이 상승하지 않으면 어떤 일이 벌어질지에 대한 고민으로 내려진 결론이다. 이에 따라 월세가 좀 더 대중화된 외국의 사계를 통해 향후 우리에게 벌어질 일을 간접적으로 파악하기 위해 조사한 자료다. 향후에 펼쳐질 한국의 임대차 문화를 미리 경험하는 시간이 될 것이다. 한국의 주택가격이 상승하지 못할 것이라고 전망하는 분들에게는 자가 아니면 임차인데 임대 시장은 이렇게 되지 않을까 하는 유추해볼 수 있을 것이다.

　모든 국가를 전부 살펴보면 좋겠지만 주요 국가 위주로 했다. 공평한 비교를 위해 아시아, 아메리카, 유럽대륙을 대상으로 했다. 우리보다 잘 사는 국가, 비슷한 국가로 비교하며 읽으면 좋지 않을까 한다. 각국의 화폐에 적용한 환율은 2017년 1월 기준이라는 걸 밝힌다.

아시아 지역의 월세제도

일본 · 홍콩 · 대만 · 중국

일본의 주거문화와 월세제도

일본 부동산 폭락에 대해서는 지겹도록 들어봤을 것이다. 주택가격이 폭락한 후 상승하지 못했으니 일본의 거주비는 무척 저렴해야 할 것이다. 일본의 월세 시장을 파악해보는 것은 그런 점에서 의미가 있다.

월세 시장을 알아보기 전에 먼저 일본의 독특한 주거문화를 파악할 필요가 있다. 일본은 한국과 같은 듯 무척 다른 나라다. 한국과 달리 일본은 개인주의가 철저하다. 공중전화기 위에 현금이 꽤 들어 있는 지갑을 놓고 왔다 몇 시간이 지난 후 되돌아가보니 지갑은 물론이고 돈도 그대로 있었다는 류의 이야기를 들어본 적이 있을 것이다. 확실히 선진국이라 시민의식이 남다르다고 감탄하기도 하지만 일본에서는 너무 당연한 일이다. 일본인들은 내 것이 아닌 남의 물건은 함부로 건드리지 않는다.

일본에서 전철을 타면 무척 조용하다. 떠드는 소리도 안 들리고 음악 소리도 거의 들리지 않을 뿐만 아니라 아이들 소리도 들리지 않는다. 이 모든 것이 철저한 개인주의 성향 때문이다. 타인에게 폐가 되는 행동은 하지 않는다. 아이와 함께 탄 부모들은 아이가 울기 시작하면 즉시 전철에서 내려 아이를 달래준다. 이 정도면 양호한 거라고 볼 수 있다.

일본인들은 출산할 때는 이웃집에 방문해 미리 양해를 구한다. 곧 아기가 태어나면 아기 울음소리가 날 수 있다는 사정을 알리는 것이다. 우리로서는 이해할 수 없는 행동이다. 이렇게 양해를 구하고도 아기가 울 것을 대비해 모든 창문을 철저하게 닫고, 아기가 울기라도 하면 울음소리가 밖으로 새어 나갈까봐 즉시 안아준다. 너무 심하게 울면 이웃이 신고를 하기도 하고 이사하라는 압박을 받기도 한다.

한편 일본은 욕실 문화가 발달했다. 일본인들은 고단한 하루를 마치고 집에 들어와 욕조에 몸을 담그고 모든 피로를 푼다. 온 가족이 욕조에 들어가니 먼저 간단한 샤워를 한 후 들어간다. 일본에서는 집에 욕조가 없다는 것은 가난함의 상징이다. 한국과 달리 욕실에는 화장실 기능이 없다. 화장실은 욕실과 분리해 딱 한 사람이 들어갈 크기로 만든다. 욕조에서 하루의 피로를 푸는데 변기를 보고 싶지 않은 것도 있고 화장실은 건식 스타일로 뽀송한 상태를 유지하는 것을 선호하기 때문이기도 하다. 욕실과 화장실이 분리된 원룸은 그렇지 않은 원룸보다 임대료를 10만 원 이상 비싸게 받는다. 실제로 분리된 원룸은 그다지 많지 않다.

일본의 주택 형태는 단독주택(목조주택), 맨션(한국의 아파트), 아파트(한국의 빌라)로 나눌 수 있다. 일본의 맨션은 한국으로 치면 아파트라

할 수 있다. 단 한국의 아파트는 단지 개념인데 일본의 맨션은 한 동짜리로 되어 있다. 출입문을 나와도 여전히 아파트가 펼쳐지며 단지를 통과해야 외부로 나갈 수 있는 한국의 아파트와 달리 출입문을 나오면 곧장 외부다. 한국을 제외한 대다수의 국가처럼 일본에는 전세는 없고 월세 시장만 있다. 주택을 보유한 사람들은 부모 세대로부터 물려받는 경우도 있고 대출을 받아 구입해 거주하는 경우도 있다.

일본의 임대제도를 이해하려면 우선 야친(家賃), 시키킨(敷金), 레이킨(禮金), 데스료(手數科) 등의 용어를 알아야 한다. 야친은 월세다. 보통 일본에서는 월세를 후불이 아닌 선불로 지급한다. 시키킨은 우리나라의 보증금과 같은 개념이다. 통상 1~2개월 치 월세를 보증금으로 낸다. 단 한국은 보증금은 특별한 일이 없으면 거의 100% 돌려받지만 시키킨은 돌려받지 못하는 경우도 많다. 이사할 때 청소비와 수리비 등을 시키킨에서 빼고 주는데 오히려 돈을 더 내야 할 때도 있다. 레이킨은 우리나라에는 없는 다소 특이한 개념이다. 집주인에게 집을 빌려줘서 고맙다는 표시로 주는 일종의 사례금이다. 보통 1~2개월 치 월세를 레이킨으로 주는데 이 돈은 돌려받지 못한다. 데스료는 부동산 복비로 통상 한 달 치 월세를 지급한다. 계약이 만료된 후에 계속 거주하려면 따로 1~2개월 치를 갱신비로 내야 한다.

또한 일본에서는 차량을 구입할 때 차고지 증명서를 제출해야 한다. 경찰이 직접 현장 조사도 실시한다. 이런 이유로 아무 곳에나 주차할 수 없을 뿐더러 임대주택은 물론이고 자가 보유라도 아파트 같은 공동주택일 경우 주차장이 없으면 월 단위로 주차비를 내는 주차장을 이용한다. 주택가 주차비는 한 달에 최소 10만 원 정도이며 도쿄 시내 중심가는 대부분 40만 원이 넘는다.

일본의 주택 구조를 살펴보기 전 부동산 매물에 표시되는 다음의 약어에 대해서 알아두자.

R : Room K : Kitchen D : Dining room L : Living room

보통 1K라고 하면 주방에 방 하나 있는 집이다. 1DK는 주방에 식사할 수 있는 공간이 달린 방 하나짜리 집이다. 1LDK는 거실이 추가된 원룸이다. 숫자는 방 개수로 보면 된다. 예를 들어 2LDK면 방 2개에 주방, 거실, 식사할 수 있는 공간이 있는 집이다. 똑같은 면적이라 해도 일본 주택은 욕실과 화장실이 분리되어 있어 방 면적이 한국보다 작다고 보면 된다.

일본의 인구는 약 1억 2,600만 명이다. 수도인 도쿄도의 인구는 약 1,361만 명이고 도쿄시 23구의 인구는 약 896만 명이다. 일본 인구의 45% 이상이 도쿄, 오사카 시, 나고야 시에 거주하고 있다. 도쿄 23구의 면적은 622.99㎢로 서울의 면적인 605.25㎢와 비슷하다. 인구밀도는 1만 1,225명/㎢이다. 도쿄 23구에는 일본 인구의 약 7%가 거주하고 있다. 2016년 일본의 1인당 GDP는 3만 7,304달러(약 4,385만 원)다.

이제부터는 한국의 직방, 다방에 해당하는 부동산 정보 사이트 홈즈(www.homes.co.jp)에 올라온 월세 매물을 살펴보자. 직관적으로 파악하기 위해 100엔을 1,000원으로 환산했다.

1K(원룸). 2DK 주택의 임대료가 가장 비싼 구는 미나토 구로 평균 11만 9,600만 엔(119만 6,000원)이고 가장 저렴한 구는 가츠시카 구로

평균 6만 2,500엔(62만 5,000원)이다. 1LDK, 1DK, 2DK를 기준으로 가장 비싼 구도 역시 미나토 구로 평균 21만 5,800엔(215만 8,000원)이고 가장 저렴한 구는 아다치 구로 평균 8만 5,900엔(85만 9,000원)이다. 2LDK, 3K, 3DK를 기준으로 할 때도 가장 비싼 구는 미나토 구로 평균 29만 6,700엔(296만 7,000원)이고 가장 저렴한 구는 아다치 구로 평균 10만 2,300엔(102만 3,000원)이다. 3LDK, 4K, 4DK 기준으로 할 때 가장 비싼 구는 지요다 구로 평균 33만 5,600엔(335만 6,000원)이고 가장 저렴한 구는 아다치 구로 평균 11만 4,600엔(114만 6,000원)이다.

이는 순수하게 월세만 가지고 비교한 것이다. 처음 입주할 때 월세뿐 아니라 보증금에 사례금, 부동산 복비까지 포함해야 하므로 월세가 100만 원이라면 보증금 200만 원, 사례금 100만 원, 복비 100만 원이라고 가정하면 최소 500만 원 정도가 필요하다. 이 중 실제로 돌려받을 수 있는 금액은 기껏해야 보증금에 해당하는 시키킨 200만 원인데 이마저도 앞서 말했듯이 전부 돌려받지는 못한다.

도쿄의 중심지는 신주쿠라고 할 수 있다. 신주쿠 구는 총 23개 구의 중앙이며, 도쿄 도청이 있고, 외국인 거주 비율이 가장 높다. 일본을 가본 적이 없는 사람도 신주쿠라는 지명은 익히 알고 있을 것이다. 현재 신주쿠 구에서 1K 주택의 월세는 평균 8만 9,400엔(89만 4,000원)이고 1DK는 10만 8,500엔(108만 5,000원)이고 1LDK는 16만 9,800엔(169만 8,000원)이다. 방이 2개인 2K 주택의 월세는 11만 6,800엔(116만 8,000원), 2DK가 12만 7,3000엔(127만 3,000원), 2LDK가 22만 2,800엔(222만 8,000원)이다. 방이 3개인 3DK 주택의 월세는 18만 3,100엔(183만 1,000원), 3LDK는 25만 7,200엔(257만 2,000원)이다.

DK 4.5첩

현관

방 6첩

1첩(帖) : 다다미 1장에 해당하는 크기.
일본에서는 다다미 몇 장을 깔 수 있는지로 방 크기를 가늠한다.
1첩은 180㎝×90㎝로 약 0.5평에 해당한다.

홈즈에 올라온 몇몇 매물을 직접 확인해 보자.

〈그림 1〉은 가구라자카 상가 밀집지역에서 도보 4분 거리에 있는 방 1개짜리 1DK 주택이다. 1978년 4월에 준공되었으며, 면적은 한국의 원룸과 비슷한 크기인 24㎡이며, 5층 중 2층이다. 역에서는 10분 이내 거리에 위치해 있으며 욕실과 화장실은 구분되어 있다. 현재 월세는 8만 5,000엔(85만 원), 관리비는 3,000엔(3만 원)이다. 인근의 2016년 11월 신축 준공된 25.61㎡ 면적의 주택은 욕실과 화장실이 분리되어 있으며, 5층 중 5층으로 월세가 좀 더 비싼 10만 2,000엔(102만 원)이다.

〔그림 2〕 와세다역 인근 2DK 주택

〈그림 2〉는 방 2개짜리 2DK 주택이다. 와세다 역에서 5분 거리에 있는 주택으로 1992년 1월에 준공했다. 면적은 38.12㎡로 한국으로 치면 1990년 초반에 많이 건축된 방 2개짜리 빌라를 떠올리면 된다. 사진에서 볼 수 있는 것처럼 1층은 필로티 구조로 되어 있으며, 2층에 있는 집이다. 근처에 신에도가와 공원이 있고, 월세는 12만 엔(120만 원)이다.

도청 역에서 4분 거리에 있는 2DK 주택을 하나 더 살펴보자. 2016년 3월에 준공된 28.55㎡ 신축 주택으로 13층 중 10층에 있으며, 월세 14만 4,000엔(144만 원)에 관리비는 7,000엔(7만 원)이다. 차량을 보유하고 있다면 500m 떨어진 주차장에 월 주차비 3만 엔(30만 원)을 내고 주차할 수 있다.

방 3개짜리 3LDK 주택을 살펴보자. 1982년 11월에 건축되었으며 인테리어를 새로 하고 에어컨까지 완비된 주택으로 메지로에 있다. 욕실과 화장실은 역시 분리되어 있고 65㎡ 면적으로 한국에서 전용면적 59㎡에 해당하는 주택으로 보인다. 월세는 17만 5,000엔(175만 원)이며, 애완동물을 키우려면 보증금 2개월분에 상각비 1개월분을 더 내야 한다. 3LDK 주택 중 2007년 11월에 준공한 94.28㎡인 주택을 하나 더 살펴보면 월세 36만 엔(360만 원)에 관리비 1만 엔(10만 원)이다. 계약기간은 3년 3개월로 긴 대신에 갱신은 불가능하다. 연장하려면 집주인과 합의하에 재계약을 해야 한다. 월 주차비는 3만 5,000엔(35만 원)이고 38층 중 18층이다. 한국으로 치면 전용면적 85㎡ 아파트에 해당한다.

〔그림 3〕메지로의 3LDK 주택

참고로 현재 신주쿠 구에서 가장 임대료가 비싼 주택은 2010년 2월에 건축된 센트럴파크 타워 라 투르 신주쿠다. 총 44층인 건물에 197.66㎡로 계약 기간 3년에 갱신은 안 되고 재계약은 가능하다. 월 주차비는 4만 3,200엔(43만 2,000원)이고 여기에 거주하려면 보증인이 필요하다. 이 건물 43층의 월세는 110만 8,000엔(1,108만 원)이다.

일본 주택의 임대료는 결코 저렴하지 않다. 우리의 상식으로는 주택가격이 폭락했으니 월세가 저렴해야 마땅하다. 일본의 주택가격이 최고점에서 반토막은 물론이고 3분의 2까지도 떨어지고 빈집이 무려 13%나 되니 주거비용이 그다지 많이 들지 않아야 하지만 실상은 그렇지 않다. 일본인은 소득 대비 주거비로 최소 3분의 1 정도를 쓴다. 보통 남은 3분의 1은 교통비로 쓰고 남은 3분의 1로 생활한다고 한다.

한국은 아직까지 소득 대비 월세 비율이 일본보다는 높지 않은 편이다. 한국의 주거비용이 상대적으로 저렴하다는 말이 나오는 이유다. 일본 임대제도와 임대료에 깜짝 놀란 분들은 이제 아시아의 다른 국가는 어떤지 확인해보자.

홍콩의 주거문화와 월세제도

홍콩의 인구는 공식적으로 약 735만 명이나 중국에서 넘어온 사람이 많아 실제 인구는 이보다 많을 것으로 예측된다. 홍콩은 홍콩섬, 카오룽(九龍), 신계(新界)와 260여 개의 섬으로 이뤄졌다. 인구밀도는 6,544

명/㎢으로 전 세계 1위다. 2016년 홍콩의 1인당 GDP는 4만 2,963달러(약 5,050만 원)다. 홍콩의 면적은 1,104㎢로 서울의 약 1.8배다. 홍콩은 한겨울에도 평균 기온이 17℃고 여름에는 32~35℃로 고온다습해서 에어컨 없이는 살기 힘들다.

홍콩의 아파트는 타워식으로 건설해 방 모양이 사다리꼴인 경우가 많다. 우리처럼 네모반듯하기보다는 5각형이나 6각형 집도 많다. 워낙 인구밀도가 높다 보니 서민용 주택도 아래층이 상가로 구성된 주상복합 형태를 띠고 있다. 홍콩 사람들의 대부분은 집에서 음식을 해먹지 않는다. 삼시세끼를 거의 사 먹기 때문에 홍콩 아파트의 주방은 음식을 보관하는 작은 냉장고와 전자레인지, 그릇을 씻는 싱크대를 놓을 수 있을 정도의 크기다. 신발장도 따로 없고, 신발을 벗는 공간도 없이 현관문을 열면 곧장 거실인 경우가 대부분이다.

홍콩에서 방이 3개 이상인 주택에는 거의 예외 없이 메이드룸(maid room)이 있다. 메이드룸은 보통 필리핀인 가정부가 숙식을 할 수 있도록 만들어진 아주 작은 방이다. 홍콩도 보증금은 월세 2개월 치에 해당하는 금액을 내고 복비는 집주인과 임차인이 각각 월세의 50%씩 낸다. 홍콩의 특이한 점은 월세를 계약하면 주택가격에 비례해서 인지세를 집주인과 임차인이 세금으로 낸다는 것이다.

홍콩에서는 공옥(公屋)이라는 공공주택 제도를 운영하고 있다. 1인 가구 기준으로 월소득 7,000HKD(홍콩달러, 약 106만 원) 이하이거나 2~3인 가구 기준으로 1만 8,000HKD(약 275만 원) 이하면 공공주택에 거주할 수 있는데, 현재 약 250만 명이 공공주택에 거주한다. 공공주택은 만 18세부터 신청 가능하지만 5년 정도 기다려야 할 정도로 대기자가 많아 2005

년에서 2014년까지 30세 이하 1인가구가 입주한 적이 없다. 우리나라의 국민주택에 해당하는 거옥(居屋)은 주변 아파트 시세보다 30~40% 저렴한 가격으로 분양되며 2인가구 기준으로 월소득이 2만 7,000HKD(약 412만 원) 이하만 입주할 수 있다. 대략 50만 명이 거주하는데 2002년 이후로는 신규 공급이 중단된 상태다. 마지막으로 민영주택에 약 400만 명이 거주하고 있다.

그 외 주택 형태로 목옥구(木屋區)가 있는데 우리나라의 판자촌과 같다고 보면 된다. 1940년대 중국 내전으로 홍콩으로 피난 온 사람들을 위해 평판자와 목판으로 지은 주택이다. 1953년에 심한 화재로 목옥구에 살던 53만 가구가 집을 잃은 것을 계기로 홍콩에 공공주택(公屋)이 생겨났으나 목옥구는 여전히 홍콩의 주택 형태의 하나로 남아 있다.

관광지로도 많이 알려져 있는 타이오의 수상가옥도 홍콩의 주택 형태 중 하나다. 타이오는 란타오섬 서부에 위치한 작은 어촌마을로 약 3,000명 정도가 살고 있다.

홍콩은 전 세계적으로 주택가격이 높기로 악명 높다. 홍콩섬 내 주택은 평당 7,000만 원에서 1억 원 정도이고, 카오룽반도는 평당 5,700만 원에서 1억 2,000만 원이고, 신계는 평당 3,300만 원에서 5,000만 원 정도다. 홍콩은 전 세계 378개 도시 중 주택을 구입하기 가장 어려운 도시로 꼽힌다. 홍콩에서 가격이 중간 정도인 주택이 한국 돈으로 약 6억 5,000만 원이다.

홍콩의 월세는 다음과 같다.

홍콩의 부동산 정보업체인 스페이셔스(www.spacious.hk)에 의하면 카오룽반도에서 인구밀도가 가장 높은 몽콕에 있는 방 1개에 욕실과

〔그림 4〕 몽콕 지역 주택 매물

아주 작은 부엌과 에어컨이 달린 약 24㎡의 1베드룸(one bed room)의 월
세는 1만 2,000HKD(약 183만 원)이다. 이보다 다소 큰 35㎡ 면적으로
2013년 건축한 방 1개와 욕실에 조금 큰 부엌이 있는 주택은 월세 1만
7,000HKD(약 260만 원)이다.

똑같이 몽콕에 방 2개가 있고 욕실이 있는 약 41㎡ 면적의 주택은
월세 1만 8,500HKD(약 282만 원), 월세 2만 2,000HKD(약 335만 원)짜리
가 있다. 반면 방과 욕실이 2개씩 있는 약 64㎡ 면적의 주택은 월세 2만
9,000HKD(약 442만 원)이다. 방 3개에 욕실 2개인 약 62㎡ 면적의 주택
은 월세 2만 7,500HKD(약 420만 원)이다.

지역을 홍콩 전체로 넓히면 홍콩섬에서 임대료가 가장 저렴한 주택은 상업지구인 코즈웨이베이에 있는 9㎡ 면적의 주택으로 월세가 5,000HKD(약 76만 원)다. 반면 홍콩에서 가장 비싼 임대료로 나온 주택도 홍콩섬에 있다. 해피밸리에 있는 고급주택은 약 49㎡의 작은 면적도 2,500만HKD(약 3억 8,000원)일 정도로 상상할 수 없을 만큼 비싸다. 카오룽반도에서 임대료가 가장 비싼 오스틴로드 웨스트에 위치한 167㎡ 면적의 주택은 120만HKD(약 1억 8,000만 원)이다.

홍콩은 월세가 살인적으로 폭등해도 정부에서 전혀 규제하지 않는다. 해마다 2~3배씩 올라 큐비클(닭장집)이라는 정사각형 상자 같은 단칸방으로 된 불법 개축된 사무실에서 거주하는 사람들도 늘어나고 있다. 동아시아 청년의 삶을 다룬 책 《청년, 난민 되다》에 의하면 1만 6,000HKD를 버는 4인가구가 월세로 평균 1만 HKD를 내고 6,000HKD로 생활하고 있다고 한다. 이와 같은 살인적인 월세가 홍콩만의 특수한 사례인지 그 옆 국가인 대만으로 가보자.

대만의 주거문화와 월세제도

2014년 10월 4일 약 2만 명의 사람들이 대만의 수도인 타이베이 디바오지구의 한 아파트 단지 앞을 점거했다. 이들은 아파트 앞에 모두 드러누워 시위를 했다. 이 시위는 대만에서 펼쳐진 '새둥지운동'의 일환이었다. 대만은 전 세계에서 홍콩 다음으로 주택가격이 비싼 나라다. 시위가 벌어진 디바오지구에는 2015년 2월 기준 평당 5억 6,000만 원의 최고급, 최고가 아파트가 몰려 있으며, 보통 100평 이상이고 한 달 관리비가 1,200만 원이 넘는다.

대만 인구는 약 2,341만 명이다. 면적은 3만 5,980㎢로 한국의 경상도 면적과 비슷하다. 대만의 인구밀도는 653명/㎢으로 홍콩 같은 도시국가를 제외하고 면적 1만㎢ 이상인 국가 중 2위다. 그중에서도 수도인 타이베이의 인구밀도는 1만 5,200명/㎢이다. 겨울인 12월에서 2월에도 12~16℃로 따뜻하며, 한여름에는 27~35℃로 남부는 열대기후, 북부는 아열대 기후다. 한국과 대만은 아시아의 용으로 불리며 서로 비슷하게 경제가 성장해온 국가다. 1인당 GDP도 엇비슷한데 대만은 지난 10년 넘게 임금이 거의 오르지 않았다.

대만의 자가주택 소유율은 약 85%이지만 부동산 공실률은 무려 20%이고 주택으로만 한정해도 공실률이 10.86% 정도다. 대만 북쪽에 있는 타이베이 시는 12개 구로 이루어졌으며, 신베이 시가 타이베이 시를

〔그림 5〕타이베이에서 제일 저렴한 원룸 매물

둘러싸고 있다. 대만의 부동산 보유세는 최대 0.1%이고 양도소득세는 최고 약 3%다. 공실률이 높은 이유 중 하나는 주택가격이 상승하고 있어 임대를 놓기 귀찮아하는 경우가 많기 때문이다. 심지어 표준임대차계약서도 없고 계약한 지 1년 만에 임대료를 2배로 올린 계약서를 제시하는 경우도 있을 정도다.

대만의 주택은 원룸과 가정식 아파트로 나눌 수 있는데, 원룸은 화장실의 유무에 따라 다시 타오팡(套房)과 야팡(雅房)으로 나뉜다. 타오팡은 화장실이 있는 원룸이고 야팡은 공용 화장실을 사용하는 원룸이다. 타오팡은 전부 본인 것만 쓸 수 있는 독립형 타오팡과 세탁기, 부엌을 함께 써야 하는 분리형 타오팡이 있다. 그 외에 가정식 아파트는 거실, 주방, 화장실과 여러 개의 방이 있다. 최근에는 대만도 아파트를 많이 짓고 있지만 한국의 작은 빌라 정도의 건물이 많다. 대만 사람들도 홍콩 사람들처럼 집에서 요리를 하지 않는 경우가 많다 보니 주방이 없거나 취사가 금지된 원룸이 많다.

대만에서 주택을 임대할 때는 대부분 침대, 장롱, 책상, TV 등을 갖춘 형태로 내놓는다. 또한 수수료를 절감하는 차원에서 중개업소를 통한 거래보다 직거래를 선호하는 임대인이 많다. 중개수수료는 월세의 50%를 임대인과 임차인이 각각 내야 한다. 월세 계약은 대체적으로 6개월에서 1년 정도로 한다. 보증금은 월세 2개월 치를 낸다. 타오팡은 잠잘 수 있는 공간만 있어도 되므로 아파트 내부를 쪼개 방만 7개로 나눠 임대하는 경우도 있다. 임대인들은 계좌이체보다는 월세를 현금으로 직접 받는 것을 선호한다.

〈그림 5〉는 대만의 온라인 부동산 중개 사이트인 591닷컴 (https://

www.591.com.tw)에 매물로 나온 타이베이 외곽 완화구 청년공원 근처에 있는 4평 면적에 5층 중 4층의 원룸이다. 화장실이 딸린 독립형 타오팡으로 월세는 4,999NTD(대만 달러, 약 18만 5,000원)인데 철제 침대가 있지만 마음에 들지 않으면 따로 이케아 가구를 구입하라고 친절히 설명되어 있다. 이 주택이 타이베이에서 제일 저렴하게 나온 월세 매물이다.

타이베이 시청역 인근 8평짜리 독립형 타오팡으로 7층 중 3층이며 엘리베이터가 있고 에어컨도 구비된 원룸이다. 시내 중심가로 근처에 백화점과 시장이 있는 이 원룸의 월세는 1만 3,500NTD(약 50만 원)이다. 이 근처에서 공용 화장실을 사용하는 원룸(야팡) 중 가장 저렴한 매물은 3평에 5층 건물에 4층으로 월세가 4,500NTD(약 17만 원)이다. 다만 이곳은 여성인 학생과 직장인만 거주할 수 있다. 방 1개에 화장실뿐 아니라 주

〔그림 6〕 타이베이 시청역 인근의 주택 매물

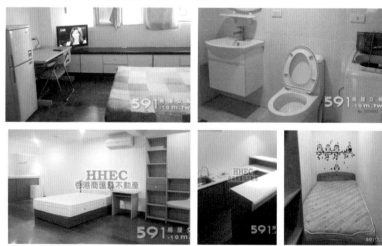

방까지 갖춘 주택 중 23.67평이 5층 중 5층에 나와 있는데 임대료는 1만 9,999NTD(약 74만 원)이다. 셋 다 주차는 불가능하다.

대만에서 방 2개짜리 18평에 7층 중 2층에 엘리베이터까지 갖춘 주택은 월세만 2만 4,500NTD(약 90만 원) 정도다. 이 정도 주택도 주차는 되지 않고 관리비로 매월 약 3만 원을 내야 한다. 방 3개짜리 40평에 12층 중 4층에 엘리베이터가 있는 주택은 월세가 6만 5,000NTD(약 240만 원)이다. 역시 주차비는 별도이고 관리비는 월 19만 원 정도다. 중산층 이상이 거주하는 64평짜리 주택은 월세가 12만 6,666NTD(약 469만 원)다. 월세가 가장 비싼 주택 중 하나인 436평짜리 주택은 방이 11개이며 7층 전체를 쓰면서 임대료는 60만 5,000NTD(약 2,237만원)다.

대만에서는 정건주택(합의주택이라고도 한다)이라 불리는 8~10평 정도의 컨테이너 주택이 1억 8,000만 원 정도에 거래된다. 컨테이너 주택은 대만 평균 주택가격보다 평당 3,000만 원 정도 저렴하다. 2015년 기준으로 대만에서 4년제 대학을 졸업한 신입사원 초임은 약 92만 원으

〔그림 7〕 방 2개짜리 18평 주택

로 낮은 편이다. 그러나 이마저도 오르기는커녕 최근 몇 년 동안 떨어지는 추세다. 한국은 경영자총협회에서 발표한 자료에 의하면 5인 이하 영세기업 정규직의 연봉이 2,055만 원이고 중소기업 정규직은 2,532만 원, 대기업 정규직은 4,075만 원이다.

대만은 가구소득 대비 주택가격비율(PIR)이 2008년 8.79에서 2015년 16으로 무려 2배가 오를 정도로 주택가격이 상승했다. 어마어마한 주택가격 상승으로 대만인들의 허탈감은 더욱 커지고 있다. 대만 주택의 임대료는 홍콩보다는 저렴한 편이나 소득 대비로 보면 결코 저렴하다고 할 수 없다. 다음으로 주택가격이 널뛰기를 하고 있는 중국으로 가보자.

중국의 주거문화와 월세제도

중국은 워낙 드넓어 모든 지역의 주택시장을 비교할 수 없다. 이 책에서는 중국의 수도인 베이징만을 대상으로 하겠다.

베이징은 1949년 중화인민공화국 수립과 함께 수도로 선정되었다. 면적은 1만 6,808㎢이며, 총 16개 구와 2개의 현으로 구성되어 있다. 인구는 약 2,152만 명이다. 2016년 초 베이징에 개인자산 1조 원이 넘는 슈퍼리치 101명이 살고 있는 것으로 조사되었다. 2016년 중국의 1인당 GDP는 8,261달러(약 970만 원)이다.

베이징 시 인구밀도는 1만 1,500명/㎢이다. 한여름에는 기온이 평균 30.9℃까지 올라가고 한겨울에는 −8.4℃까지 떨어진다. 중국은 워낙 인구가 많아 농촌에서 도시로 진입하는 이주자들을 농민공이라 하여 거주지와 일자리를 얻기 전에 임시거주허가증을 받아야 했다. 2015년 베이징 시는 중국에서 가장 늦게 임시거주허가증제를 폐지했다.

베이징은 천안문을 중심으로 고리(環)로 확장되는 구조로 1환부터 6환까지 있다. 실질적으로 1환이라 불리진 않지만 천안문이 있는 곳이 1환이다. 2환에는 시내 중심으로 북해공원 등이 있고 대기업 본사와 금융사 본사가 있다. 3환에는 각국 대사관과 인민대학교 등이 있다. 4환은 베이징 외곽이지만 여기까지도 중심지에 속해 보통 택배업체에서 4환까지는 무료로 배송해준다. 5환은 천안문에서 직경 13㎞ 떨어진 곳으로 올림픽 삼림공원 등이 있고 지하철도 여기까지 운행한다. 끝으로 6환은 공장들이 있는 곳으로 만리장성도 6환에 있다.

베이징은 다른 도시와 달리 일반적인 주택은 거의 없고 아파트만 있다. 중국의 아파트는 한국과 달리 시공사가 아닌 시행사 위주다. 시공사는 아파트를 건축하는 건설회사이고, 시행사는 실질적으로 아파트를 개발하고 운영하는 회사로, 영어로는 디벨로퍼(Developer)라고 한다. 대부분의 국가에서 시공사가 아닌 시행사 위주로 아파트가 개발된다. 우리나라에서는 시공사의 이름을 따 '래미안 아파트' 같은 식으로 부르지만 중국에서는 시행사인 완커(萬科)나 헝다(恒大)의 이름을 따 '완커 아파트', '헝다 아파트' 같은 식으로 부른다.

아파트분양은 공사 시행 후 준공률이 25% 정도일 때 하도록 법으로 정해져 있다. 베이징의 경우는 지붕공사까지 끝냈을 때를 25% 준공된 것으로 본다. 계약금을 낸 후 한두 달 이후에 한국처럼 중도금을 몇 번에 걸쳐 내는 것이 아니라 일시금으로 잔금을 전부 다 내야 한다. 과거에는 준공이 끝난 후 등기권리증인 '방산증'(房産證)을 받았지만 기관별로 열람할 수 없어 부정축재에 악용된다는 지적에 따라 지금은 '부동산증(不動産證)'을 받는다.

베이징에서 서민들이 사는 집을 핑방(平房)이라 하는데 일반 주택을 의미한다. 아파트는 러우팡(樓房)으로 과거에 지어진 아파트로 8층이지만 대부분 엘리베이터가 없거나 있다 해도 밤 12시까지만 운행한다. 현대식 아파트는 타러우(塔樓)로 20층이 넘는 고층이다. 고급형 아파트는 궁위(公寓)라고 하고, 볘수(別墅)는 별장형 고급주택을 이르는 말이다. 현대식 아파트 타러우에는 중산층을 뜻하는 샤오캉(小康)이 주로 거주한다.

〔그림 8〕 왕징에서 가장 저렴한 방 1개에 욕실 달린 주택

신규 분양한 중국 아파트는 한국과 달리 인테리어가 전혀 되어 있지 않다. 건축 골조만 있을 뿐이라 내부 구조는 집주인이 직접 알아서 꾸민다. 한국의 아파트는 구조가 모두 같아 구입할 집을 보지 않아도 되지만 중국의 아파트는 집마다 구조가 완전히 다르다. 집주인의 취미나 특색이 잘 나타날 수도 있지만 말도 안 되는 구조인 경우도 있다. 아파트를 구입한 후 인테리어를 위한 추가 부담금이 필요할 수도 있는 것이다.

중국은 임대차 시장에 전세는 없고 월세만 있다. 보증금에 해당하는 야진(押金)으로 월세 1~2개월 치를 내야 한다. 중국 대부분 지역에서 임대차 거래시 야진을 내야 하지만 실제로는 돌려받기 힘든 돈이다. 중국에서는 심지어 PC방을 이용할 때도 야진을 내야 한다. 월세 주택에는 가구, 가전제품 등이 모두 구비되어 있다. 계약은 대부분 1년이 기본이다. 월세는 선불이고, 중개업소 수수료는 월세의 50%다

중국에서 부동산 거래시 가장 많이 찾는 사이트는 58통청(http://bj.58.com)이다. 베이징 북동부 차오양 구에 있는 왕징(望京)은 한국인이 가장 많이 거주하는 이른바 코리아타운으로 4환에서 5환에 위치한다. 베이징에서는 월세를 매달 내지 않고 2~3개월 치를 한꺼번에 내야 한다. 한국인이 가장 많이 거주하는 왕징에서 가장 저렴한 주택은 방 1개에 욕실 1개가 있으며, 3층 중 2층에 위치한 7.5평으로 월세는 900위안(약 15만 원)이다.

차오양 구 왕징에 있는 방 1개에 욕실이 있고 침대, TV, 냉장고, 세탁기, 에어컨 등이 모두 갖춰진 6층 중 6층에 있는 9.7평 주택의 월세가 3,868위안(약 66만 원)이다. 왕징역에서 736m 떨어진 2005년 건축된 주택은 이보다 큰 20평 면적으로 10층에 위치하고 있으며 월세는 7,900

〔그림 9〕 왕징 지역의 주택 매물

위안(약 134만 원)이고 관리비는 월 269위안(약 4만 5,000원)이다. 한국 단독주택과 비슷한 유형으로 2001년에 건축된 거실과 방 3개가 있는 84.7평짜리 2층 주택은 월세 5만 위안(약 848만 원)이고 관리비는 월 2,744위안(46만 5,000원)이다.

싼리툰(三裏屯) 지역은 왕징보다 중심가인 3환에 해당한다. 싼리툰에 위치한 2010년에 건축된 방 1개짜리로 19층 중 17층에 위치한 5.4평의 주택은 월세가 1,499위안(약 25만 원)이다. 같은 지역에 29층 중 8층에 위치한 19.6평의 주택은 월세가 8,000위안(약 136만 원)이다. 중개인 추천 물건이라고 올라온 2001년에 건축된 2층 고급빌라는 월세 17만 위안(약 2,885만 원)에 관리비 1만 780위안(약 183만 원)이다.

2016년 4월 영국의 비영리기관 글로벌시티비즈니스얼라이언스 (GCBA)의 발표에 따르면 베이징은 근로자 평균 임금에 비해 주택 임대료가 차지하는 비중이 가장 높은 도시다. 임대료가 평균 임금의 1.2배를 넘어선다고 한다. 이는 감당할 수 있는 임대료 수준인 평균 임금의 30%

〔그림 10〕 싼리툰 지역의 주택 매물

를 훨씬 뛰어넘는 것이다. 이런 이유로 베이징 근로자들은 월세가 조금 이라도 싼 곳에 집을 얻기 위해 왕복 평균 1시간 40분 이상 걸리는 곳에 서 출퇴근한다.

북미 지역의 월세제도
캐나다 · 미국

캐나다의 주거문화와 월세제도

캐나다의 총 면적은 998만 4,670㎢로 세계에서 2번째로 큰 국가다. 인구는 약 3,536만 2,905명으로 세계 39위에 해당하고 수도는 오타와다. GDP는 1만 5,323억 달러로 세계 10위에 해당하고 1인당 GDP는 4만 2,319달러로 세계 19위다. 캐나다 제1의 도시인 토론토의 면적은 630㎢이고 토론토 시의 인구는 280만 명 정도 된다. 토론토에 거주하는 사람들을 토론토니언(Torontonians)이라고 부른다.

토론토는 멕시코의 멕시코시티와 미국의 뉴욕, 로스엔젤레스에 이어 북미에서 4번째로 인구가 많은 도시다. 가장 추운 1월의 평균 기온은 −7℃이고 가장 더운 7월의 평균 기온은 26℃이다. 총 6개의 행정구역으로 나뉘는 토론토는 캐나다의 실질적인 경제 · 문화 수도다. 한국에서 서울과 주변 도시를 합쳐 수도권이라고 하는 것과 같이 토론토와 주변의 미시소거, 브램턴, 본, 리치먼드 힐, 마컴 등의 도시들까지 합쳐 광역토론토(GTA, Greater Toronto Area)라고 한다. 광역토론토의 인구는 약 600만 명으로 캐나다 전체 인구의 약 25%이다.

캐나다의 주택 유형은 크게 하우스, 타운하우스, 콘도, 아파트로 나뉜다. 하우스는 우리나라의 단독주택과 같은 형태로 영어로 Detached House 또는 Single House라고 하는데 서로 떨어져 있는 독립주택을 의미한다. 하우스는 주로 2층 주택이며 지하가 있는 1층 주택은 방갈로(Bungalow, 단층주택)라고 한다. 타운하우스는 지붕 하나에 주택이 연달아 붙어있는 주택 형식이다. 한국 주택 중에는 연립주택이 같은 형식이다. 이 중에서 듀플렉스 하우스(Duplex Houses)는 연립이지만 2층이나 3층까지 함께 쓰는 주택을 일컫는다.

한국의 아파트처럼 대중화된 주택 유형은 콘도(Condominium)로 내부에 헬스장이나 수영장 같은 부대시설을 갖추고 있다. 캐나다에서 아파트는 임대주택 개념이 강하다. 회사나 국가가 개인에게 임대한 후 관리하는 주택을 아파트라고 부른다. 한국의 원룸과 같은 배첼러(Bachelor)나 스튜디오(Studio)도 아파트에 해당한다. 방이 여러 개인 아파트에서 가장 큰 방을 마스터룸이라고 하는데 한국의 안방과 같은 개념으로 보통은 화장실이 딸려 있다. 그 외에 방 한 칸짜리 주택을 덴(Den)이라고 하는데, 창고처럼 작고 창문이 없는 방으로 이곳에 문을 달아 임대하기도 한다.

캐나다에서는 수도세, 전기세 등 관리비의 포함 여부에 따라 월세가 달라진다. 한국의 보증금에 해당하는 디파짓(Deposit)은 1~2개월 치 월세를 보증금으로 내며 대체적으로 임대기간 마지막 달에 월세를 내지 않는 대신에 디파짓을 돌려받지 않는다. 가구가 비치되어 있느냐 비치되지 않았느냐에 따라 Full Furnished와 Unfurnished로 나누는데 대체로 세탁기, 오븐, 전자레인지 등은 구비되어 있다. 임대차 계약 후에는 임차인이 다른 사람에게 빌려주는 전대(Sublet)를 할 수 있으며, 계약만기 전에 이사를 가면서 다른 사람에게 권리를 넘기는 양도 임대(Assign Lease)도 할 수 있다.

월세를 구할 때는 임차인이 임대인에게 빌리고 싶다는 의사를 제시한다. 임대인이 검토 후 승인을 해야 계약이 이뤄지는데 임차인은 보통 24시간 내에 하나의 주택에만 신청할 수 있다. 다른 곳에 다시 신청하려면 계약 여부를 통보받고 해야 한다. 신청한 사람이 2명 이상일 때는 경쟁 방식을 취하기도 하는데 이때 임차인은 월세 몇 달치를 선지급하겠

〔그림 1〕 토론토 지역의 침대 1개와 욕실이 있는 콘도

〔그림 2〕 갓타렌닷컴에 올라온 타운하우스 임대 매물

다거나 제시된 월세보다 더 많이 내겠다는 식으로 조건을 제시한다. 아울러 임차인은 급여명세서와 직장 상사나 전 임대인의 추천서(Reference), 재직증명서, 통장 잔고 등을 임대인에게 제출해야 한다.

광역토론토 지역에서 가장 큰 콘도 중개 사이트인 Condos.ca(http://condos.ca/search/condos-for-rent)에서 제일 저렴한 콘도는 침대 1개와 욕실이 있고 발코니와 주차 공간이 없다. 이곳은 현재 월세 750CAD(캐나다 달러, 약 65만 원)다. 다음으로 침대 1개와 욕실이 있고, 발코니가 있고 주차 가능하며 17평 정도 되는 콘도 월세가 1,900CAD(약165만 원)다. 가장 비싼 임대 매물은 방 2개에 욕실 3개가 있고 주차는 되지 않는 약 63평 정도의 콘도로 월세가 1만 5,000CAD(약 1,310만 원)다. 이 중개 사이트에 따르면 토론토 지역 콘도의 평균 월세는 2,550CAD(약 223만 원)다.

〈그림 2〉는 캐나다의 부동산 중개 사이트인 갓타렌닷컴(http://www.gottarent.com/toronto-on-rentals)에 올라온 타운하우스 임대 매물이다. 이탈리아타운 근처의 랜즈다운애비뉴에 위치한 침실 2개에 욕실 1개가 있는 50평 정도의 타운하우스는 냉장고, 싱크대 등이 완비되어 있으며 월세가 1,557CAD(약 137만 원)다. 이탈리아타운 근처 침실 2개에 욕실이 1.5개가 있는 타운하우스는 가구가 완비되어 있고 주변에 공원이 있으며 월세가 2,667CAD(약 235만 원)다. 끝으로 침실 4개에 욕실 5개가 있는 2층짜리 약 100평 규모의 타운하우스 월세가 7,750CAD(약 682만 원)다. 전체적으로 콘도보다는 타운하우스의 월세가 다소 저렴한 편이다.

미국의 주거문화와 월세제도

미국은 최대 도시이자 경제적 수도 역할을 하고 있는 뉴욕의 주택 시장을 중심으로 살펴보도록 하자. 뉴욕의 총 면적은 1,213㎢이고 인구는 약 840만 명이다. 뉴욕은 총 5개구인 맨해튼, 브루클린, 퀸스, 스태튼 섬, 브롱크스로 이뤄져 있다. 가장 추운 1월의 평균 최저기온은 −3.9℃이고 가장 더운 7월 평균 최고기온은 28.2℃다. 우리가 잘 알고 있는 맨해튼이 최초로 유럽인에게 발견된 곳이고 이곳을 인디언으로부터 매입한 사실은 유명하다.

한국의 수도권처럼 뉴욕 근처에도 위성도시가 있어 합치면 인구 1,000만 명이 넘는다. 흑인 인구만 200만 명이 넘는데 이들은 저소득층이 많으며 할렘이나 브롱크스 쪽에 많이 거주한다. 주택은 주로 교외에 있으며, 교외 거주자는 기차 또는 전철을 이용한 후 그곳에서 자동차로 이동하는 식으로 출퇴근을 한다. 뉴욕의 중심은 맨해튼이며, 남쪽에는 월가, 북쪽에는 할렘이 있다.

미국의 부동산 중개 수수료는 한국보다 비싼 편으로 1년 월세의 15%를 수수료로 낸다. 전세제도는 없으며, 임대차 계약시 보증금인 디파짓으로 1~2개월 치 월세를 낸다. 미국에서는 주택을 임대할 때 사회보장번호(Social Security number)를 제시해야 하는데, 이 번호로 신용(Credit) 관련 내용을 조회할 수 있어 신용이 좋지 않으면 주택을 빌리기 어려워진다. 신용을 중요하는 임대인이 많아 임차인에게 소득증명서나 이력서, 자기소개서를 요구하기도 한다. 심한 경우에는 임차인에게 3군데 이상으로부터 추천서를 받아오게 한 후 확인하기도 하고, 서류 전형을 통과한 사람을 대상으로 최종 면접을 보기도 한다.

뉴욕에서 집을 빌리려면 월세보다 40배 정도의 연봉을 벌어야 한다는 암묵적인 룰이 있다고 한다. 그게 부족하면 보증인을 세워 보증보험을 들어야 하는데 그 금액은 1년 치 월세의 약 10% 정도이다.

뉴욕에서 주택을 빌리는 방법은 크게 3가지다. 첫째, 리스나 렌트를 하는 것이다. 계약기간은 1~2년이고 대부분 부동산 중개인을 통해 집을 구하며 월세 1개월 치 수수료를 내는데 집주인만 수수료를 내는 경우도 있다. 둘째, 월세 부담이 크다 보니 이미 누군가 거주하는 집에 룸메이트로 들어가거나 룸메이트를 구해 함께 사는 것이다. 침실이 2개지만 침대 하나를 더 구해 거실에 놓고 3명이 생활하는 경우도 많다. 셋째, 임차인이 전대하는 집을 단기간 빌리는 것이다. 임차인이 집을 비울 때 다른 사람에게 빌려주는 개념이다. 이때 월세는 하루 단위로 계산하기도 하고, 개월수로 계산하기도 한다.

월세가 비싼 맨해튼에서 저렴한 금액에 거주하는 사람들도 있다. 특정 조건의 건물에 사는 거주인들은 1969년에 만들어진 'Rent Control(Rent Stabilization)'법을 적용받아 뉴욕 시에서 매년 정한 금액만큼만 월세를 올려야 한다. 뉴욕 시 아파트 중 100만 채 정도가 이에 해당한다. 대신에 집주인에게 10~20년 세금 감면 혜택을 준다. 뉴욕도 재개발이나 재건축이 진행되며 월세가 급등했다. 추가로 인테리어를 한 후 높은 금액으로 월세를 놓으려고 기존 임차인에게 남은 렌트비를 지불하는 조건으로 내보내는 경우도 있다.

뉴욕시 주택국(HPD)은 임차인을 보호하기 위한 가이드라인을 제공하고 있다. 그중 한국과 다른 몇몇 특색 있는 점을 살펴보자. 벽이나 천장을 3년마다 의무적으로 페인트칠을 하거나 도배를 해줘야 하고, 임차인이 이사 갈 때 집 내부가 손상되면 보증금에서 제할 수 있으며, 애완동물은 서로 합의하에 키울 수 있는데 허락 없이 기르다 적발되면 강제 퇴거당할 수 있다.

2015년 뉴욕 맨해튼 초고층 아파트의 89층과 90층을 튼 면적 1,022㎡에 6개의 침실과 7개의 화장실을 갖춘 펜트하우스 '원57(one57)'은 무려 1억 47만 달러(약 1,164억 원)에 거래되었다. 이처럼 뉴욕은 세계적으로 주택가격이 비싼 도시 중 하나다. 뉴욕에서 주택가격이 가장 비싼 곳은 맨

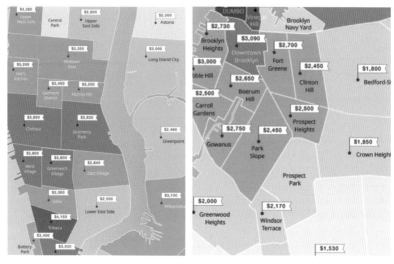

자료 : https://www.zumper.com

해튼이고 한국인이 가장 많이 사는 곳은 퀸스다. 뉴욕의 주택가격이 비싸다 보니 근접해 있는 뉴저지에 살면서 뉴욕으로 출퇴근하는 사람도 많다.

〈그림 3〉은 2015년 1월 뉴욕의 지역별 1베드룸 평균 월세를 한눈에 알아볼 수 있도록 표현한 것이다. 그림을 보면 트리베카, 첼시 순으로 월세가 비싸다. 북미 지역을 대상으로 하는 부동산 중개 사이트 점퍼(https://www.zumper.com)에 올라온 매물 중 스튜디오(한국의 원룸) 월세가 가장 저렴한 지역은 브루클린이다. 욕실 1개에 애완동물을 키울 수 없는 9.8평짜리 스튜디오는 월세 800달러(약 93만 원)에 나왔다. 대체적으로 저렴한 주택은 브루클린에 많다. 브루클린에서 방을 쉐어해서 사용할 수 있는 가장 저렴한 주택이 방 3개에 725달러(약 84만 원), 850달러(약 99

만 원), 950달러(약 115만 원)에 나왔다. 이들 주택은 애완동물과 커플은 안되고 남성이든 여성이든 상관없지만 임차인이 전대할 수 없다. 참고로 방을 쉐어하는 가장 비싼 비용은 2,380달러(약 278만 원)다.

뉴욕 브롱크스 앤더슨애비뉴에 있는 6층짜리 아파트(도시형생활주택 크기)의 월세는 800달러(약 94만 원)다. 방 1개와 욕실 1개가 있고 애완동물은 키울 수 없다. 이 아파트에 입주하려면 가구 규모에 따라 소득이 3만 1,750달러(약 3,754만 원)에서 3만 6,250달러(약 4,286만 원) 정도가 되어야 한다. 정부 보조금을 받는 저렴한 월세의 아파트라 소득 수준에 부합하는 사람만 입주할 수 있다. 입주를 희망하는 사람이 작성해야 하는 신청서 주소를 다음에 수록하니 참고로 살펴보기 바란다(http://www.newdestinyhousing.org/get-help/finding-an-affordable-apartment).

맨해튼의 중심인 타임스스퀘어 근처 웨스트 48번가에 있는 방 1개와 욕실이 있는 2007년 건축된 아파트는 월세가 7,695달러(약 910만 원)다. 보증금이 1,500달러(약 177만 원)에 매달 따로 대청소 서비스를 한다.

〔그림 4〕 타임스스퀘어 근처 아파트

〔그림 5〕 브롱크스 지역의 주택

이 근처에 방 하나를 보유한 주택의 평균 월세는 대체적으로 4,000달러 (약 472만 원) 전후다.

뉴욕에 방 2개, 욕실 1개가 있는 주택 중 저렴한 편인 주택이 브롱 크스 지역 라파예트애비뉴에 있다. 월세 1,600달러(약 189만 원)로 이 집 에 거주하려면 650 이상의 크레딧을 소지하고 있어야 하며 세입자의 소 득이 임대료의 40배 이상임을 증명해야 한다. 주택이 넓지는 않지만 간

〔그림 6〕어퍼웨스트사이드의 센트럴파크와 허드슨강 조망 아파트

단한 취사도구 등이 구비되어 있어 이를 활용할 수 있다.

우리가 흔히 헐리우드 영화에서 보는 상류층이 거주하는 맨해튼 어퍼웨스트사이드에 위치한 센트럴파트와 허드슨 강이 보이는 아파트는 방 2개에 욕실 2개가 있고 애완동물 기르는 것도 가능하며 24시간 내내 도어맨이 서비스를 해줄 뿐만 아니라 약 28평짜리 야외 테라스를 쓸 수 있으며 월세가 1만 3,000달러(약 1,537만 원)다.

〔그림 7〕 뉴욕의 고급 단독주택

　　뉴욕에서 가장 비싼 주택 중 하나는 아파트 유형이 아닌 단독주택
이며 월세가 8만 달러(약 9,458만 원) 정도다. 방 6개에 욕실은 4개이며, 파
우더룸이 따로 있으며, 애완동물을 키울 수 있다. 총 4층이며 옥상 테라
스에 바비큐 시설이 설치되어 있다. 집 내부에 엘리베이터도 있고 CCTV
와 경비 시스템이 완비되어 있으며 와인셀러도 있다. 주변에 비슷한 단독
주택의 평균 월세는 7만 5,000달러(약 8,866만 원)다.

남미 지역의 월세제도

아르헨티나 · 브라질

아르헨티나의 주거문화와 월세제도

아르헨티나는 축구선수 메시의 나라로 유명하다. 에스파냐어가 공용어이며 면적은 278만 400㎢로 세계 8위에 해당한다. 인구는 2016년 7월 기준으로 약 4,388만 6,748명으로 세계 33위다. GDP는 2016년 IMF 기준으로 5,417억 달러로 세계 21위다. 1인당 GDP는 1만 2,425달러로 세계 58위에 해당한다. 기후는 북부는 아열대기후, 남부는 한대기후를 보인다. 한국과 같이 사계절이 존재하지만 기후는 반대로 나타난다. 인종 구성은 이탈리아계와 스페인계 백인이 95%를 차지하며 토착민과 유럽계 백인의 혼혈인 메스티소가 4.5% 정도를 차지한다.

아르헨티나의 수도인 부에노스아이레스의 면적은 203㎢다. 인구는 약 300만 명이다. 부에노스아이레스 주변의 수도권인 그란 부에노스아이레스의 총 면적은 4,758㎢이고 인구는 약 1,304만 4,800명 정도이며, 부에노스아이레스 주 전체 인구는 약 1,800만 명에 다다른다. 인구의 절반이 수도권에 거주하고 있다고 볼 수 있다. 부에노스아이레스는 세계적으로도 인구가 많은 도시 중 하나로 2010년 기준 인구밀도가 1만 4,241명/㎢이다.

부에노스아이레스를 비롯한 남미의 도시들은 유럽식으로 개발되었다. 중심에는 광장을 두고 순차적으로 네모반듯하게 바둑판 모양으로 거리를 조성했다. 아르헨티나는 과거부터 살인적인 물가상승으로 유명하다. 한 해에 물가가 25~30% 상승하기도 한다. 이로 인해 국가 부도 사태를 맞이했을 정도로 주거가 안정되기 힘든 환경이다. 수입 대비 월세가 너무 비싸 월세를 감당하지 못해 '차량 주택'에 거주하는 사람들도 있다. 캠핑카 같은 곳에서 무려 다섯 식구가 살기도 하는데, 차 내부가 좁아 돌아가며 잠을 자는 경우도 있다고 한다. 이런 차량 주택만 부에노스아이레스 인근에 약 1,400여 개라고 한다.

아르헨티나의 평균 임금은 8,000페소(약 110만 원)인데 이 중 약 30%를 월세로 지출한다. 다른 나라에서처럼 보증금은 월세의 2개월 치를 낸다. 부에노스아이레스 라플라타 강 건너에는 사람들이 쓰다 남은 건축자재로 주택을 지어 사는 비야 미세리아(villa miseria)라고 하는 빈민촌이 형성되어 있다. 이 지역 주택은 대부분 창문이나 지붕이 없고, 전기와 수도도 들어오지 않을 만큼 열악한 주거환경을 갖추고 있다.

기존 주택의 지붕 위에 저소득층을 위해 사회주택을 설치하는 뮤리리 주택(MuReRe Houses)이 추진되기도 했다. 뮤리리는 Mutualistic Residential Regenerative의 약자로 상호적이고 쾌적하게 재생을 유도한

〔그림 1〕 부에노스아이레스 48개 구역

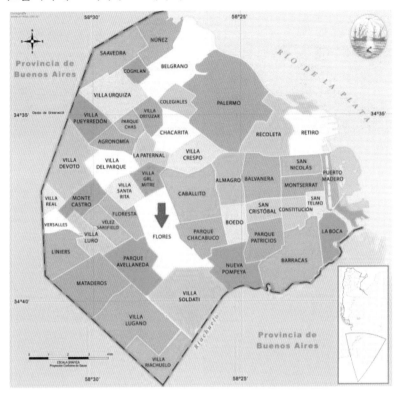

다는 의미다. 아르헨티나에서는 사회주택을 건축하면 그 주변환경과 갈등을 빚는 일이 빈번했다. 주로 부에노스아이레스 외곽 지역에 지어진 뮤리리 주택은 사회주택에 대한 부정적인 시선으로 인한 주변환경과의 마찰을 줄이는 현실적인 대안을 제시했다는 점에서 눈여겨볼 만하다.

부에노스아이레스는 총 48개 구역으로 나뉜다. 이 중에서 부유층은 주로 푸에르토 마데로, 팔레르모, 레콜레타에 산다. 2013년 부에노스

[그림 2] 팔레르모에서 가장 저렴한 스튜디오

[그림 3] 팔레르모의 침실 1개짜리 주택

아이레스 부동산 정보지인 〈레포르테 인모빌리아리오〉에 의하면 푸에르토 마데로는 제곱미터(㎡) 당 평균 4,700달러(약 560만 원), 팔레르모와 레콜레타는 제곱미터당 2,825달러(약 337만 원)라고 한다. 이 세 구역은 전부 해안가에 있다.

부에노스아이레스 지역의 중개업체인 BYT아르헨티나(www.bytargentina.com)에 올라온 월세 매물들을 살펴보자.

팔레르모에 있는 스튜디오 중 가장 저렴한 곳은 30㎡에 전기, 가스, 케이블TV, 수도 등이 완비되어 있으며 월세가 690달러(약 82만 원)다. 애완동물은 키울 수 없고 보증금으로 월세 1개월치를 내야 한다. 참고로 BYT아르헨티나에서는 아르헨티나 화폐인 페소가 아닌 미국 달러로 임대료를 표시하고 있다.

스튜디오 중 가장 비싼 주택은 4명까지 거주할 수 있고 40㎡에 모든 시설이 월세에 포함되고 애완동물은 키울 수 없으며 관리비 45달러(약 5만 원), 월세 1,375달러(약 164만 원)다.

팔레르모에 침실 1개짜리 가장 저렴한 집은 면적 37㎡에 월세가 1,125달러(약 134만 원)이고, 가장 비싼 집은 면적 56㎡에 월세가 2,625달러(약 313만 원)다. 이 지역에서 월세가 가장 비싼 주택은 방 2개에 200㎡이고 도어맨이 24시간 서비스를 한다. 이 주택의 월세는 5,625달러(약 672만 원)는 현금으로 지급해야 한다

그 옆 지역인 레콜레타에서 가장 저렴한 스튜디오 주택은 33㎡에 2명이 거주할 수 있으며 월세가 750달러(약 90만 원)다. 다른 지역과 마찬가지로 지금까지 찾아본 모든 주택의 보증금은 월세 1개월 치다. 이 지역에서 가장 비싼 스튜디오 주택은 42㎡이며, 7층에 위치해 있고 자녀가 없거나 애완동물을 키우지 않는 조건이며, 월세가 1,880달러(약 224만 원)다. 이곳에서 가장 비싼 주택은 방이 3개 있고 면적 150㎡에 금연이고 애완동물은 키울 수 없으며 월세가 5,445달러(약 650만 원)다.

부에노스아이레스의 48개 구역 중 주로 중산층이 살고 한인타운이

가까운 플로레스 지역은 이 사이트에 올라온 매물이 없어 생략하겠다.

브라질의 주거문화와 월세제도

전 세계적으로 유능한 축구선수를 가장 많이 배출하는 나라인 브라질은 총면적 851만 4,877㎢로 세계에서 5번째로 큰 국가다. 인구는 약 2억 580만 명으로 세계에서 6번째로 많고 GDP는 2016년 기준 1조 7,696억 달러로 세계 9위다. 1인당 GDP는 8,587달러로 세계 73위에 해당한다. 포르투갈의 식민지였던 브라질은 대부분의 남미 국가와 달리 포르투갈어를 공용어로 쓴다. 브라질은 땅덩이리가 넓은 만큼 열대와 아열대, 온대는 물론이고 해양성, 반건조까지 다양한 기후를 보인다. 인종 구성은 백인 54%, 혼혈인 39%, 흑인이 6%를 차지한다. 공용 화폐로는 헤알(real)을 쓴다.

브라질의 수도는 브라질리아로 최초 수도였던 리우데자네이루에서 내륙으로 옮기기로 결정한 후 1960년에 완공된 계획도시다. 그러다 보니 해외에는 수도인 브라질리아보다 리우데자네이루(이하 리우)가 더 잘 알려져 있다. 브라질 제 1의 도시는 상파울루로 리우에서 남서쪽으로 약 500㎞ 떨어져 있으며, 해발 500m의 고원지대에 있다. 상파울루 주의 주도인 상파울루 시의 인구는 2015년 기준으로 약 1,203만 명이며, 광역도시권까지 포함하면 약 2,124만 명으로 아메리카 대륙에서 인구가 가장 많은 도시다. 세계적으로는 멕시코시티와 도쿄에 이어 세 번째로 많은 사람이 살고 있다.

상파울루의 1인당 GDP는 2012년 기준으로 2만 3,704달러이고 면적은 1,522㎢로 서울의 2.5배 크기다. 인구밀도는 약 7,762명/㎢다. 도시별 GDP로는 세계 10위에 해당하고 2025년이면 도쿄, 뉴욕, LA, 런던,

시카고에 이어 6위를 차지할 것으로 예상된다. 상파울루는 백만장자 숫자가 인도 뭄바이 다음인 세계에서 6번째로 많다. 또한 브라질에서 한국인이 가장 많이 거주하고 있는 도시이기도 하다.

브라질은 치안이 무척 불안정하다. 일반 사람뿐 아니라 경찰이 마약 갱단에 의해 살해당하기도 하고, 경찰에 의해 죽는 범죄자도 많다. 브라질에서는 가난한 사람들이 사는 빈민촌을 파벨라(Favela)라고 하는데 리우에는 주민의 5분의 1이 파벨라에 산다. 빈민촌은 임대료는 저렴하지만 치안이 불안정해 누구나 탈출하고 싶어한다.

이처럼 브라질은 빈부격차가 심하고 치안이 좋지 않아 주거가 불안정하다. 고급 아파트 단지와 빈민촌 사이에는 높은 담을 쌓아 외부인의 출입을 제한하는데 부자들은 이와 같은 게이티드 커뮤니티(gated community)에 거주한다.

브라질에서는 여러 명이 거주하는 것을 헤푸블리카(Republica)라고 한다. 주로 비싼 월세가 부담스러운 대학생들 7~8명이 함께 사는 공간을 의미한다. 오래 거주하진 않고 단기간 용도이며, 방에 화장실이 있는 경우도 있고 빈 공간에 매트리스만 놓고 생활하는 경우도 있다. 기본 가구는 있고 청소, 빨래는 물론이고 음식까지 해주는 가정부가 있는 경우도 있다. 보통 월세가 350~600헤알(약 12만 6,000~21만 6,000원)이다.

브라질에서는 한국과 같은 아파트는 콘도라고 하며 대부분 한 동이고 많아야 서너 동 정도로 구성된다. 같은 건물이면 주변 경관과 조화 때문에 더 이상 짓지 못하게도 한다. 건설할 때 뼈대만 구성하고 집주인이 직접 내부를 꾸미는 형식이라 집마다 완전히 구조가 다르다. 손님용 화장실이 따로 있는 경우도 많고 평수가 큰 경우에는 방마다 화장실이 있기도 하다. 모든 아파트가 그런 것은 아니지만 주인과 손님이 출입하는 문과 가정부와 같이 일하는 사람들이 출입하는 문을 따로 만들기도 하며, 이런 경우 엘리베이터도 따로 만든다.

브라질에서도 월세의 1~2개월 치를 보증금으로 내며, 중개수수료는 월세 1개월 치 정도다. 또한 집을 빌릴 때 보증인(Fiador)이 필요하다. 임차인이 월세를 내지 못하면 보증인이 책임지고 월세는 물론 벌금과 수수료까지 내야 한다. 보증인은 법정 계약기간인 30개월을 책임져야 한다. 최근에 월세 보험(Seguro aluguel)이 생겼다고 하는데 보험료는 월세 1개월 치에 해당하는 금액이다.

상파울루의 월세 매물은 브라질 부동산 중개 사이트인 ZAP(www.zapimoveis.com.br)에서 살펴봤다.

월세가 가장 저렴한 주택은 방이 3개에 72㎡로 욕실은 하나였다. 브라질 사람들은 치안이 좋지 않아 주택보다는 아파트를 선호한다. 아파트 내부에는 수영장 등의 부대시설이 구비되어 있다. 브라질에서 72㎡의

〔그림 5〕상파울루 지역의 주택 매물

〔그림 6〕브루클린과 빌라 노바콘세이카오 지역의 주택 매물

아파트는 한국에서 85㎡ 국민주택과 면적이 비슷하다. 이 아파트는 월세가 1,000헤알(약 36만 원)이다.

　　브루클린 지역에 위치한 면적 36㎡에 방 1개인 아파트는 월세 2,200헤알(약 79만 원)에 관리비 430헤알(약 15만 원)을 내야 한다. 수영장을 비롯한 부대시설을 갖추고 있다. 빌라 노바 콘세이카오 지역에 위치한 고급주택은 비록 방은 1개뿐이지만 면적이 230㎡일 정도로 크고 매매가격이 무려 380만 헤알(약 13억 7,000만 원)이다. 이 주택은 월세 2만 4,000헤알(약 866만 원)이며, 관리비는 2,935헤알(약 106만 원)이다.

　　한인들이 많이 거주하는 아클리마상 지역에 면적 30㎡에 방이 1개 있는 주택은 월세 1,000헤알(약 36만 원)이고 관리비는 240헤알(약 8만 6,000원)이다. 이보다 면적이 60㎡로 2배이고 방이 1개인 주택의 매매가격은

〔그림 7〕 아클라마상 지역의 월세 매물

63만 헤알(약 2억 2,700만 원)이며, 월세 3,000헤알(약 108만 원)에 관리비는 760헤알(약 27만 원)이다.

상파울루에서 전통적인 부자들이 많이 사는 동네인 이지에노폴리스 지역에서 월세가 가장 저렴한 주택은 면적 35㎡에 1986년도에 건축되었으며, 매매가격은 약 32만 헤알(약 1억 1,500만 원)이고 월세는 1,250헤

〔그림 8〕이지에노폴리스 지역의 주택 매물

〔그림 9〕상파울루에서 가장 비싼 주택

알(약 45만 원)이다. 방 1개에 88㎡인 주택은 매매가격이 120만 헤알(약 4억 3,000원)에 월세는 3,900헤알(약 140만 원)이고 관리비는 1,150헤알(약 41만 원)이다.

상파울루에서 월세가 가장 비싼 주택은 822㎡ 면적에 방이 4개이며 수영장은 물론이고 사우나까지 갖추고 있는 고급 아파트의 펜트하우스다. 매매가격이 3,923만 헤알(약 141억 원)인 이 펜트하우스는 월세가 15만 헤알(약 5,412만 원)이며, 관리비는 1만 7,150헤알(약 619만 원)이다. 이곳은 빌라 노바 콘세이카오 지역에 위치하고 있다. 그리고 상파울루에서 고속도로로 45분가량 떨어진 곳에는 최고급 주택과 상업용 빌딩이 모여 있는 알파빌리(Alphaville)가 있다. 이곳은 지역 전체가 게이티드 커뮤니티로 보안이 철저하다.

유럽 지역의 월세제도
프랑스 · 독일 · 영국

프랑스의 주거문화와 월세제도

프랑스는 64만 3,801㎢로 세계에서 43번째로 면적이 넓은 국가다. 인구는 약 6,683만 명으로 세계 22위에 해당한다. 유럽에서 3번째로 큰 나라로 유럽연합의 5분의 1 크기다. 프랑스의 GDP는 2016년 기준 약 2조 4,883억 달러로 세계 6위다. 1인당 GDP는 3만 8,537달러로 세계 22위에 해당한다. 프랑스인 중에는 가톨릭교도가 83~88%로 가장 많고, 이슬람교도가 5~10%, 개신교도는 2% 정도이다.

프랑스의 수도이자 문화도시인 파리는 교외를 포함하는 파리 광역 도시권은 면적 2,844㎢이고 인구는 약 1,000만 명이다. 순수한 파리 시의 면적은 105.4㎢로 서울의 6분의 1이다. 인구는 2013년 기준으로 약 224만 명이고 주택수는 약 135만 6,000호다. 인구밀도는 약 2만 1,000

명/km²으로 서울보다 높다. 1860년 이후 공원이 2개 추가된 걸 제외하면 시의 경계가 변한 적이 없다. 파리는 총 20개 구로 나뉘며, 각 구는 특별한 이름 없이 중앙에서 시계방향으로 원을 그리며 1구에서 20구까지 숫자로 구분한다.

2014년 미국 브루킹스연구소 기준으로 파리 광역도시권의 GDP는 7,150억 달러로 서울, 인천을 합친 8,460억 달러보다 적다. 시테섬을 중심으로 하는 파리가 본격적으로 지금과 같은 모습을 갖춘 것은 1870년대 나폴레옹 3세가 파리 지사로 오스만 남작을 임명한 후에 파리 대개조사업을 시작하면서부터다. 1960년대에는 파리 주변에 라데팡스를 비롯한 5개의 신도시가 개발되었다.

프랑스의 주택 유형에는 우선 큰 건물에 다세대가 사는 아파트가 있다. 앞서 이야기한 것처럼 외국의 아파트는 한 동짜리인 경우가 많다. 다음으로 한 세대만 사는 단독주택은 메종(Maison)이라 부른다. 끝으로 한국의 원룸과 같은 형태인 스튜디오가 있다.

유럽에서도 프랑스는 임대주택비율이 높다. 소득 하위 30%가 거주하는 사회주택이 있고, 한국의 LH공사에 해당하는 공기업 파리 아비타에서 공급하는 공공임대주택이 있다. 공공임대주택의 제곱미터당 월세는 5~12유로(약 6,300~1만 5,122원)인데 이는 파리의 제곱미터당 평균 월세 22유로(약 2만 7,720원)보다 저렴한 금액이다. 이를 30㎡ 기준으로 환산하면 일반 주택이 660유로(약 83만 원)인데 비해 공공임대주택은 가장 비싼 12유로로 계산해도 360유로(약 45만 원)에 불과하다. 공공임대주택은 연체료도 2%밖에 되지 않을 정도로 안정적인 주거환경을 제공하고 있다. 파리 주민의 약 15% 정도가 사회주택에 살고 있다.

프랑스에서는 피넬법에 의해 건설회사가 한국의 뉴스테이에 해당하는 민간임대주택을 공급할 수 있다. 민간임대주택은 제곱미터당 16유로(약 2만 163원)에 공급된다. 공공임대주택의 보급률이 높고 민간임대주택이 추가로 공급됨에도 파리의 지난 10년간 임대료는 무료 40%나 상승했다. 2015년 8월 OLAP(파리 임대료 관리기관)는 도시주거재생법(ALUR)에 따라 파리를 80개 지역으로 분류해 해당 지역은 평균 임대료의 20% 이상을 올리지 못하도록 했다.

프랑스에도 전세제도는 없고 월세제도만 존재한다. 프랑스어로 보증금은 코시옹(caution)이라고 한다. 보증금과 중개수수료는 1개월 치 월세 정도다. 보통 집을 빌릴 때 소득이 없으면 보증인을 세워야 한다. 보증인도 세우기 힘들다면 월세의 6~12개월 치를 은행보증금으로 준비해야 한다. 직장을 다녀 소득이 있다고 해서 무조건 집을 빌릴 수 있는 것은 아니다. 임시직은 집을 빌리기 어렵고 정규직이라야 한다. 프랑스는 최근 경제가 좋지 않아 비정규직이 많다 보니 아무래도 해고당할 위험이 적은 정규직을 선호한다. 여기에 더해 월급이 월세의 3배 정도는 되어야 집을 빌릴 수 있다.

프랑스에서는 30년이 넘은 주택도 쉽게 재건축을 할 수 없다 보니 오래된 주택이 많다. 건축된 지 50년이 넘은 주택이 수두룩하다. 난방이 잘 안 될 뿐 아니라 전기세와 같은 생활 거주 비용이 만만치 않다. 이런 실정 때문에 파리에 거주하는 많은 사람들이 콜로카시옹(colocation)이라고 하는 쉐어하우스나 룸메이트 형태로 함께 산다.

프랑스에서는 세입자는 거주의 대가로 주거세를 내야 한다. 거주세는 임차 기간 동안 전년도 소득과 가족 구성원 수, 거주 지역 등에 따

〔그림 1〕 파리의 20구

라 산정된다. 소득이 없는 경우에는 이를 증명하는 서류를 세무서에 제출한다. 대체적으로 프랑스의 임대료는 비싼 편이다. 이를 위해 프랑스에서 6개월 이상 거주하며 공식 체류증을 받은 사람이라면 주택보조기금(CAF)에서 알로카시옹(allocation)을 받을 수 있다.

프랑스 파리는 중심인 1구부터 8구까지는 월세가 비싸고 외곽으로 갈수록 저렴해진다. 부동산 중개사이트인 메이에르에이전트닷컴(https://www.meilleursagents.com)에서 파리의 제곱미터당 가장 저렴한 월세는 19.5유로(약 2만 4,540원)이고 제곱미터당 평균 월세는 26유로(약 3만 2,765원)다. 가장 비싼 월세는 제곱미터당 31.2유로(약 3만 9,320원)다. 가장 비싼 파리 1구의 제곱미터당 평균 월세는 30.8유로(약 3만 8,815원)이고 가장 저렴한 19구는 22.7유로(약 2만 8,610 원)다.

〈그림 2〉의 상단은 파리에서 상대적으로 저렴한 15구에 위치한

〔그림 2〕 파리 15구의 면적 25㎡ 아파트

1973년에 건축된 아파트로 25㎡ 크기에 욕실은 1개이며 중앙난방식이다. 부가세를 제외한 월세는 366유로(약 46만 원)에 가재도구 추가 요금은 110유로(약 14만 원)다. 보증금은 736유로(약 93만 원)다. 15구와 월세 수준이 비슷한 다른 지역을 하나 더 살펴보자(〈그림 2〉 하단 참조). 파리 북쪽 9구에 있는 면적 42㎡의 주택은 1층에 위치하고 부가세를 제외한 월세 640유로(약 80만 원)다. 추가 요금은 60유로(약 7만 5,000원)이며, 보증금은 3,330유로(약 420만 원)다.

가격이 비싼 지역인 파리 3구에 1930년에 건축된 24㎡ 크기 아파

〔그림 3〕파리 중심가 소형 주택 매물

트다(〈그림 3〉상단 참조). 6층 건물에 엘리베이터가 있고 4층에 있으며 욕실 1개가 있다. 부가세를 제외한 월세 360유로(약 45만 원)에 추가 요금 80유로(약 10만 원), 보증금 2,400유로(약 302만 원)다. 파리 1구에 있는 1800년에 건축된 23㎡에 욕실 1개가 딸린 주택(〈그림 3〉하단 참조)은 부가세를 제외한 월세 349유로(약44만 원이)에 추가 요금 75유로(9만 4,000원)이며, 보증금은 805유로(약 101만 원)다.

지금까지 본 것들보다 면적이 좀 더 넓은 파리 18구에 위치한 면적 60㎡ 주택은 욕실이 1개이며 1880년도에 건축되었다. 부가세를 제

〔그림 4〕 60㎡ 주택 매물 비교

외한 월세 900유로(약 113만 원)에 추가 요금이 115유로(약 14만 5,000원)

이며, 보증금은 3,570유로(약 450만 원)다. 파리 4구에 있는 60㎡ 주택은

방이 3개이며 엘리베이터가 있는 건물 5층에 있다. 부가세 제외한 월세

2,250유로(약 284만 원)에 추가 요금은 200유로(약 25만 원)다.

파리 1구에 있는 한국에서 4인가구가 거주하는 정도의 면적 80㎡

의 임대주택 중 월세가 가장 비싼 주택은 방이 3개다. 이 주택은 부가세

제외한 월세 4,340유로(약 457만 원)이며, 보증금은 8,150유로(약 1,028만

〔그림 5〕 파리의 센 강 조망 고급주택

원)다. 파리에서 월세가 가장 비싼 주택은 파리 4구에 있는 면적 415㎡로 침실 4개에 객실 6개를 갖췄다. 천장 높이는 4m나 되고 주차 2대가 가능하며 센 강을 조망할 수 있다. 부가세를 제외한 월세 4,980유로(약 628만 원)이고 보증금은 2만 5,000유로(약 3,150만 원)다.

앞에서 살펴본 것처럼 파리에는 낡고 오래된 주택이 많다. 그럼에도 대부분 월세 100만 원을 웃돈다. 물론 파리를 벗어나면 주택가격이 저렴한 편이다. 프랑스에서 파리만 유독 임대료가 비싼 것은 분명하지만 파리뿐 아니라 어느 나라나 수도는 임대료가 비싸다고 보면 된다.

독일의 주거문화와 월세제도

합리와 실용을 우선시할 것 같은 독일은 면적 35만 7,022㎢으로 세계에서 63번째로 넓은 국가다. 인구는 2016년 기준으로 8,072만 명으로 세계 19위에 해당한다. 유럽연합의 실질적인 경제 리더 역할을 하는 독일의 GDP는 2016년 기준으로 3조 4,949억 달러로 세계 4위다. 종교는 신교 31%와 구교 31%로 비슷하고 이슬람교가 4%를 차지한다. 게르만족이 약 91%로 대다수를 차지하고 있다. 1인당 GDP는 4만 2,326달러로 세계 18위에 해당한다. 독일의 인구밀도는 229명/㎢로 한국보다 높다.

독일의 현재 수도는 베를린이다. 동서독으로 나눠졌을 때 서독은 본이 수도였고 동독은 동베를린이 수도였다. 통일독일이 되며 베를린이 수도로 결정되었다. 베를린의 면적은 891.85㎢로 서울보다 약 300㎢ 정도 크다. 인구는 약 352만 명으로 독일에서 가장 많은 인구가 살고 있다. 인구밀도는 4,000명/㎢으로 서울보다는 낮지만 유럽에서는 2번째로 인구밀도가 높은 도시다. 행정구역은 12구(Stadtbezirke), 95지구(Ortsteile)로 이뤄져 있다.

베를린영화제의 심볼인 곰은 베를린 시의 상징 동물이기도 하다. 1280년 베를린 시 문장에도 곰이 등장하고 베를린에서는 2001년부터 '버디 베어(Buddy Bear)' 축제가 열리고 있다. 2003년 클라우스 보베라이트

베를린 시장은 "베를린은 가난하지만 섹시하다(Berlin ist arm, aber sexy)"고 외쳤다. 전체 인구의 10%가 문화예술에 종사하는 만큼 다른 국가의 수도처럼 주거비용이 비싸지는 않다. 베를린은 파리나 런던처럼 독일의 문화, 경제 중심지이기는 하지만 모든 것을 집합한 도시는 아니다.

심지어 독일 쾰른 경제연구소의 연구에 따르면 대부분의 국가 수도는 1인당 평균 소득을 증가시키는데 베를린은 오히려 하락시킨다고 한다. 그리스에서 아테네를 빼면 1인당 평균 소득이 20% 줄어들고, 프랑스에서 파리를 빼면 15%, 영국에서 런던을 빼면 11%, 이탈리아에서 로마를 빼면 2% 하락하는데 반해 독일에서 베를린을 빼면 1인당 평균 소득이 0.2% 상승했다. 심지어 가난한 베를린 시는 2015년 다른 부자 주로부터 36억 1,000유로(약 4조 4,357억 원)를 지원받았다고 한다. 참고로 베를린에 가장 많이 지원한 주는 뮌헨이 포함된 바이에른(Bayern) 주다.

최근 베를린은 인구 유입이 활발해지며 2015년 한 해에만 인구 5만 명이 늘어났는데 이는 지난 수십 년간 가장 큰 규모로 늘어난 것이다. 반면에 새로 공급된 주택은 1만 877가구였다. 이는 1가구당 1.8명이 거주하는 독일 통계청 조사로 볼 때 약 1만 5,000가구가 부족하다. 유럽에서 상대적으로 안정적인 주택가격을 보이는 독일도 이로 인해 주택가격이 상승히는 중이다.

2010년부터 2016년까지 베를린 지역 월세가 26% 상승했다. 이유는 여러 가지가 있는데 그중 하나는 워낙 주택가격이 저렴해 외국인 투자자들이 유입되기 시작했기 때문이다. 에어비앤비 같은 숙박공유사업이 활성화되면서 2009년 14%에 불과했던 외국인 투자가 2015년 68%까지 늘어났다. 집주인들이 다가구주택 등을 매입해서 임차인을 들이지 않고 숙박업소로 변경해 관광객에게 제공하자 주택수가 부족해졌다. 이런 상황에서 유럽 내 활발한 인구이동과 난민유입 등이 결합되며 수요에 비해 공급이 부족해진 것이다.

독일은 임대주택으로 사회주택을 공급했다. 베를린에도 1952년부터 1997년까지 사회주택 약 42만 9,000호가 공급되었지만 꾸준히 일반인에게 매도되어 현재는 도시 외곽에 약 15만 3,000호 밖에 남아 있지 않다. 독일은 임대료 상한제를 도입해 월세를 안정화하려는 노력을 기울이고 있다. 지역을 구분하여 해당 지역 임대료 기준을 만들고 그 임대료에서 10% 이상 올리지 못하게 하는 제도다. 가격 기준은 방 2개에 70㎡ 면

〔그림 6〕 베를린 지하철 노선으로 보는 임대료

적이고 난방비 등은 제외된다.

이 정책은 발표 당시 환호도 받았지만 우려도 컸다. 무엇보다 신규 주택은 해당되지 않아 임차인들이 신규 주택으로 이사하지 못하는 폐단이 생겼다. 또한 현대화사업이라 하여 에너지 효율을 높이는 공사를 하면 이 또한 해당되지 않는다. 그로 인해 실제로는 20~30% 이상 가격이 오른 주택도 많다. 집주인들이 임차인에게 현대화사업을 한다며 쫓아낸 사례도 많다. 그나마 지금까지 임차인이 중개 수수료를 내는 걸 법으로 금지하며 많이 개선했으나 여전히 집주인들은 특약 형식으로 임차인이 내도록 하고 있다.

독일의 주택 중 방과 거실이 있는 일반 주택인 보눙(Wohnung)은 한국의 아파트와 비슷한데 4~5층 연립주택으로 보면 된다. 한국의 마당 있는 단독주택에 해당하는 걸 하우스(Haus)라고 한다. 독일의 빌라(Villa)는 한국과 달리 고급주택을 의미한다. 여러 명이 함께 사는 주거공동체를 본게마인샤프트(WG, Wohngemeinschaft)라고 한다. 전기, 물, 난방료 등이 포함된 월세를 밤미테(Warmmiete)라 하고 포함되지 않은 걸 칼트미테(Kaltmiete)라 한다. 그 외에 잠시 단기로 거주하는 걸 츠비쉔미테(Zwischenmiete)라 한다.

독일어권 트렌드를 알려주는 GCPS(www.germany.co.kr)에 의하면 독일 전체 주택 중 98.4%가 욕조와 화장실 등이 있지만 1.6%인 32만 9,853호는 욕조와 샤워시설, 화장실을 전혀 갖추고 있지 않다. 독일 주택의 평균 면적은 90.1㎡이고 4개의 공간으로 나눠졌다. 독일 주택의 52%는 임차 용도이고 42%는 소유주가 직접 거주한다. 남은 주택 중 5% 정도가 공실이고 1%는 숙박용으로 활용되고 있다.

베를린은 독일에서 월세가 비싼 도시 중 20위권 내에도 들어가지 못한다. 1위는 뮌헨이고 20위까지 뮌헨이 속한 바이에른 주의 도시가 무려 10개나 포함된다.

독일에서 주택을 빌릴 때는 소유주에게 신용 정보 등을 제출하고 날짜를 잡아 면담을 한 다음 2~3일 후에 거주 가능 여부를 알려준다고 한다. 월세 보증금은 카우치온(Kaution)이라고 하여 평균 1.5개월 치를 내야 한다. 카우치온은 이사갈 때 되돌려 받는데 보통 3개월이 지나서 준다고 한다.

베를린 지역 부동산 매물은 독일 중개업체 임모벨트 (https://www.immowelt.de)에서 찾는다. 〈그림 7〉은 노이쾰른 지구에 1968년에 건축된 엘리베이터가 있는 건물 1층에 위치한 면적 27.21㎡에 방 1개짜리 주택이다. 관리비를 포함한 월세는 408.02유로(약 51만 원), 보증금은 593.46유로(약 74만 원)다.

같은 지역인 노이쾰른에 중앙 난방이 되고 엘리베이터가 있는 건물에 면적 43.88㎡인 방 1개짜리 주택은 난방비용 70.21유로를 포함해

〔그림 7〕노이쾰른 지역 방 1개짜리 주택

월세가 475.65유로(약 59만 원)다. 보증금은 900.39유로(약112만 원)다. 1929년에 건축되어 2015년 현대화사업을 한 면적 109.2㎡의 주택은 발코니가 있고 방이 4개다. 월세가 1,650유로(약 207만 원)이며 보증금은 4,200유로(약 425만 원)로 여러 명이 공동으로 함께 사용할 수 있다고 명시되어 있다(매물에 주거공동체를 뜻하는 본게마인샤프트의 약어인 WG로 표시됨).

〔그림 8〕 노이쾰른 지역의 방 1개짜리, 방 4개짜리 주택

〔그림 9〕 미테 지역의 주택

　　〈그림 9〉는 베를린 중심지인 미테 지역에 있는 주택으로 2014년에 건축되었으며, 엘리베이터가 있다. 면적 20㎡이며, 방 1개에 월세 695유로(약87만 원)다. 보증금은 1,566유로(약196만 원)로 공용라운지에서 손님을 접대할 수 있고 세탁 건조 시설이 별도로 있다.

　　1910년에 건축된 면적 59.53㎡의 주택은 엘레베이터가 있는 5층 건물의 5층 펜트하우스로 월세는 1,964.49유로(약 245만원)이지만 난방비

119.06유로(약 15만 원)를 따로 내야 한다.

베를린에서 가장 비싼 주택은 2006년에 건축된 7층 건물의 펜트하우스로 엘리베이터가 설치되어 있다. 면적은 265.97㎡으로 무척 크며 방은 4개나 있다. 월세는 총 6,780유로(약 847만 원)이며, 보증금은 따로 받지 않는다. 야외 테라스 등을 독립된 공간으로 쓸 수 있다.

영국의 주거문화와 월세제도

브렉시트로 세계를 깜짝 놀라게 한 영국의 면적은 24만 3,610㎢로 세계 80위다. 인구는 2016년 기준으로 6,443만 명으로 세계 23위고 GDP는 2조 6,499억 달러로 세계 5위에 해당한다. 종교는 기독교 71.8%와 이슬람교 2.8% 등으로 구성된다. 인종은 백인이 92% 정도로 다수를 차지하고 있다. 영국을 브리튼(Britain)이나 유나이티드 킹덤(United Kongdom)으로 적는데 잉글랜드, 스코틀랜드, 웨일스, 아일랜드를 합쳐 부르는 말이다. 영국의 인구밀도는 256명/㎢으로 한국의 절반 정도이며, 1인당 GDP는 4만 412달러로 세계 21위다.

영국의 수도는 런던으로 면적은 1,570㎢이며 서울 면적의 2배가 넘는다. 인구는 약 870만 명으로 영국의 인구 증가율 2.9%보다 높은 5.7%다. 이는 영국에 온 이민자 약 23만 6,000명 중 9만 7,000명이 런던으로 왔기 때문으로 보인다. 런던의 인구밀도는 5,432명/㎢다. 유럽에서도 가장 큰 도시이자 미국 브루킹스 연구소 기준으로 세계 도시 GDP 순위에서 5위인 도시다. 세계에서 가장 많은 총 33개 구가 있고 런던 지하철은 전 세계에서 최초로 개통되었다.

런던에는 '신 보트피플'이라 불리는 사람들이 있다. 강 위에서 낭만적으로 살아가는 게 아니라 살인적인 월세를 피해 보트에서 살기로 한 사람들이다. 런던에서는 원룸 개념의 스튜디오 월세가 평균 약 250만 원에 달한다. 싼 소형 보트는 1만 파운드(약 1,440만 원)면 구입할 수 있기 때문에 훨씬 저렴하게 거주할 수 있다. 다만 구획에 따라 최대 수천만 원까지 정박료를 내야 해서 2주마다 옮겨 다녀야 하는 불편함이 따른다. 게다가 화장실이 없는 경우도 있고 난방이 되지 않아 땔감을 직접 때기도 하고 주유, 오물통 등을 비우기 위해 몇 주에 한 번씩 요트장을 가야 한다. 런던에는 이렇게 거주하는 시민이 무려 3만 5,000명이나 된다.

최근에는 비싼 주거비 때문에 스페인에서 런던으로 출퇴근하는 사람마저 생겼다. 출퇴근 시간이 무려 11시간이 걸리지만 이렇게 하면 한 달에 100만 원 정도를 아낄 수 있다고 한다. 런던대에는 폴란드에서 통학하는 학생이 있을 정도다. 무려 1,610㎞를 비행하지만 저가항공을 이용하면 주거비용보다 훨씬 더 저렴하다고 한다. 심지어 1억 3,000만 원 정도의 연봉을 받는 국회의원이 월세를 감당할 수 없어 부모님 집으로 들어간 사례가 화제가 되기도 했다.

런던의 주택은 크게 반 단독주택(Semi-Detached house)과 플랫(flat)으로 나눌 수 있다. 반 단독주택은 영국 영화를 보면 자주 볼 수 있는 주택 유형으로 벽과 벽이 서로 붙어 있는 형태다. 타운하우스 형태로 두 가구가 하나의 주택에 출입문이 다른 형태가 가장 일반적이지만 똑같은 형태의 주택이 길게 연결되어 있는 경우도 있다. 반 단독주택이 도시로 인구가 집중되며 생겨난 형태라면 플랫은 한국의 아파트에 해당한다. 단 한국처럼 단지를 형성하지 않고 몇 층 정도의 한 동짜리 건물이다. 한국과 달리 주로 서민이 거주하는 임대주택이 많다.

2016년 6월 발표된 영국 부동산 중개업체 컨트리와이드와 통계청 조사 결과에 따르면 런던 지역 원룸의 평균 월세는 1,133파운드(약 189만 원)인데 이는 30세 이하 근로자의 평균 실소득 57%에 해당하는 금액이다. 참고로 영국 원룸의 평균 월세는 746파운드(약 124만 원)다. 치솟는 월세 때문에 1인가구 비율이 2007년에 비해 오히려 3% 정도 줄었다. 임대

〔그림 11〕 런던 지하철 노선으로 보는 임대료 지도

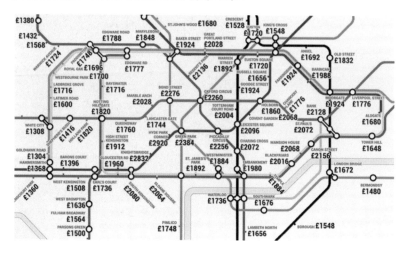

료가 부담되어 쉐어하우스를 이용하는 사람들이 많아져 4~5인 가구 비율은 거꾸로 증가했다고 한다.

런던의 주택가격이 유독 높은 이유는 3가지가 있다. 첫째는 위에서도 언급했듯 해외 이민자들의 유입으로 인한 것이다. 둘째는 '도시 및 국가계획법'에 따라 건축허가 및 건축물 높이를 규제하고 그린벨트 등에 따른 택지 공급이 부족하기 때문이다. 셋째는 2008년에 시행된 '홈바이'(Home Buy) 정책을 뛰어넘는 '헬프 투 바이'(Help to Buy) 모기지 정책 때문이다.

2014년 4월에 시행된 헬프 투 바이 정책이란 연소득 6만 파운드 이하 생애 최초 주택 구입자들이나 주택 교체 실수요자에게 주택가격의 5%만 갖고 있어도 60만 파운드(약 8억 7,000만 원) — 당시 환율로는 약 10

억 4,000만 원이다— 이하 신규주택을 구입할 수 있게 했다. 주택가격의 20%는 5년간 정부 산하 주택협회가 투자하는 것으로 투자 지분 비율만큼 손익을 공유하고 남은 75%는 은행대출로 주택을 구입할 수 있다. 고소득자는 아예 주택 구매시 95%까지 대출을 받을 수 있다. 이런 몇 가지 이유로 런던의 주택가격이 유독 더 높아졌다고 한다.

〔그림 12〕 다트포드에서 저렴한 주택과 고급주택

〔그림 13〕 사우스켄싱턴 지역의 월세 주택

　임차를 결정하고 부동산 행정 수수료와 보증금으로 월세 1~2개월
치를 내면 집주인은 직장 유무와 소득 증빙서류를 검토하고 신원조회를
한다. 한국의 주민세에 해당하는 카운슬택스(council tax)를 내야 하며, 월
세는 달마다 내거나 주마다 낸다. 그 외에 관리비(Admin Fee), 집 비울 때
청소비(Cleaning Fee)는 물론이고 인벤터리 체크(Inventory Check)라고 하여
입주할 때와 상태가 다르면 추가로 돈을 내야 한다.

　〈그림 11〉는 런던의 지하철 노선으로 보는 임대료 지도인데 실제
임대료와 차이가 커서 별 도움이 되지 않는다고 한다. 무섭게 월세가 상
승하고 있어 실시간으로 정보를 제공하기 어려운 이유도 있을 것이다.

　런던의 임대주택은 부동산 중개 웹사이트인 주플라(http://www.
zoopla.co.uk)에서 찾는다.

런던에서도 그나마 저렴한 주택이 있는 다트포드 지역은 평균 월세가 1,192파운드(약 172만 원)다. 이곳에 방이 2개이고 욕실이 1개인 주택의 순수한 월세는 950파운드(약 137만 원)다. 추가로 보험료와 전기, 수도요금을 합쳐 총 1,166파운드(약 169만 원)를 내야 한다. 이 지역에서 가장 비싼 주택은 방이 4개에 욕실은 2개가 있는 단독주택이다. 근처에 히드라 공항이 있어 비행기 소음이 날 수 있지만 새 주택과 마찬가지로 깔끔하고 완전히 새롭게 리모델링되었다. 세금 등을 포함해 월세 2,923파운드(약 423만 원)다.

런던에서 부자 동네 중 하나인 사우스켄싱턴에 있는 주택의 평균 월세는 3,198파운드(약 462만 원)이고 방1개는 평균 1,884파운드(약 274만 원)다. 이 부근에서 월세가 가장 저렴한 주택은 퀸즈웨이에 있는 방 1개짜리 스튜디오다. 주방, 욕실 등을 공유하며 월세는 867파운드(약 125만 원)다. 그외 비교적 저렴한 매물로는 런던 W14 스탠윅로드에 있는 주택을 꼽을 수 있는데 방 2개와 욕실 1개에 벽난로가 있으며, 세금을 제외하고 월세 1,776파운드(약 257만 원)를 내야 한다.

　런던에서 가장 월세가 비싼 주택은 메이페어(Mayfair) 중심에 있는데 침실은 무려 7개에 드레스룸이 2개나 갖춰져 있다. 침실마다 욕실이 딸려 있다. 면적은 초대형으로 무려 1만 6,500㎡로 리셉션실이 따로 있다. 리셉션실에는 개인 영화관, 수영장, 옥상 테라스 등이 있어 집에 온 손님과 함께 즐길 수 있다. 이 주택은 세금 포함해서 월세가 13만 42파운드(약 1억 8,800만 원)다.

4장

집 살래?
월세 살래?

Intro

최근 몇 년간 한국 사회에서는 주택을 구입해야 할지 말지 의견이 분분했다. 누구는 주택을 구입하고 누구는 여전히 주택을 구입하지 않는다. 주택을 구입하지 않은 사람도 구입 의사가 전혀 없는 것은 아니다. 여러 가지 현실적인 제약이나 여건 때문에 망설이는 경우도 많다. 주택 가격이 비싸다고 생각해 지금은 망설이고 있지만 가격이 하락하면 주택을 구입하겠다는 사람들도 많다.

지방 주택은 더 이상 볼 것도 없다고 말할 때 사람들은 주로 일본의 다마 신도시를 예로 든다. 다마는 한국의 1기 신도시에 해당하는 일본의 신도시로 인구감소와 고령화로 인해 유령도시처럼 변했다고 알려져 있다. 일본에는 지방소멸이라는 표현이 있을 정도이니 한국에도 다마 신도시와 같은 현상이 나타날 것이라고 우려하는 사람들이 있다. 하지만 이는 제대로 된 정보라기보다는 가공된 것으로 자칫 오판을 부를 수 있다. 이 장에서는 일본의 사례를 살펴보며 무엇이 진실인지 알아볼 것이다.

한국에서 50만 명 미만 도시를 중소도시라고 한다. 이런 소규모 도시들의 미래는 모두 어두울까? 머지않아 이런 중소도시는 소멸하게 될까? 중소도시의 소멸로 주택가격이 폭락할 것이라는 시나리오는 실현될까? 많은 사람들이 궁금해하는 주제다. 중소도시라고 무조건 인구가 줄어들고 있지는 않다는 사실을 인구 증감 추이를 토대로 확인해보자. 인구가 줄어든 도시의 주택가격이 하락했는지 따져보고 중소도시 중 어느 도시의 인구가 늘어났는지 살펴보자. 인구가 늘어난 도시는 주택가격이 상승했을 것으로 유추 가능하다. 실제로 그렇게 됐는지 확인해보자.

지방도시에 거주하는 사람들은 인구가 소멸하는 도시에 거주하고 있는 걸까? 그렇지 않다. 여전히 지방도시는 지방도시대로 그 존재 의의가 있다. 다만 인구가 줄어드는 추세를 막기는 힘들 듯하다. 그렇다면 누가 지방도시를 빠져나갈까? 청년들이 돈을 벌기 위해 일자리를 찾아 서울, 수도권으로 떠난다. 상경한 청년들이 거주하기에 서울의 임대료는 만만치 않다. 그래서 이들은 주로 경기도의 도시로 모여든다. 경기도에서 청년층이 많이 거주하는 지역의 미래는 밝을 것이라고 볼 수 있다. 경기도 도시별로 지난 10년간 청년층이 차지하는 비율에 어떤 변화가 있는지 파악해보자.

　　그동안 택지를 개발해 신도시를 건설했던 한국은 도시의 확장이 서서히 멈추고 있다. 인구가 감소하는 추세이다 보니 정부에서도 더 이상 택지 개발을 추진하지 않으려고 한다. 일본은 현재 도시재생으로 방향을 선회하고 있다. 한국도 서울을 비롯한 구도심과 신도시 주택들은 어느덧 30년 이상이 되어 도시재생의 필요성이 대두되고 있다. 도시재생이 뉴스테이와 만나 어떤 식으로 진행되고 한계가 있는지 파악하는 것은 그런 점에서 중요하다. 누구나 새 집을 선호하지만 그렇다고 기존 주택을 멸실하는 것은 사회적 비용도 많이 들고 원주민들이 쉽게 선택할 수 있는 대안도 아니다. 어떤 식으로 슬기롭게 헤쳐 나갈 수 있을지 알아보자.

　　한국 사회가 유독 부동산 자산에 편향되어 있다고 하지만 외국도 비슷하다. 대다수 사람들에게 가장 큰 자산은 누가 뭐래도 주택을 포함한 부동산 자산이다. 이에 따라 주택가격 하락은 엄청난 사회적인 문제를 일으킨다. 그동안 개인들의 투자자산으로 여겨졌던 주택시장의 향후 변화를 예측해보자. 무엇 때문에 주로 개인들만 주택에 투자해왔는지 따져보고 외국 사례를 참고해 향후 주택투자의 방향이 어떻게 될지 살펴보자.

향후 한국의 주택시장은 지금까지와 달리 거대 기관이 참여할 가능성이 크다. 갈수록 자본차익을 누리기 힘들 때 주택시장은 어떻게 변할까? 마지막 장은 이 문제에 대한 답이 될 것이다.

⊙ 지방소멸

일본 부동산에 대한 다큐멘터리 프로그램에서 자주 나오는 장면이 있다. 지방도시의 인구가 줄어들어 밤에 불이 꺼진 집이 많고 낮에도 을씨년스러운 아파트의 모습을 보여주는 것이다. 우편함에도 편지는 물론이고 광고 전단지 하나 들어있지 않다. 그만큼 인구감소로 인해 사람이 거의 살지 않는 주택 공실의 심각한 현실을 보여준다. 아파트에 살고 있는 사람을 인터뷰하면 주로 노인이 등장해 빈집이 너무 많아 무섭다는 말을 한다. 한국 방송사가 이런 다큐멘터리를 제작하는 것은 일본의 사례를 통해 향후 한국의 미래를 반추해보자는 취지일 것이다.

인구가 감소하고 있는 일본은 정부 차원에서 인구 1억을 유지하는 것을 목표로 삼고 있다. 일본 경제가 어렵다고 해도 세계 2~3위의 GDP를 유지하는 것은 인구가 약 1억 2,600만 명에 달할 정도로 많기 때문이다. 인구가 1억 이상이면 내수가 활성화될 수 있어 자급자족 경제가 가능하다. 그런 면에서 일본은 개발도상국이 빠르게 치고 올라와 일본 제품의 가격 경쟁력이 떨어져 수출이 줄어들 때도 내수가 받쳐줬기 때문에 경제 성장을 이어갈 수 있었다.

일본의 지방소멸 현상

일본은 2053년을 전후해 인구가 1억 미만으로 줄어들 것이라고 전망되자 1억을 유지하기 위해 2016년 5월 정부에서 '일본 1억 총활약 플랜'을 세우고 다양한 대책을 내놓았다.

〔그림 1〕도쿄의 베드타운에 해당하는 다마 신도시

인구가 줄어들고 있는 일본과 관련해 자주 언급되는 곳이 다마 신도시다. 1960년대 일본은 도쿄, 오사카 등의 대도시 주변으로 49개 신도시를 개발하며 대도시의 인구를 분산시키려고 했다. 한국의 1기 신도시에 해당하는 다마 신도시는 1966년에 개발되었으며 도쿄에서 가깝다. 이곳은 베드타운 성격으로 인구 34만 명을 목표로 했다.

도쿄 중심부에서 25~40㎞ 정도 떨어진 다마 신도시는 도쿄와의 접근성이 좋고 주거환경이 쾌적해 개발 당시에는 '꿈의 뉴타운'이라 불리며 인기가 좋았다. 다마 신도시는 애초 목표로 한 인구 34만 명을 채우지 못하고 1990년대부터 인구가 감소하기 시작해 2016년 10월 기준 인구는 약 22만 명이다. 다마 신도시의 인구가 줄어든 것은 1991년 부동산 버블 붕괴로 도쿄의 토지가격이 하락하자 도심 개발이 보다 용이해졌고, 2000년대 들어 고이즈미 총리가 '콤팩트 시티' 개발을 추진하며 도쿄를 중심으로 도심개발 정책을 펼쳤기 때문이다. 이렇게 도쿄에는 계속해서 신규주택이 공급되고 다마 신도시에는 신규주택 공급이 중단되었다.

도쿄를 빠져나갔던 청장년층이 다시 도쿄로 돌아왔다. 일본은 전철이 민영화되어 있어 교통비가 다소 비싼 편이다. 도쿄 내에 신규주택이 공급되자 신도시에서 도쿄로 출퇴근하던 사람들이 교통비와 출퇴근 시간을 고려하면 도쿄에 거주하는 편이 낫다고 생각해 다시 도쿄로 인구가 유입되기 시작했다. 그 결과 신도시로의 인구 유입은 중단되고 공동화 현상이 나타나게 된 것이다. 특히 아르바이트와 같은 일이라도 하며 돈을 벌어야 하는 젊은 층과 자녀의 교육 여건을 중시하는 부모들은 도쿄 같은 대도시를 선호하기 때문에 다마 신도시 같은 베드타운 기능의 도시는 점차 활력을 잃어갔다.

이렇게 도쿄도는 1980년 중반부터 1990년대까지 인구가 일정하게 유지되었고 2000년대 들어 인구가 증가해서 2014년에는 약 130만 명이 늘어났다. 뿐만 아니라 도쿄 특별구도 1965년부터 1995년까지 인구가 지속적으로 감소했으나 이후부터 증가하며 2010년에는 최고치를 보였다. 취업 목적의 청년층뿐만 아니라 노인 인구까지 도쿄 인구는 전 연령층에서 증가했다. 도시재생 사업으로 도쿄 내 신규주택이 공급되며 2013년 기준 빈집 비율이 11.1%(81만 7,000호)나 되지만 이 중에서 임대용 빈집은 전체의 73.2%인 59만 8,000호이다. 도쿄 내 빈집이 많은 것은 임대 목적의 주택이 노후화되어 기피 현상이 나타났기 때문이다.

지금까지 살펴본 바와 같이 일본 전체 인구가 줄어드는 가운데 대도시의 인구는 증가했다. 그러나 일본의 인구감소에 대한 대책을 담은 『지방소멸』의 저자 마스다 히로야는 지방 인구를 빨아들이는 도쿄는 인구의 블랙홀이며 결국 도쿄도 축소되고, 일본은 파멸할 것이라고 경고한다. 더 늦기 전에 중소도시의 붕괴를 막고 인구 감소를 멈추는 해법을 제시해야 한다는 것이다.

그럼 앞에서 언급한 다마 신도시는 슬럼화가 되었을까? 다마 신도시 외에도 신도시들이 있는데 유독 다마 신도시만 보여주고 있는 것은 전형적인 정보 가공에 해당한다. 더구나 다마 신도시는 슬럼화되지 않고 여전히 쾌적하다. 이 도시의 면적은 2,568만㎡인데 녹지 비율이 30%가 넘는다. 다마 신도시의 공원 및 녹지 면적은 1인당 16㎡로 뉴욕의 19.2㎡보다는 적지만 몬트리올의 13㎡보다 크다.

다마 신도시는 한국의 신도시처럼 단기간에 완성된 도시가 아니다. 개발한 지 40년이 넘었지만 여전히 건설 중인 도시다. 도시의 중심인

다마센터 주변으로 공원은 물론이고 각종 스포츠센터, 놀이터, 운동장이 있다. 1970년대 초반 최초 입주한 정착민들이 세월이 흘러 고령화 비율이 38.1%로 일본 평균 27.3%보다 높아 그렇지 중심 지역은 여전히 활발하다고 할 수 있다. 처음부터 보행자 안전을 우선해 지어진 계획도시로 한국의 어지간한 신도시보다 훨씬 더 살기 좋다. 한국도 신도시 외곽으로 가면 오래된 주택에 노인들이 많이 거주하고 있다. 보고 싶은 면만 보는 것이 아닌 보다 객관적인 균형감이 아쉽다.

한국의 중소도시는 소멸할 것인가

한국에서는 인구 50만 명 미만의 도시를 중소도시라고 한다. 제주도를 제외하면 총 41개의 중소도시가 있다.

충청북도에는 제천시, 충주시 2개의 중소도시가 있다. 충청남도에는 계룡시, 공주시, 논산시, 당진시, 보령시, 서산시, 아산시 총 7개의 중소도시가 있다.

경상북도에는 경산시, 경주시, 구미시, 김천시, 문경시, 상주시, 안동시, 영주시, 영천시 총 9개의 중소도시가 있다. 경상남도에는 거제시, 밀양시, 사천시, 양산시, 진주시, 통영시 총 6개의 중소도시가 있다.

전라북도에는 군산시, 김제시, 남원시, 익산시, 정읍시 총 5개의 중소도시가 있다. 전라남도에는 광양시, 나주시, 목포시, 순천시, 여수시 총 5개의 중소도시가 있다. 강원도에는 강릉시, 동해시, 삼척시, 속초시,

원주시, 춘천시, 태백시 총 7개의 중소도시가 있다.

이외에 경기도에는 과천시, 여주시, 하남시, 포천시, 의왕시, 안성시, 구리시, 양주시, 광주시, 김포시, 광명시, 시흥시, 오산시, 이천시, 군포시, 평택시, 파주시, 의정부시, 동두천시 총 19개의 중소도시가 있다.

이들 도시가 소멸한다는 것은 더 이상 인구가 유입되지 않아 인구가 감소해 거주 인원이 사라질 거라는 뜻이다. 이런 현상은 인구가 점점 줄어들고 있는 한국 전체 관점에서는 물론이고 지방자치단체에도 커다란 고민거리다. 한국이 일본처럼 인구감소가 진행된다면 20~30년 내 걱정할 것은 50만 명 미만의 중소도시다. 서울, 수도권은 한국 전체 인구가 줄어들더라도 지속적으로 인구가 증가하는 도시가 될 가능성이 크다. 하지만 수도권을 제외한 중소도시는 갈수록 청년층이 일거리를 찾아 떠나 인구감소 현상이 가중될 것이다.

국토연구원이 발표한 '인구감소 중소도시 도심 활성화 방안'에 따르면 2014년 주민등록인구 기준 20만 명 이상 50만 명 미만인 도시 중 인구가 감소한 지역은 진주, 익산, 여수, 경주, 목포, 강릉, 충주 등 7개 도시다. 이들 지역은 20년 이상 노후 건축물 비율이 높다. 진주 81.33%, 익산 76.51%, 여수 83.6%, 경주 80.9%, 목포 87.21%, 강릉 86.86%, 충주 74.1%일 정도로 오래된 건물이 대다수다. 이런 상황에 따라 목포시의 경우 2015년 건물 1층 공실률이 14.17%, 지층 52.38%, 2층 23.82%, 3층 36.62%로 공실률이 무척 높은 편이다. 강릉시의 경우 2층 이상은 공실 없이 이용되지만 대부분 주거와 숙박(여인숙, 여관 등)으로 활용되고 있다. 목포와 강릉은 도심 대부분이 다수의 소매업과 약간의 도매업은 물론이고 숙박 및 음식점으로 구성되어 있다.

〔그림 2〕 강원도 중소도시별 인구 추이와 매매가격지수

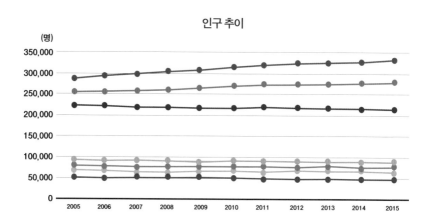

인구 추이

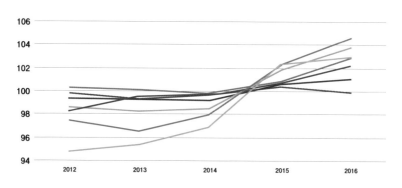

매매가격지수

● 원주시   ● 춘천시   ● 강릉시   ● 동해시   ● 속초시   ● 삼척시   ● 태백시

수도권에 있는 중소도시를 제외한 41개 지방 중소도시의 지방소멸 가능성에 대해 살펴보자. 강원도, 충청도, 전라도, 경상도의 각 지방 중소도시별로 인구와 주택가격을 확인해볼 것이다.

강원도에는 아직 인구 50만 명 이상인 도시가 없다. 관광업의 비중이 큰 강원도는 평지보다는 산으로 둘러싸여 있어 도시가 확장되기도 쉽지 않다. 강원도에서 인구가 증가하는 도시는 원주와 춘천이다. 원주는 2005년 28만 8,000명에서 2015년 33만 2,000명으로 15.4%가 증가했고 춘천은 2005년 25만 4,000명에서 2015년 27만 7,000명으로 9%가 증가했다. 그 외 지역은 전부 인구가 감소했는데, 태백시는 무려 9.5%나 인구가 줄었다.

2012년부터 2015년까지 매매가격지수로 보면 주택가격이 가장 많이 상승한 지역은 예상과 달리 인구가 4.4% 줄어든 강릉시로 8p가 상승했다. 더구나 인구감소율이 2번째로 높은 5.9%인 속초의 매매가격지수는 6.8p 상승해 강원도 도시 중 2번째로 높다. 다만, 인구가 가장 많이 줄어든 태백은 매매가격도 별 차이가 없어 상대적으로 보면 더 많이 하락했다고 할 수 있다.

이렇게 태백을 제외하면 인구와 주택가격의 연관성이 다소 낮은 이유는 아파트 공급에 따른 결과로 보인다. 원주와 춘천은 교통이 편리하고 각종 정책적인 혜택이 있어 신규 아파트가 공급되었지만 그 외 지역은 상대적으로 아파트 공급이 적었다. 단, 관광도시인 강릉과 속초는 에어비앤비 같은 숙박 수요 덕분에 매매가격이 올랐다고 볼 수 있다. 비록 인구가 줄어들고 있어도 살고 싶은 곳에는 주택이 부족한 것은 어느 도시에서나 공통적으로 나타나는 현상이다.

〔그림 3〕 충청도 중소도시별 인구 추이와 매매가격지수

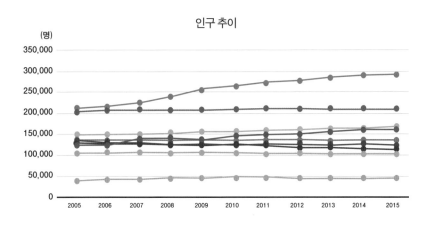

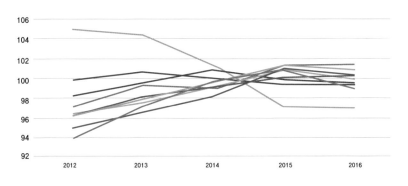

● 충주시 ● 제천시 ● 공주시 ● 보령시 ● 아산시 ● 서산시 ● 논산시 ● 계룡시 ● 당진시

충청도는 아산시가 2005년 20만 명에서 2015년 29만 7,000명으로 무려 45.6%나 인구가 증가했다. 그 외에 당진시도 37.1%, 계룡시 21.4%, 서산시 13.2%로 인구가 많이 증가한 도시다. 인구가 증가한 덕분인지 상당히 많은 부동산 투자자들에게 회자되는 도시들이기도 하다. 반면에 공주시는 무려 14.1%나 인구가 줄었다. 대체적으로 충청도의 중소도시는 인구가 꽤 높은 비율로 증가했고 상대적으로 타 지역에 비해 인구감소율이 낮았다. 충청도 지역의 인구가 지속적으로 증가하는 이유는 많은 기업이 입주하며 직장을 찾아 이주한 청장년층의 증가가 한몫했다.

충청도에서 매매가격이 가장 많이 상승한 곳은 인구가 가장 많이 증가한 아산이지만 상승률은 2015년부터 2016년까지 5.2%p로 다소 낮은 편이다. 인구가 3.1%나 감소한 보령이 가격상승률에서는 2위에 해당하는 4.5%p다. 논산시는 인구감소율 7.4%로 충청도에서 인구가 가장 많이 감소했으나 매매가격지수는 5년 동안 0.5p밖에 하락하지 않았다. 인구가 21.4%나 늘어난 계룡시는 매매가격지수는 8.3p 하락하며 충청도에서 가장 많이 하락했다. 계룡시의 경우에는 2010년 이후 신규 공급된 아파트가 없는데도 가격이 하락했다. 아산은 인구가 가장 많이 증가한 만큼 신규 아파트 단지가 2010년부터 총 26개가 생겼다. 공급이 늘어나 가격 상승은 상대적으로 크지 않은 듯하다.

전라도는 전체적으로 대부분의 도시에서 인구가 감소하는 편이고 인구가 증가했다 하더라도 증가율이 미미한 수준이다. 그나마 광양시 인구가 2005년 13만 8,000명에서 2015년 15만 3,000명으로 11.2%가 증가했다. 그 외 도시의 인구는 군산이 5.8%, 순천이 2.9%, 나주가 0.2% 증가했다. 김제, 정읍, 남원이 전부 10% 이상 인구가 감소한 도시다. 전라

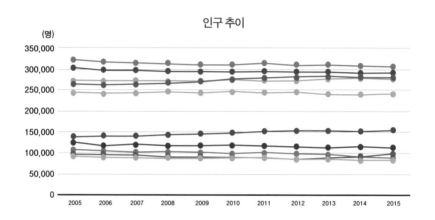

인구 추이

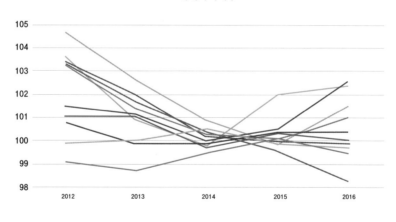

매매가격지수

● 군산시　● 익산시　● 정읍시　● 남원시　● 김제시　● 목포시　● 여수시　● 순천시　● 나주시　● 광양시

도의 중소도시는 인구가 증가한 도시보다 감소한 도시가 더 많을 정도이며, 목포의 건물 공실률은 그 대표적인 사례로 언급될 만큼 인구가 꽤 많이 감소했다.

전라도는 인구가 줄어들면 주택매매가격이 하락한다는 말이 어느정도 맞아떨어지는 지역이다. 전라도에서 매매가격지수가 가장 많이 상승한 지역은 여수시로 1.1p가 상승했는데 인구는 3.7% 감소했다. 다음으로 유일하게 매매가격지수가 상승한 김제는 0.4p 상승했지만 거꾸로 인구는 15.8% 감소했다. 김제시는 전라도에서 인구가 가장 많이 줄어든 지역이지만 주택가격은 2012년부터 2016년까지 상승한 두 군데 중 하나다. 5.3p로 매매가격지수가 가장 하락한 군산은 인구증가율이 5.8%로 전라도에서는 증가율이 2번째로 높다. 인구감소율이 10.1%인 정읍과 9.4%인 남원은 다른 지역에 비해 매매가격지수 하락률이 상대적으로 낮은 2012년부터 2016년까지 0.4p와 0.2p다. 인구가 감소한 도시가 많아지며 가격이 하락한 건 맞지만 다른 지역의 하락률에 비하면 오히려 미미한 편이다. 인구가 줄어든다고 가격 하락이 더 심화되었다고만은 볼 수 없다.

경상북도에서 인구가 가장 많은 구미시는 2005년 37만 4,000명에서 2015년 41만 9,000명으로 12.1%나 인구가 증가했다. 경산시의 인구는 2005년 22만 7,000명에서 2015년 25만 6,000명으로 증가율이 12.8%나 됐다. 그 외 지역은 전부 인구가 줄었다. 영주시가 7.9%로 인구가 가장 많이 감소했고 김천시는 그나마 1.1%로 감소율이 낮았다. 경상북도는 강원도만큼이나 인구가 감소한 도시가 많다. 9개 중소도시 중 2개 도시만 인구가 증가하고 나머지는 전부 감소하고 있다.

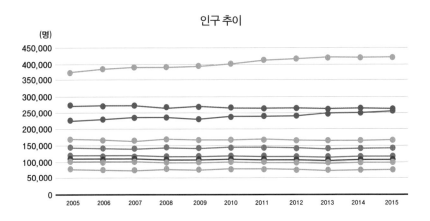

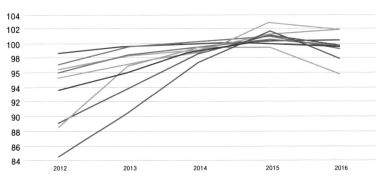

반면 주택매매가격은 2012년부터 2016년까지 경상북도 전 지역에서 상승했다. 인구가 가장 많은 구미는 2016년에는 전년도 매매가격지수보다 많이 하락하긴 했지만 2012년과 비교하면 2016년에는 7.4p 상승했다. 인구가 2번째로 증가한 경산시는 13.7p로 매매가격지수가 가장 많이 상승했다. 기업을 유치해 인구가 늘어난 경산시는 2010년부터 총 15개의 아파트 단지가 신규 공급되어 매매가격이 상승한 것으로 보인다. 인구가 가장 많이 줄어든 영주도 매매가격지수는 3.7p 상승했다. 또한 인구감소율 7.3%로 2번째로 인구가 많이 줄어든 상주도 매매가격지수가 1.6p나 상승했다.

경상북도는 전체적으로 모든 지역의 매매가격이 상승했지만 인구가 증가한 도시일수록 상대적으로 가격 상승폭이 컸으며 인구 감소폭이 적은 도시일수록 가격 상승폭이 적었다.

경상남도는 지금까지 살펴본 다른 지역 중소도시와 달리 밀양시를 제외한 전 지역의 인구가 증가했다. 양산시 인구는 2005년 22만 2,000명에서 2015년 30만 1,000명으로 35.5%나 증가했다. 다음으로 거제시 인구는 2005년 19만 5,000명에서 2015년 25만 5,000명으로 30.8%로 증가했다. 유일하게 인구가 감소한 중소도시인 밀양은 2005년 11만 3,000명에서 2015년 10만 7,000명으로 5.1%가 줄었다. 인구가 가장 많은 진주시 인구는 2015년 34만 4,000명으로 2.4% 증가했다.

인구가 2번째로 증가한 거제는 2012년부터 2016년까지 경상남도에서 유일하게 매매가격지수가 0.5p 하락했다. 이는 거제시의 주력 산업인 조선업 경기의 영향인 듯하다. 실제로 거제시는 2014년까지 가격 상승폭이 컸지만 그 이후 답보 상태에 머무르다 2016년에 큰 폭의 하락을

〔그림 6〕 경상남도 중소도시별 인구 추이와 매매가격지수

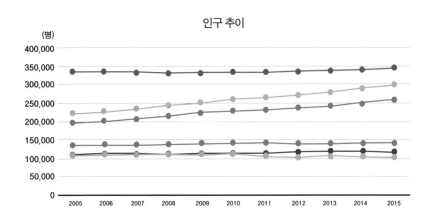

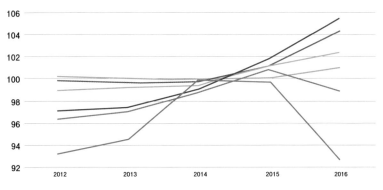

겪었다. 인구증가율이 3.7%인 사천시는 매매가격상승률이 8p로 가장 높았다. 사천시의 경우 2010년도부터 신규 공급된 아파트 단지가 총 4개인데 대부분이 단지라고 하기에는 세대수가 적었다. 반면 인구가 35.5%나 늘어난 양산시는 2010년부터 신규 공급된 아파트 단지가 무려 23개다. 인구증가에 비해 상대적으로 가격 상승이 미미한 것은 물량 공급에 따라 가격안정화를 이뤘기 때문으로 보인다.

경상남도 지역은 전체적으로 인구가 늘어나고 매매가격도 상승했지만 관련 산업에 따라 매매가격이 거제와 통영처럼 급격히 하락한 경우도 있다. 단순히 인구만 갖고 주택가격의 상승과 하락을 논하기에는 보다 복합적인 요소가 작용한다는 사실을 간접적으로 알 수 있다.

인구와 주택가격의 상관관계

지방 중소도시의 인구감소 현상을 보면 한국의 미래 모습이 보일지 모른다. 지금까지 2005년부터 2015년까지 인구가 줄어든 지역과 상승한 지역을 봤다. 인구가 줄어든 지역은 무조건 주택가격이 하락하고 인구가 늘어난 지역은 무조건 주택가격이 상승한 것은 아니라는 걸 확인했을 것이다. 인구는 생각처럼 갑자기 확 줄어들거나 늘어나지 않는다. 부지불식간에 벌어지는 인구의 증가와 감소를 미리 대비하지 않으면 안 된다는 사실은 분명하다. 그렇다고 당장 인구가 주택가격에 엄청난 영향을 미친다고 할 수는 없다. 서서히 조금씩 영향을 미칠 수는 있겠지만.

2005년부터 2015년까지 45.6%나 인구가 증가한 아산은 이 기간 동안 매매가격지수는 26.1p로 상승했다. 같은 기간 인구가 30.8% 증가한 거제시와 35.5% 증가한 양산시의 매매가격지수는 각각 50.6p와 31.2p가 상승하며 인구 추이와 주택가격 추이가 동행했다. 인구가 14.1%로 가장 많이 줄어든 공주시의 경우 매매가격지수는 5.4p 하락했다. 이렇게 인구 증감과 주택가격이 비슷한 흐름을 보이지만 강릉시의 경우 동기간에 인구는 4.4% 줄었지만 매매가격지수는 19.5p가 상승했다.

향후 인구가 지속적으로 감소하는 도시는 주택가격이 하락할 가능성이 크다고 표현하는 것이 맞을 듯하다. 중소도시가 반드시 인구가 줄어들 것이라 볼 수도 없다. 충주시 인구는 2005년부터 2015년까지 1% 정도 미미한 수준으로 증가했지만 꾸준히 인구를 유지해왔다고 할 수 있다. 김천시의 경우 동기간 인구는 비록 1.1% 줄어들었지만 2010년 전후까지 인구감소 추세를 보이다가 그 이후 서서히 인구가 증가하고 있다. 이처럼 중소도시가 어떤 역할을 하느냐에 따라 달라질 가능성도 충분하다.

한국의 중소도시는 인구가 감소할 수는 있어도 '지방소멸'이라는 다소 도발적인 제목처럼 될 가능성은 그다지 크지 않다. 경주시는 과거 신라시대의 수도다. 이런 도시가 그렇게 쉽게 사라질 것이라 판단되지는 않는다. 경주시는 수십 년이 지나도 여전히 관광도시로서의 명맥을 이어갈 것이다. 중소도시는 아마도 우리가 앞에서 본 일본 다마 신도시 사례처럼 중심부는 영향이 없지만 중심에서 멀어진 외곽 지역은 인구감소와 고령화의 영향으로 빈집이 속출할 것으로 예상된다. 이런 변화는 인구감소와 노령인구의 증가 추세가 이어지는 현실에서 어느 정도 받아들여야 하지 않을까.

도시로 도시로

　　강남역은 언제나 사람들로 붐빈다. 2016년 이용객이 가장 많은 지하철역은 강남역으로 하루 평균 19만 9,966명이 이용했다. 강남역은 평일 저녁이나 주말 오후에는 발 디딜 틈이 없을 정도로 사람이 많다. 강남역 사거리에서 교보빌딩 사거리로 가는 대로변에는 사람들이 득실댈 뿐 아니라 이면도로와 골목에도 사람이 많다.

　　대로변에 사람이 적은 것은 평일 오전 시간대 정도인데 이 시간에도 이면도로변에는 사람들이 많다. 이들은 대부분 근처 학원에 다니는 취업준비생이다. 학원의 오전 수업이 시작되는 9시 전에 골목마다 테이크아웃 커피를 사려는 줄이 길게 늘어선 모습을 볼 수 있다. 이들은 어느 순간 수업이 시작되는 9시쯤 되면 순식간에 사라진다. 강남역 부근 학원에서 공부하는 취업준비생들이 모두 서울, 수도권 출신은 아닐 것이다. 이들은 전국 각지에서 취업 공부를 하려고 모여들었다.

서울, 수도권으로 몰려드는 젊은이들

말은 제주로 사람은 서울로 보내야 한다는 속담처럼 서울로 사람들이 몰리는 것은 모든 정보가 서울에 집중되어 있어서다. 부산에 내려갔다 지하철을 탔는데 플랫폼 벽에 붙은 학원 광고에 '서울에서 막 상륙'이란 표현을 쓰는 것을 봤다. 한국에서 2번째로 큰 도시인 부산에서도 서울에서 왔다고 해야 인기가 있고, 그래야 제대로 공부를 가르치는 환경을 갖춘 것으로 인식된다는 뜻이다. 이런 노력에도 불구하고 지방에서 취업 공부를 하고 정보를 습득하고 면접을 준비하는 과정은 쉽지 않다. 모든 것이 서울에 집중되어 있는 현실을 무시할 수 없으며, 더 좋은 직장을 원하는 취업준비생에게 서울은 선택이 아닌 필수일 수밖에 없다.

과거에는 서울로 올라온 취업준비생들에게 정보와 지식을 제공하는 학원은 종각역 주변에 몰려 있었다. 종로는 학원가뿐 아니라 유흥시설이 밀집되어 있어 서울에서 제일 잘 나가는 지역이었다. 이제는 강남역이 그 지위를 차지하고 있다. 강남이 현재의 모습을 갖추게 된 것은 정부에서 교통 및 각종 편의시설을 집중시키자 많은 대기업 본사가 강남으로 모여든 덕분이기도 하다.

서울과 수도권으로 젊은이들이 올라오는 이유는 인구가 적은 지방도시에는 일자리가 없기 때문이다. 인구가 얼마 되지 않는 도시는 젊은이들이 새롭게 무언가를 할 수 있는 환경을 갖추고 있지 않다. 청년층의 주요 취업처인 제조업이나 서비스업을 지방도시에서는 찾아보기 어려운 것이다. 대부분의 공장은 어느 정도의 노동력과 교통을 지원받을 수 있는 대도시 근처에 지어진다. 그러다 보니 지방에는 청년층이 선택할 수 있는 취업 대상이 극히 한정적이다. 게다가 이성친구를 만나기도 힘들다. 어릴 때부터 알아오던 이성과 어느 날 갑자기 감정이 생기긴 힘들지 않겠는가. 젊은 혈기에 이성에 대한 관심은 너무나 당연하다. 이런 에너지를 쏟을 이성이 없다는 사실은 이들에게 도시에 대한 동경을 심어준다.

2011년부터 2015년까지 15~64세까지 생산가능인구는 3,665만 명에서 3,744만 4,000명으로 2% 늘었다. 이에 반해 20~24세 인구는 321만 2,000명에서 355만 7,000명으로 11% 정도 증가했다. 이 기간 동안 청년층이 몰리는 서울과 인천을 비롯해서 경기도의 중소도시의 인구증가 추이를 보면서 어떤 일이 벌어졌는지 살펴보자.

〔그림 1〕 서울 인구 증감(2011~2015년)

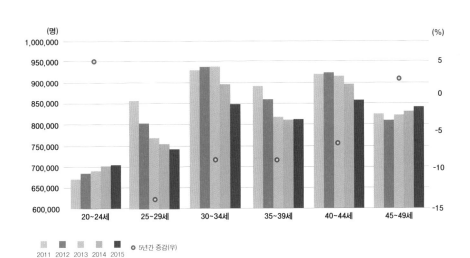

2011년부터 2015년까지 서울에서 20~24세 인구는 67만 명에서 70만 3,000명으로 5% 증가했지만 이는 전국 평균에도 미치지 못하는 수치다. 25~29세 인구가 13%나 줄어든 걸 포함해서 25~44세까지의 인구가 전체적으로 줄어들었다. 그나마 45~49세까지 인구는 2%가 증가했다는 걸 확인할 수 있다. 지방의 20대가 취업을 준비하거나 일을 찾아서 도시로 온다는 전제조건에서 다소 맞지 않는 수치가 나온 것이다. 여기서 생각해볼 것은 지방에서 일자리를 찾아온 젊은층은 현금 자산이 거의 없다는 사실이다. 이들 대부분은 서울에서 거주할 수 있는 형편이 아니다. 서울에서 일하고 공부하지만 주거비용을 감당하기 어렵다. 그럼에도

〔그림 2〕 경기도 인구 증감(2011~2015년)

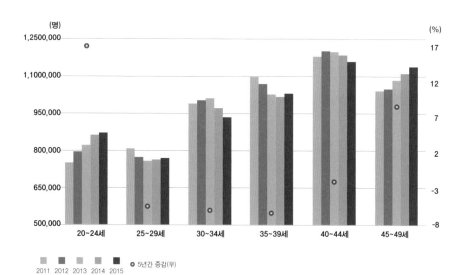

20~24세 인구가 늘었다는 것은 의미가 있다.

경기도는 2011년부터 2015년까지 20~24세 인구가 74만 8,000명에서 87만 5,000명으로 무려 17%나 증가했다. 25~29세가 5% 하락한 걸 포함해서 25~44세는 인구가 줄었지만 서울에 비해서는 그 비율이 절반 정도밖에 되지 않는다. 경기도의 20~24세 인구 증가폭은 평균에 비해서도 크지만 서울과 비교하면 훨씬 더 크다. 대부분 취업준비생이 서울에서 공부하거나 일하지만 정작 거주는 경기도에서 한다. 경기도에서 젊은 층이 많이 거주하는 곳은 강남으로 가는 교통편이 중요하다. 아무리 주거환경이 쾌적해도 강남 접근성이 떨어지면 주택가격이 상대적으로 덜 상승한다. 강남까지 전철로 왕래하기에는 불편하더라도 한 번에 갈 수

[그림 3] 인천 인구 증감(2011~2015년)

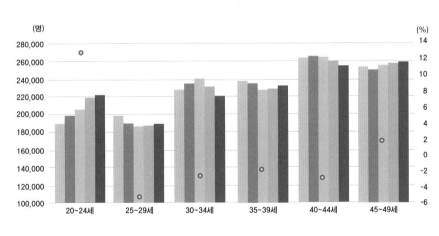

있는 광역버스 노선이 있는지는 주택가격에 영향을 미치는 무시하지 못할 요인이다.

한국에서 3번째로 인구가 많은 인천광역시는 서울 바로 옆에 붙어 있어 광역시 기능보다 서울의 보조 도시로서의 역할을 많이 한다. 2011년부터 2015년까지 20~24세 인구는 18만 9,000명에서 21만 3,000명으로 13%가 증가했다. 서울보다는 많지만 경기도보다는 다소 낮은 증가율이다. 인천은 워낙 넓어 개별적으로 구별해서 봐야 하지만 서울로 접근하기 편리한 7호선 라인과 인천공항철도 라인이나 서울까지 전철이나 버스로 한 번에 갈 수 있는 지역에 젊은층이 많이 거주한다 그러나 인천 자체에도 일자리가 많아 인천 내 산업단지로 출퇴근하는 젊은층도 많은 편이다. 인천의 20~24세 인구는 경기도보다 상대적으로 증가율이 낮고 25~44세까지의 인구는 전체적으로 감소했다.

서울, 경기도, 인천은 한국의 중심지로 수많은 문화, 경제가 집중되어 있다. 그럼에도 인천은 문화와 경제의 대부분을 서울에 의존하는 형편이다. 산업단지를 통한 일자리와 각 지역별 중심지에 사무실과 근린상가를 중심으로 한 일자리가 공급되고 있다. 경기도는 워낙 넓어 경기도를 포괄적으로 함께 이야기하기 어렵다. 지역별로 구분하여 강남 접근성과 교통 편리성을 따져가며 봐야 정확한 분석이라고 할 수 있다.

아울러 더 중요하게 봐야 하는 것은 젊은 세대의 소득에 따른 주택 유형이다. 일반적으로 젊은 세대의 대다수는 아파트에 거주하기 어렵다. 젊은층이 아파트에 거주하는 시기는 결혼을 하면서다. 결혼을 하더라도 형편이 어려우면 아파트는 선택의 대상에서 제외된다. 서울시가 발표한 주택 월세 계약 조사 결과에 의하면 2016년 월세 가격은 3.3㎡당 가장 비싼 곳은 동작구로 13만 원이다. 가장 저렴한 곳은 도봉구로 3.3㎡당 4만 9,000원이다. 강남 3구의 월세가격은 서초구 8만 9,000원, 강남구 8만 8,000원, 송파구 7만 6,000원이다. 아파트 매매가격과 전세가격이 비싼 강남 3구는 월세가격이 동작구보다 낮다.

동작구를 포함해서 월세가격이 비싼 곳은 용산구 9만 9,000원, 마포구 9만 2,000원, 관악구 9만 원, 성동구 8만 9,000원으로 전부 직주근접성이 좋은 지역이다. 관악구와 노량진으로 대표되는 고시학원 밀집지인 동작구는 고시생 선호 지역이라 월세 가격이 서울 지역 중 가장 비쌌다. 이 지역은 서울의 다른 지역에 비하면 주택가격이 비싼 편은 아니다. 젊은층이 이들 지역에서 선택한 주택 유형은 아파트가 아닌 원룸으로 대표되는 단독주택(다가구 주택 포함)과 다세대주택이다. 결혼하지 않은 연령대를 청년 세대라고 할 때 넓게 보면 40세까지 청년 세대라고 할 수 있는데 이들이 선호하는 주거 유형은 아파트이지만 현실적으로는 선택하기 어렵다.

경기도 도시별 인구 증감 추이

경기도는 도시별로 구분해서 봐야 할 필요가 있다. 모든 조건은 동일하고 20~24세부터 5세 단위로 연령대를 구분해 2010년부터 2015년까지 인구 증감 추이를 살펴보자.

20~24세가 가장 많이 증가한 도시는 김포다. 김포는 2010년 1만

2,000명에서 2만 400명으로 무려 59%나 증가했다. 전체 인구가 약 36만 8,000명인 김포는 모든 연령대의 인구가 다 증가했다. 교통편도 좋지 못한 김포의 인구가 이렇게 많이 늘어난 이유는 신규 공급된 주택이 많다 보니 이 기간 동안 주택매매가격이 −8.97%p 하락했기 때문이다. 저렴한 주택을 찾는 이들이 유입된 것이다.

인구가 약 66만 명인 남양주는 20~24세가 동기간 2만 9,000명에서 4만 1,900명으로 40%나 증가했다. 남양주는 상대적으로 김포보다 훨씬 더 강남 접근성이 좋은 도시로 새롭게 전철도 개통되고 광역버스 노선도 많다. 이 기간 동안 남양주 매매가격지수는 −3.74p 하락했다.

용인은 같은 기간에 20~24세가 4만 3,000명에서 6만 1,000명으로 40% 증가했다. 용인은 신분당선이 뚫리며 강남 접근성이 아주 좋아졌다. 그럼에도 워낙 주택 공급이 많고 2007년에 정점을 쳤던 높은 가격이 아직 회복되지 않았다. 교통은 좋지만 매매가격지수는 동기간 −2.31p 하락했다. 용인은 전국에서 광역시를 제외하고 4번째로 인구 100만 명을 넘어선 도시다.

동탄 신도시와 향남 택지개발지구와 경기 화성 바이오밸리 등이 있는 화성은 20~24세가 2010년부터 2015년까지 2만 3,000명에서 3만 1,900명으로 39% 증가했다. 25~34세의 인구는 줄었지만 35~49세까지의 인구는 늘어났다. 이는 신규 아파트 입주에 따른 결과로 보인다. 화성 인구는 약 63만 명이다. 동기간 화성 매매가격지수는 3.08p 상승했다.

1기 신도시인 일산이 포함된 고양은 같은 기간에 20~24세가 5만 9,000명에서 7만 8,000명으로 33% 증가했다. 고양은 34세까지의 인구가 전부 증가했다. 경기도에서 2번째로 인구가 많은 고양은 인구 100만 명

〔그림 4〕 경기도 중소도시 인구 추이 : 김포, 남양주, 용인

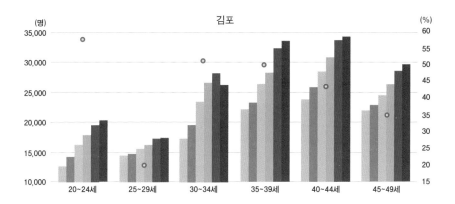

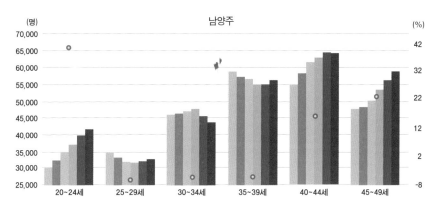

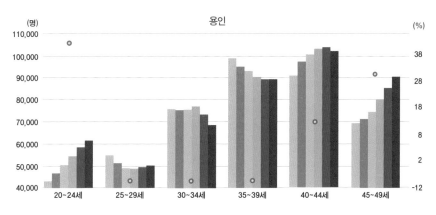

이 넘는 약 104만 명이다. 일산은 서울에 접근하는 교통 여건이 열악한 편이지만 자체적으로 살기 좋은 곳이다. SBS 일산 제작센터나 킨텍스 등 일자리가 많이 생겨 청년층이 증가했는데 이 기간 동안 고양의 매매가격지수는 -6.19p 하락했다.

고덕국제 신도시를 비롯해 각종 택지지구와 산업단지가 곳곳에 있는 평택은 청년층이 일자리를 찾아 유입되는 도시라 할 수 있다. 동기간 20~24세가 2만 3,900명에서 3만 1,000명으로 늘어난 것을 비롯해서 전체적으로 청년층이 증가했다. 평택의 인구는 약 46만 명이다. 이 기간 동안 평택의 매매가격지수는 무려 16.72p나 상승했는데 이는 일을 찾아온 수요에 따른 결과가 아닌가 한다. 참고로 동기간 전세가격지수는 34.92p나 상승했다.

120만 명이 넘는 광역시급인 수원은 7만 3,000명에서 9만 3,000명으로 27%가 증가했다. 최근 각광을 받는 2기 신도시인 광교를 비롯해 삼성과 밀접한 관련이 있는 도시다. 뿐만 아니라 신분당선과 분당선을 통해 강남 접근성도 훨씬 좋아졌고 그 외의 교통편도 잘 갖춰진 도시다. 이 덕분에 수원은 49세 미만에서 전체적으로 인구가 늘어났다. 동기간 수원의 매매가격지수는 6.5p 상승했다.

시흥은 2010년부터 2015년까지 20~24세가 2만 3,500명에서 3만 500명으로 30%나 증가했다. 시흥시 인구는 약 39만 명이다. 반월공단이 있어 고등학교를 졸업하고 일자리를 찾아 온 젊은이가 많지만 최근 반월공단의 경기가 좋지 않아 25~44세 인구가 많이 줄었다. 4호선을 타고 서울로 출퇴근을 할 수 있고 다수의 빌라 주택이 있어 젊은층이 많이 거주한다. 같은 기간 매매가격지수는 0.83p 상승했다.

〔그림 5〕 경기도 중소도시 인구 추이 : 화성, 고양, 평택

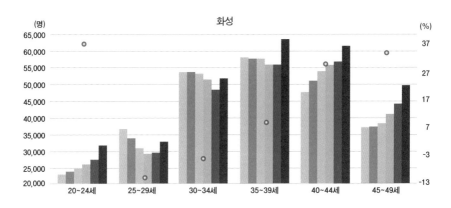

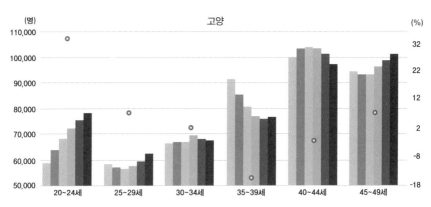

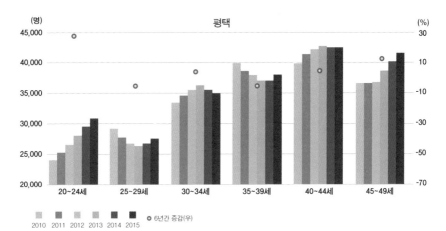

〔그림 6〕 경기도 중소도시 인구 추이 : 수원, 시흥, 오산

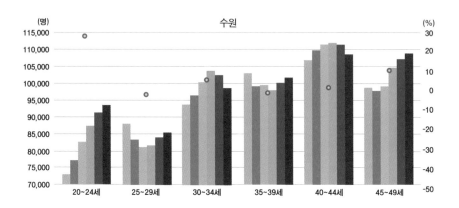

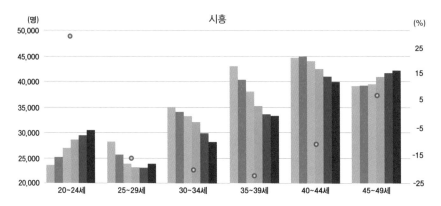

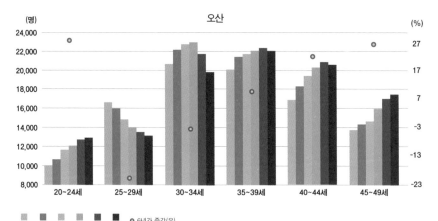

오산에는 LG이노텍과 오산가장 산업단지가 있다. 최근 택지지구가 많이 개발되며 신규 아파트가 많이 공급되었다. 2010년부터 2015년까지 20~24세 인구는 1만 100명에서 1만 2,800명으로 27%가 증가했다. 반면 25~29세는 21%나 감소했다. 오산은 발전하고 있는 도시라 인구가 계속 증가하고 있으며, 현재 인구는 약 20만 명이다. 동기간 매매가격지수는 10.7p 상승했다.

부대찌개로 유명한 의정부는 경기도 북쪽의 중심으로 경기도청 북부청사가 있다. 전통적으로 종로 등으로 출퇴근하는 사람이 많이 거주하는 도시다. 20~24세 인구가 2010년 2만 5,700명에서 2015년 3만 1,900명으로 24% 상승했지만 그 외 연령대는 대부분 인구가 줄었다. 인구는 약 43만 명이다. 의정부 역 주변에는 빌라를 포함한 다세대주택과 다가구주택이 많고 아파트 단지들은 의정부역과 다소 떨어져 있다. 동기간 의정부의 매매가격지수는 −8.79p 하락했다.

국철 1호선의 북쪽 끝에 있는 동두천은 인구가 10만 명이 안 된다. 그렇기에 20~24세 인구는 5,000명에서 6,100명이 늘어 21%지만 지금까지 살펴본 도시 중 인구는 가장 적다. 이 기간 동두천의 매매가격지수는 −18.5p 하락했다.

반월 산업단지가 있는 안산은 최근 반월 산업단지 경기가 좋지 못해 25~44세까지 연령층의 인구가 대폭 감소했다. 그나마 20~24세가 4만 7,000명에서 5만 8,000명으로 24% 증가했다. 안산은 산업단지의 영향을 많이 받으며 조만간 재건축 연한 30년에 도달하는 아파트는 물론이고 빌라가 꽤 많은 도시라는 점을 주목해야 한다. 안산의 인구는 약 76만 명이고 이 기간 동안 매매가격은 11.29p 상승했다.

〔그림 7〕 경기도 중소도시 인구 추이 : 의정부, 동두천, 안산

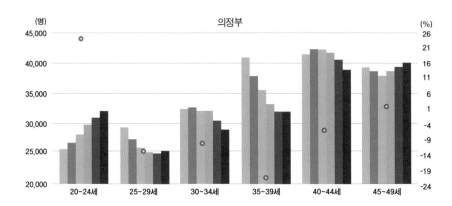

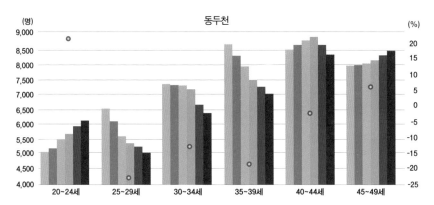

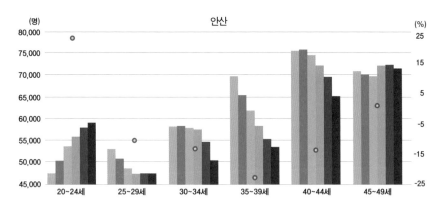

〔그림 8〕경기도 중소도시 인구 추이 : 양주, 파주, 구리

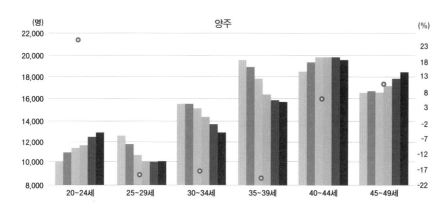

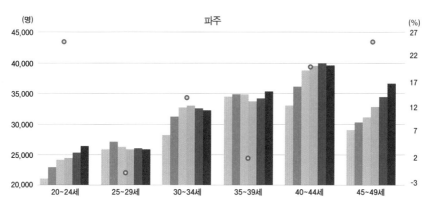

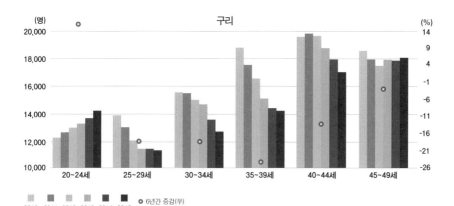

2010 2011 2012 2013 2014 2015   ○ 6년간 증감(우)

〔그림 9〕 경기도 중소도시 인구 추이 : 의왕, 하남, 군포

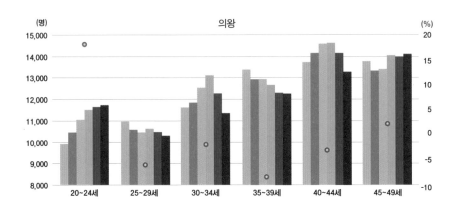

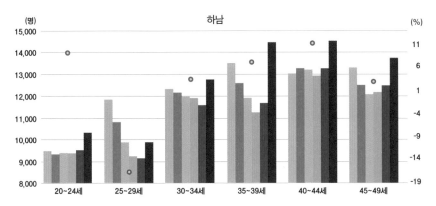

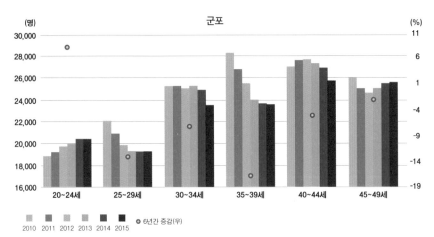

2010 2011 2012 2013 2014 2015   ● 6년간 증감(우)

양주는 최근 회천택지개발과 옥정택지개발로 새로운 기반을 다지며 인구가 증가할 가능성이 큰 지역이다. 의정부와 동두천 사이에 있는 양주 인구는 약 20만 명으로 2010년부터 2015년까지 20~24세 연령층은 1만 200명에서 1만 2,800명으로 25%가 증가했다. 전 연령층이 골고루 살고 있는 도시다. 새롭게 공급되는 주택 물량으로 인해 매매가격지수는 동기간 -15.4p 하락했다.

파주는 LCD산업단지와 헤이리 예술마을로 유명하다. 북한과 맞닿아 있는 점이 위험요소라고 할 수 있지만 운정 신도시나 출판문화 산업단지 등으로 최근 몇 년 동안 인구가 많이 증가해서 43만 명에 달한다. 2010년부터 2015년까지 20~24세 연령층은 2만 1,000명에서 2만 6,400명으로 25%가 늘었다. 전 연령층에 골고루 인구가 늘고 있지만 공급도 많아 동기간 매매가격지수는 -8.3p 하락했다.

강원도와 경기 동북부에서 서울로 진입하는 역할을 하는 구리는 인구 약 19만 명의 도시로 아파트는 그다지 많지 않다. 20~24세 연령층은 1만 2,000명에서 1만 4,000명으로 16% 증가했지만 그 외 연령층 인구는 대폭 감소했다. 경춘선 노선으로 갈매공공주택지구가 개발 중이다. 동기간 매매가격지수는 2.61p 상승했다.

주변에 산이 많은 의왕은 인구 16만 명으로 상대적으로 아파트는 적고 다세대, 다가구 주택이 많다. 20~24세 연령층이 9,900명에서 1만 1,600명으로 18% 늘었다. 그 외 연령층은 다소 적게 감소했다. 의왕장안 도시개발을 추진 중이고 동기간 매매가격지수는 4.75p 상승했다.

미사리 카페 거리로 유명했던 하남은 이제 미사 강변도시가 들어서며 대규모 신규 공급이 진행되고 있다. 인구는 약 21만 명이지만 최근

〔그림 10〕경기도 중소도시 인구 추이 : 과천, 광명, 안양

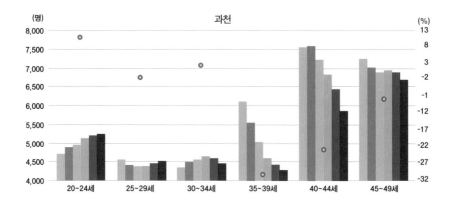

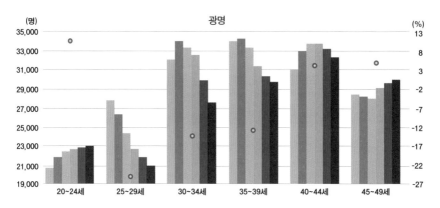

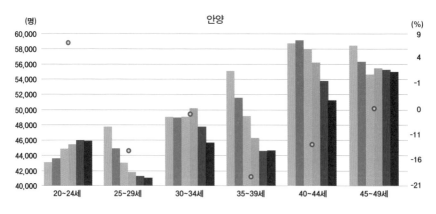

1~2년간 신규 유입된 인구가 많다. 2010년부터 2015년까지 20~24세 연령층은 9,400명에서 1만 300명 정도로 9% 증가했다. 전 연령층에서 인구가 증가했지만 특이하게도 25~29세는 −17%나 감소했다. 매매가격지수는 0.7p 상승했다.

군포는 중소기업 단지가 형성되었고 수리산이 있어 더 확장되기는 힘든 도시지만 송정공공주택지구가 있다. 인구는 약 27만 명으로 20~24세는 1만 8,700명에서 2만 300명으로 9% 정도 증가했다. 4호선을 타고 서울로 출퇴근하는 사람이 많다. 그 외 연령층 인구는 줄었다. 매매가격지수는 5.72p 상승했다.

투기과열지구에 자주 포함되는 과천은 주로 4호선 역세권을 중심으로 도시가 형성되었다. 공무원이 많이 살았으나 최근 정부종합청사가 세종시로 이전한 탓에 인구가 줄었다. 2015년 기준 인구는 약 6만 3,000명이다. 20~24세 인구는 4,700명에서 5,200명으로 11% 증가했지만 35~44세까지 인구는 30% 정도 감소했다. 이런 이유로 매매가격지수도 −12.25p 하락했다.

광명은 KTX역사가 들어서며 광명역세권택지가 개발 중이고 구로가산 디지털단지에 근무하는 사람들의 베드타운 역할도 하고 있다. 20~24세는 2만 명에서 2만 2,000명으로 11% 증가했지만 그 외 연령대는 인구가 꽤 큰 폭으로 줄었다. 34만 명 정도의 인구가 있는 광명의 매매가격지수는 5.28p 상승했다.

안양은 1호선 라인으로 주택이 밀집되어 있는 구시가지와 4호선 라인의 신시가지인 아파트 밀집지역으로 나눌 수 있다. 전국에서도 유명한 평촌 학원가는 교육을 중시하는 부모들이 선호한다. 20~24세는 2010

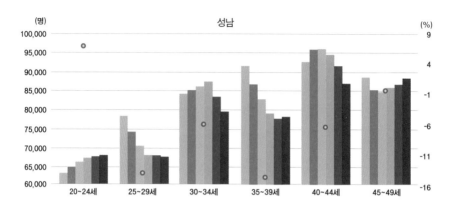

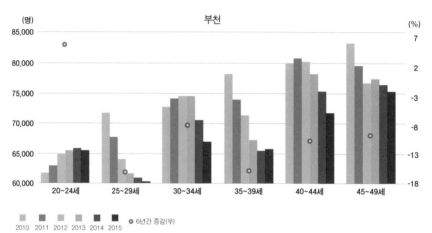

년 4만 2,900명에서 2015년 4만 5,900명으로 7% 증가했다. 그 외 연령층
은 다소 감소했다. 안양의 인구는 약 60만 명으로 매매가격지수는 3.09p
상승했다.

성남은 분당, 판교로 대변되는 신시가지와 재개발 이야기가 늘 회자되는 중원구, 수정구 구시가지로 명확히 구분된다. 1기 신도시 중 가장 성공한 분당은 물론이고 최근 가장 핫한 지역 중 하나인 판교를 비롯해 성남 전 지역은 강남 접근성이 좋다. 인구는 약 97만 명으로 20~24세는 6만 3,400명에서 6만 7,900명으로 7% 증가했다. 성남은 예상과 달리 전체를 놓고 볼 때 이 기간 매매가격지수가 −4.72p 하락했다.

부천은 20~24세 연령층 증감율이 2010년 6만 1,900명에서 2015년 6만 5,500명으로 경기도 조사 도시 중 가장 적은 6%였다. 대부분의 도시는 25~44세까지 인구는 감소해도 45~49세까지는 증가했는데 부천은 이 연령대마저도 감소했다. 부천의 인구는 약 87만 명으로 결코 적지 않은 인구다. 1호선과 7호선이 지나고 있어 서울과 강남 접근성도 좋다. 매매가격지수는 0.27p 상승했다.

청년층의 현실에 맞는 주거 유형의 탄생

경기도 도시의 20~24세 인구증가율은 전국 평균인 10% 이상인 곳도 있고, 더 낮은 곳도 있다. 같은 기간 서울의 20~24세 인구는 겨우 5%밖에 상승하지 않았다. 경기도 도시의 25~44세 인구는 전체적으로 줄어들고 있다. 이는 전국에서 공통적으로 나타나는 현상이다. 갈수록 인구는 줄어들고 있다. 이미 초·중·고등학교는 해가 갈수록 학급 인원이 감소하는 추세다. 인구가 가장 많은 1971년생을 전후로 한 연령층이 인구의 정점을 이룬 후 갈수록 인구가 줄고 있다.

이런 상황에서도 서울, 수도권의 20~24세 인구는 계속 늘어나고 있다. 일자리를 찾아 도시로 이동하는 것이다. 2011년도부터 2016년까지 20~24세 연령층은 전국적으로 9% 상승했다. 이보다 증가한 도시 지역은 인천, 광주, 울산, 세종이다. 22% 상승한 제주도를 제외하면 경기도가 15%로 가장 많이 증가했다. 아무리 광역도시라고 해도 일자리를 찾아 타 도시로 이동하는 젊은 청년이 많다. 갈수록 더 일자리를 찾아 이동하는 청년층이 늘어날 것이다. 이런 현상은 이미 일본에서 나타났는데 향후 한국에서도 나타날 것이다.

수출 지향 국가인 한국은 내수보다는 수출기업 위주로 경제가 돌아간다. 서울은 주택가격은 비싸지만 일자리가 많은 도시다. 따라서 지방에서 일자리 때문에 서울로 올라온 청년들은 경기도에 거주하며 서울로 출퇴근한다. 이들은 전철 노선에 따라 움직이며 미혼인 경우 아파트가 아닌 원룸이나 다가구주택에서 산다. 이밖에도 수출기업들의 공장이 있는 지역은 대도시가 아니라도 청년층 인구가 늘어난다. 그래서 대다수 수출기업의 산업단지가 들어선 경기도 도시들이 인구증가의 혜택을 입고 있다.

최근 서울에서는 셰어하우스가 인기를 끌고 있다. 한 공간에서 여러 명이 함께 거주하는 셰어하우스는 주택 면적에 따라 함께 사용하는 공용공간과 각자 활용하는 개인공간으로 구분한다. 월세는 대략 40만~50만 원 사이다. 일본에는 도쿄 중심에 이런 주거 유형이 많아 한 건물 전부를 셰어하우스로 쓰기도 한다. 셰어하우스에 함께 살다 마음이 맞아 결혼하는 커플도 생긴다. 한국에서는 이제 막 도입된 주거 형태로 일반 원룸 월세보다는 저렴하지만 이마저도 일자리를 찾아 지방에서 올라온 청년들에게는 다소 부담스럽다. 어느 정도의 월급 수준이 되어야 가능한 주거 유형이다. 틈새시장은 될 수 있어도 대세가 되기는 힘들다.

청년들에게는 하우스메이트나 룸메이트가 오히려 더 현실적인 대안이다. 이미 상당히 많은 청년들이 이 같은 형태로 거주하고 있다. 친한 친구끼리 빌라에 거주하며 월세를 나누어내는 경우다. 예를 들어 방 2개짜리 빌라가 보증금 1,000만 원에 월 40만 원이라면 하우스메이트를 구해 20만 원씩 나누어낸다. 강남에는 다세대 주택 반지하에도 어느 정도 규모가 되어 방이 3개인 곳은 3명이 20만~30만 원씩 나누어내며 사는 경우가 많다. 직주근접을 선호하는 청년들에게는 이렇게라도 서울에 거주하려는 젊은층이 많다.

거주 환경이나 편리성 면에서 보면 셰어하우스가 훨씬 더 살기 좋다. 그러나 청년들의 경제 사정에는 하우스메이트가 더 알맞는 선택이다. 이제 막 사회에 진출해서 돈을 벌려고 하는 청년들의 현실에 가장 맞는 주거 유형인 것이다.

뉴스테이와
도시재생

2017년 주택시장에서 가장 많이 회자되는 것은 재건축, 재개발이다. 재건축, 재개발은 대체로 부동산시장이 좋을 때 추진되는 경우가 많다. 과거 뉴타운과 맞물려 서울, 인천, 경기도 곳곳이 재건축, 재개발 구역으로 선정되었다. 길음 뉴타운처럼 사업이 완성된 곳도 있지만 대부분은 흐지부지되거나 아예 취소되었다.

재건축, 재개발이 제대로 추진되지 못하는 가장 큰 이유는 결국 사업성이 떨어지기 때문이다. 사업성은 조합원들이 추가 부담금을 얼마나 내느냐에 따라 결정된다. 이 사업성을 획기적으로 상승시켜 조합원들의 부담을 덜어줄 수 있는 대안으로 기업형 임대주택 뉴스테이가 대두되고 있다.

뉴스테이는 대안이 될 수 있나

2015년 '민간임대주택에 관한 특별법'이 발의된 후 뉴스테이는 시장에서 하나의 대안으로 떠올랐다. 지금까지 사업성 문제로 진행이 지지부진했던 몇몇 지역이 뉴스테이와 만나며 재개발이 급속도로 추진되고 있다.

2015년 11월 인천 부평구 십정2구역 재정비 조합이 스트래튼 홀딩스에게 3,000세대를 일반 분양으로 매각하기로 했다. 현재 보상금 문제 등으로 사업이 다시 지지부진해졌지만 당시만 해도 많은 사람들에게 뉴스테이에 대한 관심을 불러일으켰다. 또한 인천 청천2구역은 한국토지신탁이 일반 분양 총 3,500호를 매수하기로 했다. 이후 관리처분인가까지 받은 후 주택도시보증공사(HUG)의 기금투자심의 의결을 거쳐 총 7,866억 원에 매매계약을 체결했다. 이밖에 부산 남구 감만1구역도 한국토지신탁이 우선협상자로 선정되어 총 1만여 가구 중 7,000여 가구를 뉴스테이로 공급할 예정이다.

뉴스테이는 재개발과 재건축을 해야 하지만 사업성이 부족한 지역과 주택에 대안으로 떠오르고 있다. 인천은 무려 212개 구역의 재개발 사업이 추진되었지만 119개 구역으로 줄었다. 뉴스테이를 돌파구 삼아 적극적으로 재개발을 추진하려고 하는 인천은 2017년 3월 총 11개 구역을 뉴스테이로 진행한다고 발표했다.

재개발이 뉴스테이와 만나면 용적률과 건폐율이 법적 상한까지 적용되고, 건축물 층수 제한이 완화되며, 주거지역에도 판매 및 업무시설 등의 복합개발이 허용되는 혜택이 주어진다. 지역 내 주택과 건물을 부수고 다시 건축하려면 무조건 비용이 발생할 수밖에 없다. 많은 조합원들은 내 돈을 한 푼도 들이지 않고 새 주택을 받기 원하지만 현실적으로 무리다. 따라서 추가 부담금을 얼마나 내느냐가 관건인데 사업성이 높을수록 추가 부담금이 적어진다.

간단하게 생각하면 재개발, 재건축은 돈이 얼마나 더 들어가느냐가 핵심이다. 제일 좋은 방법은 주택을 더 많이 지으면 된다. 재개발 구역에 주택이 총 1,000채 있는 상황에 1대 1로 주택이 공급된다면 추가 부담금이 크다고 보면 된다. 주택을 더 많이 건설할수록 추가 부담금은 줄어들게 되어 있다. 누구나 추가 부담금을 내지 않아도 될 정도로 주택을 건설하고 싶겠지만 법에 근거해 건축을 하려면 쉽지 않다. 그러다 보니 사업성이 나오지 않고 재개발 구역 사업 추진이 지리멸렬해졌다. 이럴 때 정부가 법을 개정해 뉴스테이와 연계하면 사업성이 나오는 것이다. 뉴스테이에 관심이 쏠리는 이유다.

아무리 사업성이 높아져도 사업비는 결국에 일반 분양으로 판매한 금액으로 충당하는 것이라 이 또한 분양이 얼마나 되느냐에 달려 있다. 뉴스테이는 사업성 문제를 한 번에 해결해준다. 한국토지신탁이 일반 분양 물량 전부를 매수하기로 한 것처럼 분양에 대한 리스크를 해결해주는 것이다. 이처럼 기업의 투자가 가능해진 것은 정부가 참여 기업에게 금융지원과 세제혜택을 주기 때문이다. 프랑스도 뒤플로법에 의해 투자액의 18%에 해당하는 금액에 9년간 소득세를 감면해주고 국책은행에서 사업자금의 100%까지 대출을 지원해준다.

일본도 임대주택을 건설하는 경우 정부가 건설비의 6분의 1을 보조하고 개량할 때도 공용 부분 건설비의 3분의 2를 지원한다. 이뿐만 아니라 건설자금도 저리 융자를 해주고 우량임대주택에 대해 법인세와 소득세를 감면해준다. 이에 따라 일본의 건설사들은 두 가지 길을 걸었다. 기존처럼 시공, 분양을 했던 건설사들은 매출과 영업이익이 줄어든다. 반면 주택 임대와 관리를 표방한 미쓰이 부동산은 매출액은 물론이고 영업이익이 늘어나고 주가도 상승했다.

이러다 보니 대림산업은 서울 송파 위례, 인천 도화 등의 뉴스테이 사업에 참여하고 대림코퍼레이션으로 임대관리업에 진출한다. 대우건설은 동탄 신도시의 뉴스테이 사업에 참여하고 푸르지오서비스로 임대관리업에 진출한다. 그 외에도 GS건설은 동탄 신도시, KCC건설은 대림동에 뉴스테이를 짓고 있다. 뿐만 아니라 에스원은 '블루에셋'으로 건물 관리업과 주택임대 관리업에 진출했다. 이와 같이 많은 기업이 뉴스테이에 관심을 갖고 참여할 뿐만 아니라 임대관리업을 기업의 새로운 먹거리로 삼으려고 한다.

지금까지 건설사들은 끊임없이 공급되는 택지에 아파트를 건설하기만 하면 되었다. 지속적인 도시의 성장과 인구의 증가 덕분에 아파트를 건설하고 분양하는 것이 가장 큰 이익이었다. 한국은 평지보다 산이 더 많은 국가이다 보니 택지로 활용할 수 있는 토지가 점점 줄어들었다. 여전히 곳곳에 넓고 넓은 토지가 있지만 사람이 거주할 수 있는 토지는 아니다. 주거 가능한 토지는 기반시설이 갖춰져야 하고 일자리를 구할 수 있는 대도시와 가까운 곳이어야 한다. 더 이상 새롭게 택지를 개발해야 할 필요 역시 점점 줄어들고 있다. 인구가 증가하지 않는 상황에서 도시의 확장은 한계에 봉착한 것이다.

건설사들은 지금까지의 수익원이었던 아파트 건설과 분양으로는 더 이상 생존할 수 없는 환경에 직면했다. 이들의 수익 구조가 흔들릴 때 새로운 먹거리로 등장한 것이 바로 뉴스테이다. 기존 도시 내에 노후화된 주택을 재개발하는 뉴스테이 사업에는 신탁사가 참여하고 직접 임대를 공급하므로 건설사 입장에서도 두 팔 벌려 환영할 만한 제도다.

뉴스테이와 함께 기업이 운영하는 민간주택의 공급으로 인해 주택시장은 완전히 새롭게 재편될 수 있을까? 그건 과도한 반응이다. 현재 뉴스테이 측에서 제시한 임대료는 수도권은 보증금 8,000만 원에 월세 53만 원, 서울은 보증금 1억 400만 원에 월세 70만 원이다. 화성 반월에 공급되는 뉴스테이의 임대료는 다음과 같다. 59㎡ 면적이 보증금에 따라 보증금 4,200만 원에 월세 58만 원, 보증금 9,200만 원에 월세 45만 원, 보증금 1억 4,200만 원에 월세 32만 원이다. 84㎡ 면적은 보증금에 따라 보증금 6,200만 원에 월세 68만 원, 보증금 1억 1,200만 원에 월세 55만 원, 보증금 1억 6,200만 원에 월세 42만 원이다.

이처럼 뉴스테이에서 요구하는 임대료 수준을 볼 때 아무나 입주할 수 없다. 처음부터 뉴스테이는 중산층을 겨냥한 것이다. 뉴스테이에 입주하면 호텔에서 거주하는 것과 비슷한 서비스를 받을 수 있다. 카셰어링을 할 수 있고 은행과 연계서비스는 물론이고 IoT(Internet of Things: 사물 인터넷) 서비스를 받을 수 있다. 건물 내에는 편의점 등 각종 편의시설이 입점해 있다. 신당역 12번 출구에 KT가 운영하는 '리마크빌' 뉴스테이 경우 1층에 스타벅스와 버거킹은 물론이고 병의원이 입점했고, 호텔식 컨시어지 서비스로 가전, 가구 렌탈, 룸클리닝, 세탁서비스를 대행해준다. 이뿐만 아니라 로비에 북카페와 피트니스 센터가 있고 스마트 우편함, 무인택배 보관함 등의 서비스를 받을 수 있다.

이처럼 뉴스테이는 기업과 재개발 지역 조합원들과 뜻이 맞아떨어져 한국의 주택시장에 상당한 영향을 미치기는 하겠지만 대세가 되기는 어려울 것이다. 기본적으로 임대료 수준이 결코 저렴하지 않다. 중산층을 대상으로 펴는 주택정책이고 새 아파트니 임대료가 저렴해지는 데 한계가 있다. 중산층이 거주하는 지역은 대부분 아파트다. 중산층이 아파트 거주를 선호하다 보니 재개발 지역에는 아파트 단지가 들어서 중산층이 입주하게 된다. 대부분의 뉴타운이 이런 과정을 거쳤다. 중산층은 기존 임대아파트는 기피했지만 뉴스테이에 대해서는 입장이 약간 다를 것으로 예상된다.

그렇지만 중산층 거주 지역에 뉴스테이가 쉽게 들어설 수 있을 것 같지는 않다. 재건축으로 뜨거운 잠실 주공 5단지나, 은마 아파트, 압구정 현대 아파트 등이 과연 뉴스테이로 변모할 수 있을까? 어느 누구도 고개를 절레절레 흔들 것이다. 이런 지역은 뉴스테이가 들어설 필요가 없다. 자체적으로 충분히 사업을 할 수 있기 때문이다. 게다가 현재 인천 십정 2구역을 비롯한 뉴스테이 사업지구 중 사업비 조달과 토지 보상에 진통을 겪으며 사업 진행이 더딘 곳들도 많다. 생각만큼 쉽지 않다는 걸 보여준다.

그러나 뉴스테이가 하나의 대안이 될 수는 있다. 현재 도시 곳곳에는 대기업들이 보유한 토지가 있다. 한 동짜리 건물로 구성할 수 있다. 아파트 단지가 들어설 정도로 넓지는 않고 한 동짜리 건물을 지으면 적당한 토지다. 다른 나라 도시에는 주로 한 동짜리 아파트가 많다. 한국에서도 이런 형식의 아파트가 과거보다 많이 공급되겠지만 사람들은 여전히 아파트 단지를 선호할 것이다. 택지개발로 공급되는 뉴스테이와 달리 도시 내부에 공급되는 뉴스테이는 무엇보다 직주근접이 가장 중요한 역할을 담당하지 않을까? 역에서 얼마나 가까운지가 핵심이 될 것이다. 학군보다는 직장에 손쉽게 출퇴근할 수 있는 역세권 한 동짜리 아파트가 편리성과 쾌적한 내부 환경을 제공하며 틈새시장으로 부각될 것으로 예상된다.

주거환경을 쾌적하게 하는 도시재생

이런 현상은 도시재생과 어떤 식으로 만나느냐에 따라 달라질 가능성은 충분하다. 신도시를 제외한 대다수 도시는 계획된 게 아니라 자연발생적으로 생겨났다. 그때그때 필요에 따라 도로가 생기고 시장이 열리고 주택이 만들어졌다. 자동차가 없던 시절부터 형성된 도시들이다 보니 도로와 주차공간이 고려되지 않았다. 이런 도시들의 주택은 점점 노후화되어 원주민들은 상대적으로 열악한 환경에서 거주하게 되었다. 뿐만 아니라 도시 내 건물이 노후화되어 개별 건물 주인들이 재건축을 해서 새로운 건물을 지을 수 있을 뿐이다. 건물 하나 생겼다고 주변 지역이 효율적으로 새롭게 재탄생할 수는 없다. 도시재생은 이런 상황에서 나온 정책이다.

서울은 우리나라에서 가장 오래된 도시이자 인구가 가장 많은 도시다. 오랜 세월 동안 사람들이 거주해왔기 때문에 노후화된 주택이 많다. 이런 주택은 개개인이 어떻게 할 수 없다. 골목에 자동차가 진입하기 어려운 곳도 있다. 주택을 멸실하고 신규 주택을 짓는 것도 집주인 혼자 힘으로는 힘들다. 이럴 때 도시재생이라는 이름으로 재건축, 재개발을 해야 한다. 현재 서울에서는 곳곳에서 주택재건축사업, 도시환경정비사업, 주택재개발사업, 주거환경개선사업 등이 진행되고 있다. 단순히 주택을 부수고 새롭게 짓는 데 그치는 것이 아니라 쾌적한 주거환경을 위해 도로확장과 공원조성이 함께 진행되고 있다.

뉴타운도 도시재생 사업의 일종이다. 현재 뉴스테이도 따지고 보면 도시재생의 일환으로 생각해야 한다. 최근 서울을 비롯한 광역시와 경기도에서 도시 플랜을 발표했다. 여기서 핵심은 바로 도시재생이다. 서울도 3도심, 7광역 중심, 12지역 중심과 지구 중심을 계획했다. 이에 따라 현재 재건축하려는 아파트들은 단순히 멸실 후 짓는 것이 아닌 도시재생에 근거해 주변 환경과 조화를 이뤄야 한다. 현재 재건축 아파트는 50층에 대한 이야기가 오고가지만 이를 주변 환경과 조화를 이뤄야 한다는 서울시 계획과 어긋나 실랑이가 벌어지고 있다. 지금까지 정부는 아주 편한 방법으로 용적률 장사를 했다. 사업성을 높여야 하는 조합들에게 용적률이라는 당근을 제시하며 자발적으로 기부채납을 받아 더 좋은 도시 환경으로 개선했다.

국가에서 개인 자산에 개입하면 안 된다는 시장주의와 토지라는 공공자산을 다함께 이용해야 한다는 개입주의의 다툼은 여전하다. 사실 국가에서 할 일을 민간에게 떠넘기는 것 자체가 잘못되었다. 민간 입장에서는 자신들의 돈으로 건축하는 것인데 더 좋은 환경으로 개선하는 것은 좋지만 그 이상을 요구하는 것에 대한 반발이 있다. 잘 사는 사람만 더 잘 살게 만드는 구조적인 환경은 결국 국가가 만든 측면이 강하다. 최근 서울시에서 주거지역은 35층 이하로 짓게 하는데 무조건 강제할 것이 아니라 이익단체와 전문가들과 함께 머리를 맞대고 슬기로운 솔루션을 고민해야 할 것이다.

이마저도 재건축처럼 어느 정도 사업성이 있는 아파트나 가능하다. 대부분 재개발 구역은 사업성이 불투명하며 쉽게 개선되기가 힘들다. 각자 주택 하나 갖고 살아가는 경우가 대부분이다. 재개발 구역에 거주하는 집주인들 대다수는 50대 이상이다. 이들은 추가 부담금을 내가며 새로운 아파트를 지어야 할 이유가 없다. 좀 불편하더라도 참고 사는 것이 더 낫다. 과거처럼 지역 내 모든 주택과 건물을 헐어버리고 새롭게 아파트와 건물을 건설하는 것도 되돌아보는 이유다. 원주민 모두가 재개발된 아파트에 재입주하지 못하는 상황이다. 주택 멸실로 인해 갑작스럽게 이주 인구가 생기면 근처 주택가격과 전세가격이 들썩인다. 그러다 입주가 시작되면 이번에는 반대로 주택가격과 전세가격이 하락한다. 주변 주택가격에 부정적인 영향을 미친다고 할 수 있다. 이런 상황에서 정부도 이제는 순차적으로 돌아가며 도시재생이라는 큰 차원에서 사업을 진행하려 한다.

도시재생이라는 미명하에 반드시 모든 주택을 허물고 새롭게 지을 필요는 없다. 기존 주택을 잘 활용하는 편이 오히려 원주민들로서는 삶의 터전을 떠나지 않으면서 보다 쾌적한 환경에서 거주하는 방법일 수 있다. 그런 역할을 정부에서 받아야 하지 않을까? LH는 그동안 택지개발과 공급을 해왔으나 더 이상 택지개발과 공급을 할 계획이 없다. 차라리 기존 도심 내 오래된 주택을 매입하는 정책을 더 적극적으로 펼치는 것은 어떨까? 기존 주택 중 오래된 주택을 하나씩 매입해서 인테리어를 새롭게 한 후에 저렴한 임대료를 받고 공급한다면 훨씬 더 좋을 것이다.

　　단순히 주택을 매입해서 임대주택을 공급하는 것에 그치지 말고 매입한 주택을 멸실시킨 후 주거환경을 쾌적하게 만드는 사업을 진행할 수도 있다. 주택을 멸실한 땅에 도로를 확장하고 주차 공간을 만들고 스포츠센터를 짓는다면 일반 주택에 거주하는 사람들도 아파트에 거주하는 사람처럼 편리한 생활을 누릴 수 있다. 그렇게 된다면 사람들이 굳이 아파트에 목매달지 않을 것이다. 대규모 택지개발보다 이 같은 방식의 도시재생이 훨씬 돈이 덜 든다. 동네마다 주택에는 예전부터 사람들이 다양한 공존을 통해 서로 어울려 살고 있다. 이들에게 강제퇴거는 지금까지의 터전을 잃는 것이다. 더구나 재입주하는 경우도 극히 드물다. 추가 부담금을 낼 경제적 능력도 부족하다. 어쩔 수 없이 원하지 않는 지역으로 이사를 가야 한다. 이런 일이 반복되는 것이 지금까지 뉴타운으로 대표되는 도시재생이었다. 원주민들이 갈수록 재개발에 반대하는 이유다.

　　노후화된 주택 거주자의 대부분은 새 주택을 원하지 않는다. 추가 부담금을 내면서까지 신규 주택에 입주하기보다는 현재 거주하는 주택을 개선해 살 수 있기를 바란다. 배수관을 정비하고 새시 정도만 변경해도 별다른 불만 없이 거주할 수 있다. 몇 가지만 인테리어로 깔끔하게 정비하면 살아가는 데 큰 지장은 없다. 정부가 그 정도만 지원해줘도 다들 찬성하고 살아갈 것이다. 과거 고도성장기에 건축된 주택은 튼튼하고 오래 지속되는 주택에 초점을 맞추지 않고 어서 빨리 주택을 짓는 데 더 집중했다. 그래서 노후화되면 거주하기 불편하지만 현실적으로 개인이 부수고 다시 건축하거나 재개발하기란 결코 쉽지 않다.

현재 뉴스테이가 진행되는 곳은 대부분 아주 노후화되어 사업성이 떨어지는 지역이다. 추진 조합이 자립해서는 사업 진행이 되지 않는 곳들이 대부분 뉴스테이와 연계된 진행을 고려한다. 서울에서 뉴스테이가 진행되는 곳들은 기존 재개발지역이 아닌 국가기관이 보유하던 토지나 기업의 보유 토지에서 진행하는 경우다. 이처럼 뉴스테이가 한 동짜리 아파트로 진행되며 교통이 편리한 역세권 위주로 진행될 가능성이 크다. 그 외 지역은 도시재생으로 주택이 변화해야 한다. 이 경우 과거와 같은 재개발 방식은 효용성 면에서 의문이 생겼기에 새로운 방식이 접목되어야 하지 않을까? 필자는 도시재생이나 건설, 건축 관련 전문가가 아니라 구체적인 대안이나 플랜을 제시하지는 못하지만 기존 원주민들을 우선시하는 변화가 이뤄지길 바란다.

월세가 대세다

한국은 다른 나라에 비해 자산 구성 중 부동산이 차지하는 비중이 높다고 한다. 외국은 부동산이 전체 자산의 60% 미만이라는 이야기도 한다. 이런 데이터에 대부분의 사람들이 수긍하며 한국의 부동산 사랑을 개탄하는 경우도 있다. 모든 불평등은 부동산에서 왔다는 이야기도 서슴지 않는다.

이와 관련해 세계은행에서 2016년 3월 발표한 분기보고서 중 '부의 불평등과 통화정책(Wealth inequality and Monetary policy)'에 담긴 프랑스, 독일, 이탈리아, 스페인, 영국, 미국의 1분위부터 5분위까지 가계 자산 구성을 살펴보자. 〈그림 1〉에 따르면 다른 나라도 가계자산에서 부동산이 차지하는 비중이 결코 적지 않다. 프랑스는 5분위가 부동산이 76.5%, 2분위가 63.5%를 차지했다. 독일은 부동산 비중이 5분위가 71.7%, 2분위가 40.2%를 차지하고 이탈리아는 5분위가 82.2%, 2분위가 83.1%를

〔그림 1〕 유형별, 순자산 5분위별 자산 배분

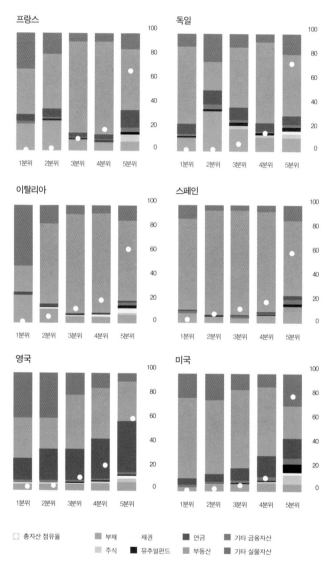

프랑스 / 독일 / 이탈리아 / 스페인 / 영국 / 미국

□ 총자산 점유율　　■ 부채　　채권　　■ 연금　　■ 기타 금융자산
　　　　　　　　　　주식　　■ 뮤추얼펀드　　부동산　　■ 기타 실물자산

출처 : Eurosystem, ECB Household France and Consumption Survey(wave 1);
Federal Reserve Board, Survey of Consumer Finances(2013);
UK Office for National statistics, Wealth and Assets Survey(wave 3); author's calculations.

차지했다. 스페인은 한국보다 부동산 비중이 더 높아 5분위가 80.9%, 2분위가 94.4%나 된다. 영국도 5분위가 70.9%, 2분위가 79.3%이고 미국은 5분위가 54.5%, 2분위가 91.1%다. 미국이 그나마 소득 상위 분위의 부동산 비중이 적은 편이다. 미국에서는 부자들이 금융을 통해 자산을 축적하는 경우가 많아 그렇다.

한국도 우리가 알고 있는 것과 달리 부자일수록 부동산 자산의 비중이 크진 않다. 하나금융이 발표한 〈2017 한국부자보고서〉에 의하면 부자들은 2016년 기준으로 총자산 중 부동산 비중이 50%였다. 2013년에는 44%로 가장 비중이 적었다. 총자산 규모별로 봐도 10억~30억 자산가는 총자산에서 부동산 비중이 42%, 30억~50억 자산가는 47%, 50억~100억 자산가는 51%, 100억 이상 자산가는 54%였다. 이런 결과는 KB금융지주 경영연구소에서 발표한 〈2016 한국부자보고서〉에서도 동일하다. 2012년에는 부동산 자산 비중이 59.5%였으나 2016년에는 51.4%로 하락한 것으로 나온다. 한국도 부자들의 자산 구성이 전부 부동산으로 되어 있지는 않다. 우리가 생각한 것과 다른 결과가 나온 이유는 무엇일까?

부동산 비중을 높이는 범인은 바로 전세제도

평범한 사람들은 대부분 거의 모든 자산이 부동산에 집중되어 있다. 주택을 보유하고 있든 보유하고 있지 않든 자산 중 부동산이 차지하는 비율이 압도적으로 높을 것이다. 특히 소득 하위 분위일수록 심하다.

한국의 평범한 사람들은 대부분 부동산에 돈이 묶여 있다.

한국에만 있는 독특한 임대제도인 전세제도는 사람들의 돈이 부동산에 묶여 있게 만드는 가장 큰 요인이다.

전세를 사는 사람들은 대부분 돈이 없다는 말을 입에 달고 산다. 그래서 열심히 일하고 돈을 모은다. 아끼고 아껴 돈을 저축해 2,000만 원을 모았다. 어느 날 집주인에게 연락이 온다. 전세 보증금을 올려달라고 해서 지금까지 애써 모아둔 돈을 전세 보증금으로 쓴다. 이런 현상이 2년마다 되풀이되는 것이다. 전세를 사는 사람들은 통장에 돈이 모여도 그 돈이 내 돈이라는 인식 자체가 없다. 정말로 돈이 없는 것이 아니라 쓸 수 있는 돈이 없다고 말하는 게 맞겠다.

전세는 2년마다 만기가 돌아온다. 전세 보증금은 물가상승률보다 더 높을 때도 있고 낮을 때도 있지만 2년마다 꾸준하게 상승했다. 언론에서 말하는 것처럼 한국인들이 유독 부동산을 사랑해서, 부동산 투자를 하느라 부동산 비중이 높은 것이 아니다.

한국에서 자산을 늘리는 가장 좋은 방법이 부동산 투자라는 사실은 지금까지는 분명했다. 향후에도 그럴지는 더 지켜봐야겠지만. 한국인의 자산 중 부동산 비중이 높은 것은 한국만의 독특한 제도에서 기인한 측면이 강하다. 주택가격 하락을 기다리며 주택 매입을 망설이는 임차인들이 오히려 부동산에 투입된 자산이 더 많다는 아이러니한 상황인 것이다. 차라리 집주인은 일정 금액을 대출받은 후 원금과 이자를 꾸준히 상환한다. 반면 임차인들은 돈을 모으면 그 즉시 집주인에게 현금자산을 부동산 자산으로 이전시킨다. 그 덕분에 한국에서 소득분위가 낮을수록 자산 구성 중에 부동산 비중이 가장 큰 것이다.

이런 의미에서 볼 때 대부분 자산이 부동산에 묶여 있는 것은 오히려 전세로 거주하는 임차인이다. 세금 등을 내는 것이 싫거나 주택가격에 비해 상대적으로 저렴해 전세로 거주하는 임차인도 있지만 대부분의 전세 임차인은 그 보증금이 자산의 전부인 경우가 대다수다. 이는 국가에서도 원하지 않는 상황이다. 각 개인의 입장에서는 돈을 쓰지 않고 모은 후 불려 자산을 축적해두는 게 좋지만 사회 전체 입장에서는 돈을 쓰는 게 좋다. 각 개인이 돈을 쓰지 않으면 돈이 돌지 않고 기업은 수익이 줄어든다. 이로 인해 월급을 올려주지 못하고 개인은 또 다시 쓸 돈이 없다. 이런 악순환이 반복되면 국가 전체적으로 활력이 떨어지고 세수가 줄어든다. 개인에게는 불행하지만 사회 전체적으로는 소비가 활발해져야 하는 이유다.

정부에서는 전세제도를 없애려고 노력한다. 개인들의 자산이 부동산에 묶여 경기가 활성화되지 않기 때문이다. 한국은 수출지향국가라 내수보다는 수출이 더 큰 영향을 미치긴 해도 내수가 제대로 작동하지 않으면 사회의 활기가 떨어지고 시중에 돈이 돌지 않는다. 뉴스테이를 추진하는 이유 중 하나이기도 하다. 전세 임차인으로 살고 있는 사람들은 전세보증금이라는 아주 큰 현금을 보유하고 있다. 이 현금이 시중에 돌기만 해도 엄청난 유동성이 확보된다. 부동산에 묶여 있는 이 자금이 금융으로 이전되면 주가 상승의 동력이 될 것이다. 뿐만 아니라 금융 분야가 엄청나게 활발해지며 금융선진국이 될 수도 있다. 이런 가정은 다소 억측일 수 있다 해도 정부에서 원하는 그림일 것이다.

한국에 트럼프 같은 부동산 재벌이 없는 이유

건설사 입장에서도 현재의 상황은 갈수록 위기다. 그동안은 택지 개발한 토지를 매수해서 아파트를 건설해 이익을 올렸지만 인구가 늘지 않고 도시의 확장에 한계가 온 상황에서 이제 택지개발은 힘들다. 도시 재생으로 접근해야 하는데 이 방법은 건설사 입장에서는 그다지 수익이 크지도 않고 물량이 많지도 않다.

유럽에서 건설사들은 주택을 건설한 후에 일반 분양보다는 임대 분양을 한다. 일본도 미쓰이 부동산이 임대업으로 전환했다. 국가에서 이에 대한 지원도 해준다. 현재 대다수 선진국은 금융자본이 산업자본을 지배한다. 이런 점은 건설사라고 다를 바 없다. 지금까지는 건설사 입장 에서는 프로젝트 파이낸싱(Project Financing, 이하 PF)을 받아 건설하기도 했다. 최근 P2P대출이라 하여 개인에게 자금을 펀딩받아 빌라를 건축하 는 것이 유행하고 있다. 과거 대형건설사가 했던 방법이 이제는 소규모 로 진행되는 것이다. 이런 방법이 유럽과 같은 국가들에서는 왜 활용되 지 않는 것일까? 그것은 별 메리트가 없기 때문이다. 한국에도 유럽처럼 건설사가 임대사업을 하는 기업도 있다. 부영건설은 임대아파트로 명성 이 드높다. 임대아파트가 다소 이미지가 안 좋기는 해도 차곡차곡 건설 하며 어느새 재계 서열 16위가 되었다. 이처럼 향후 건설사들은 전략적 으로 분양이 아닌 임대로 방향을 전환할 것이다.

유럽의 건설사들이 임대를 선호하는 이유는 현금흐름이 안정적인 시스템을 선호하기 때문이다. 분양으로 들어오는 목돈보다는 당장은 규 모가 좀 작더라도 현금이 차곡차곡 쌓여야 큰 힘이 된다. 월세를 제대로 내지 못하는 임차인이 있을 수 있지만 유럽에서는 복지 차원에서 저소득층을 대상으로 소득 대비 일정 금액을 임차료로 지원하는 경우가 많다. 예를 들어 국가가 저소득층에게 월세 50만 원 중 20만~30만 원을 보조해주는 식이다. 고도성장이 멈춘 기업 입장에서는 이보다 안정적인 사업이 없다. 아직까지 한국에서는 개인에 대한 주거비 지원이 일반화되지 않았으나 실행된다면 기업들에게 좋은 사업 기회가 될 것이다.

주거비 지원 제도는 건설사를 살리는 방법일 뿐 아니라 각 개인에게 복지혜택을 주는 제도라 국민의 지지를 받을 수 있는 정책으로 선거에도 도움이 될 것이다. 재원 마련 문제가 대두되겠지만 좀 더 세원을 투명하게 파악하여 제도화한다면 무리는 아닐 듯하다.

부동산 사업이 이런 방향으로 진행되어야 금융사가 아파트에 투자를 한다. 금융이 부동산을 지배하게 되는 것이다. 금융사는 현금흐름이 끊임없이 창출되는 것을 가장 중시한다. 이렇게 되면 금융사에서는 수익률이 예측되어 투자자를 모집할 수 있다. 투자자 입장에서도 예측할 수 없는 큰 수익보다는 안정적으로 들어오는 수익을 더 선호한다. 국가가 고성장에서 저성장으로 갈 때 충분히 벌어질 수 있다.

한국에는 미국의 도널드 트럼프와 같은 부동산 재벌이 없다. 거기에는 시행사보다는 시공사를 더 믿는 금융사의 관행도 한몫을 했다. 실제로 좋은 주택이 건축되는 것은 전부 시행사의 능력인데 대기업 시공사에 좌지우지되는 경우가 많다. 금융사가 전면에 등장하면 갈수록 시행사가 더 주목받게 될 것이다. 현재 신탁사가 주택시장에서 점차 중요한 위치를 차지해가고 있는데 이는 금융사가 예전과 달리 주택에 투자할 수 있는 환경이 조성되고 현금흐름이 발생하기 때문이다. 금융사가 아파트를 매입해서 임대하는 방식의 투자가 대세가 되지는 않겠지만 일부 주택은 이런 식으로 시장에 공급될 가능성이 크다. 대표적인 기업이 BYC다. 이 회사는 기업이 갖고 있는 도시 내 주요 입지에 있는 오래된 건물을 부수고 새롭게 빌딩을 올려 임대분양을 해서 안정적인 현금흐름을 창출하며 본업인 속옷 판매보다 부동산 임대업으로 시장에서 주목받고 있다. 이와 같은 흐름을 볼 때 앞으로 상가뿐 아니라 주택시장에 뛰어드는 대기업이 늘어날 것으로 예측된다.

다주택자와 임대사업자

2016년 말까지 유예됐던 연 2,000만 원 이하 임대소득 과세 방안이 다시 2년 유예되어 2019년부터 시행될 예정이다. 다주택자들의 임대소득에 대해 과세하려던 이 정책은 향후에도 통과되기 쉽지 않다. 임대소득으로 생활하는 노년층의 조세 저항이 만만치 않기 때문이다. 이들에게 무조건적으로 과세하기란 생각보다 쉽지 않다. 아직까지 정부는 다주택 소유자들에게 세금을 제대로 매기는 체계를 마련하지 못하고 있다. 누가 다주택 소유자인지는 알 수 있으나 전세임대인지 월세임대인지 파악하기 어렵다는 문제가 있다.

총급여 5,000만 원 이하인 무주택 근로자의 경우 월세 임차시 소득공제를 받을 수 있으나 이 방법은 생각보다 시장에서 큰 효과를 보지 못하고 있다. 월세를 소득공제 대상에 넣은 것은 다주택자들의 임대소득을 파악하려는 목적이 가장 컸다. 임차인들이 주민센터에 전세나 월세를 신고하면 집주인들의 임대소득을 파악할 수는 있다. 실제로 전세와 달리 월세는 제대로 신고하지 않고 거주하는 임차인도 많다 보니 아직까지 파악할 방법이 마땅치 않았다. 다주택자들의 자발적인 신고를 기대하기 어려워 임차인으로 하여금 신고하게 만들려고 한 것이다. 다주택자들은 연 2,000만 원까지의 임대소득은 세금을 내지 않아도 되지만 이마저도 제대로 파악되지 않는다. 정부는 늘 세원이 부족하다. 그나마 2016년에는 부동산가격이 상승한 덕에 목표보다 더 많은 세원을 거둬들일 수 있었다. 그러나 향후에도 그러리라는 법은 없다. 임대사업자로 등록한 다주택자는 투명하게 세원이 파악되어 과세할 수 있지만 사업자등록을 하지 않은 다주택자들은 현재 그렇지 않다. 다주택자들의 자발적인 신고를 기대하긴 어려우므로 제도를 개선해 세금을 내도록 유도해야 한다.

최근 대출 규제가 강화되었다. 과거 이자만 내면 되던 주택담보대출 제도는 이자와 원금을 함께 상환하는 것으로 변경되었다. 거기에 더해 일부 은행은 이미 상환 능력을 보는 DSR(Debt Service Ratio: 총부채원리금상환비율) 규제를 시행하고 있다. 1가구 1주택 실거주자에게는 아무런 영향이 없다고 봐도 된다. 어차피 주택을 구입하며 대출을 받지만 그걸 갚아야 하는 것은 분명하다. 이와 달리 지금까지 부동산 투자자들은 대출을 받아 원금은 갚지 않고 이자만 내며 보유하고 있었다. 이들은 투자라는 이름으로 사업을 하고 있었다. 대부분 다주택자가 임대사업자로 등록하지 않는 가장 큰 이유 중 하나가 등록했을 때 메리트가 그다지 크지 않다는 것이다. 국민연금액이나 건강보험료 등이 올라가는 것도 있겠지만 말이다.

최근 주택담보대출 규제로 가장 어려워진 사람이 부동산 투자자다. 극단적으로 말해 정부에서 매매가격과 전세가격의 차이로 주택을 구입하는 갭투자를 권유하는 느낌마저 든다. 대출 받아 주택투자를 할 수 없게 되었다는 말이다. 부동산 투자자들을 사회악으로 보지 말고 부동산 시장에 임대물을 공급하는 하나의 주체로 인정해야 한다. 어차피 한국에서 일반인에게 임대를 공급하는 가장 큰 주체는 다주택자들이다. 현재는 굳이 표현하면 이들은 지하금융 역할을 하고 있다. 이들이 임대사업자로 등록해 제도권 내에서 정당하게 사업을 할 수 있도록 제도를 만들어야 한다. 외국처럼 부동산 투자를 하면 사업자를 내고 임대사업을 하게 만드는 당근도 줘야 한다.

부동산 투자자들이 투자하기 어려운 환경이다. 이들이 정상적으로 사업을 할 수 있도록 제도를 보완해야 하지 않을까? 앞에서 밝혔듯이 현재 임대사업자는 일반 사업자와 달리 대출을 많이 받아 사업을 하기 힘들다. 정부가 방향을 틀어 임대제도를 정비하고 임대사업자가 대출을 받으면 일반 사업자처럼 원리금 상환 없이 이자만 상환할 수 있게 해준다면 투자 방향성을 잃은 많은 투자자들이 자발적으로 임대사업자로 등록하고 제대로 사업을 할 것이다. 사업통장에 월세를 받게 만들고 금융상품처럼 임차인들이 월세를 연체하면 신용에 문제가 생기게 금융선진국처럼 제도를 보완하는 것은 어떨까? 신용으로 임대차가 변경되며 굳이 큰 보증금이 없어도 월세 임차인들도 훨씬 부담이 줄어들게 된다. 이렇게 되면 굳이 정부에서 과세하려고 노력하지 않아도 다들 사업자를 내고 주택투자를 하니 과세도 더 잘될 것이다. 임대사업을 하는 투자자들 입장에서도 보유한 현금만으로는 주택 매입을 못하니 이 방법을 적극적으로 고려하고 주택투자를 하려면 사업자를 내야 한다는 인식이 생길 것이다.

　수많은 임차인들이 부동산 가격이 하락하기를 기다린다. 여건상 주택 구입을 미루는 경우도 많지만 폭락할 것이라는 기대감을 안고 주택매수를 망설이는 사람도 많다. 주택가격이 하락하면 기대대로 저렴하게 주택을 매수할 수 있는 환경이 조성될까? 다주택자들 중에 전세를 끼고 주택을 보유하는 다수는 결국 주택가격이 상승할 것이라는 기대감을 갖고 보유한다. 더 이상 시세차익을 기대할 수 없을 때 이들은 무조건 주택을 팔까? 결코 그렇지 않다. 그보다는 차라리 더 이상 가격 상승을 기대할 수 없다면 월세로 전환한다. 한국은 아직까지 제대로 된 임대수익률을 계산하기 힘들다. 집을 보유하며 이익을 기대할 것이 없을 때 할 수 있는 최선책은 월세로 임대수익을 노리는 것이다. 너무 자연스러운 수순이다.

　기존 임차인 입장에서는 어쩔 수 없이 울며 겨자 먹기로 전세에서 월세로 변하는 시장 상황을 자연스럽게 받아들이게 된다. 여전히 전세제도는 존재할 것이다. 주택 보유자의 상황에 따라 전세를 놓을 수밖에 없는 환경일 수 있기 때문이다. 그렇지 않은 대다수는 월세로 전환하는 것이 너무도 당연하다. 갈수록 월세는 선택이 아닌 필수가 된 것이다. 기존 주택을 허물고 새롭게 공급되는 주택은 건설사와 금융사가 함께 임대주택으로 공급하게 될 가능성이 크다. 좋은 주택에 거주하고 싶은 사람들에게는 주거를 위한 선택은 월세 아니면 보유다. 신규 공급 아파트는 월세가 점차 많아지고 기존 주택도 다주택자들이 한 명씩 전세보다는 월세로 시장에 내놓을 가능성이 크다. 이런 현상은 임차인들이 그토록 원하는 주택가격 하락시에 나올 수 있는 시나리오다.

　그나마 지금까지 전세제도가 유효한 방법으로 통용된 것은 가격

상승을 기대할 수 있었기 때문이다. 하락론자들의 기대와 달리 주택가격이 상승하면 구입하기 더욱 어려워진다. 그나마 월세 시장으로의 전환은 그 덕분에 좀 더 뒤로 늦춰지게 될 뿐이다. 전 세계에서 유일한 전세제도 덕분에 어떻게 보면 금융사의 주택시장 참여를 더디게 만들었다. 새로운 수익원을 찾는 금융사와 건설사는 물론이고 더 많은 세수를 확보해야 하는 정부 입장에서는 월세 시장의 확대를 바라마지 않는다. 1가구 1주택자에게는 징벌적 과세가 힘들어도 다주택자들에게 매기는 과세는 국민적인 합의도 쉬워 정책을 추진하는 것도 어렵지 않다.

이에 따라 지금까지 주먹구구식으로 관리되던 주택 임대도 선진국처럼 체계를 갖추게 될 것으로 보인다. 이런 변화는 사실 임차인에게 고통스러울 수 있다. '3장 세계 속 월세'에서 본 것처럼 한국만큼 임차인이 쉽게 집을 구할 수 있는 국가도 드물다. 아직까지 대부분 집주인과 분쟁이 어지간하면 정이라는 한국의 특유의 정서로 넘어갔지만 이제는 철저하게 법에 근거해서 합리적으로 계약관계가 이뤄질 것이다. 이사 나갈 때 입주 당시와 다른 부분이 있으면 전부 비용을 정산해야 하는 것이나 세금마저 이용하는 임차인과 보유한 집주인이 반씩 부담하는 체계가 한국에도 도입될 수 있다.

월세 비중은 점점 커지고 있다. 그나마 최근 주택가격 상승과 함께 주춤하고 있다. 이런 상황은 주택가격이 상승하며 갭투자에 뛰어든 사람들이 시장에 전세매물을 많이 내놓은 결과다. 주택을 매수하지 않고 매도할 것이라 여겼던 베이비부머 세대가 기대와 달리 오히려 더 많은 주택을 매입하고 있다. 이들에게 노후를 위한 가장 안정적이고 확실한 투자처는 주택이다. 다른 투자자산은 믿음직하지 않다. 노후에 시세차익은 의미가 없다. 그보다는 매월 안정적으로 임대수익을 거둬들이는 편이 편안한 노후를 위해 가장 확실한 방법이다. 이런 상황이 맞물려 베이비부머 세대가 시장에 월세 임대를 놓으며 월세 공급량이 증가하다 보니 월세 상승은 더딘 편이다. 임대시장이 월세로 가는 중에 잠시 숨고르기를 하는 상황으로 보인다. 조만간 어느 정도 재편이 끝난 뒤부터는 전세마저도 반보증전세로 변하며 확실히 월세 시장으로 가게 될 것이다. 과거와 달리 임차인들은 갈수록 집을 구입하거나 월세에 살거나 둘 중에 하나를 택해야 하는 상황에 직면하게 될 것이다.

당신은 어떤 선택을 할 것인가.

파도를 보지 말고 바람을 보라

사람들은 눈앞에 펼쳐지는 파도에만 집중한다. 파도는 크든 작든 눈에 보이니 피하기도 대처하기도 쉽다. 파도를 만드는 것은 바람이다. 모든 파도는 바람이 만든다. 그러나 평소 사람들은 바람의 영향을 잘 느끼지 못한다. 바람을 인지할 때는 이미 대처하기 힘든 큰 파도가 몰려올 때다.

필자는 《집 살래? 월세 살래?》에서 바람과 파도를 함께 다뤘다. 사람들은 바람보다 파도에 환호한다. 시간이 지나 파도만 본 사람들은 끊임없이 밀려오는 파도를 헤쳐 나가며 힘들어한다. 자신이 왜 이런 상황이 되었는지 이유도 모른 채 현실에 좌절하기도 한다. 바람이 없고 물이 가득할 때는 다들 물속에서 신나게 논다. 작은 파도는 파도풀을 타며 즐긴다. 오히려 그 파도풀 덕분에 더 즐거운 시간을 보낸다. 썰물이 되면 그때까지 누가 수영복을 입고 놀았는지 누가 아무것도 걸치지 않고 놀았는지 밝혀진다. 밀물과 썰물이 지속적으로 교차하는 것처럼 부동산에서도 늘 같은 상황이 반복된다.

부동산 투자는 수요와 공급 못지않게 정책이 중요하다. 현대의 부동산 투자에서 금융은 빼놓을 수 없을 만큼 중요해졌다. 어떤 특정 요소가 중요한 건 아니고, 투자 기간으로 살펴볼 때 단기는 대출을 비롯한 금융이, 중기는 정부 정책이, 장기는 수요와 공급이 중요하다. 최근 누구나 공급을 늘려야 한다고 주장한다. 물론 필자도 그 사실을 결코 소홀히 해서는 안 된다고 보는데, 이는 주택가격의 장기적인 안정을 위해서다.

정부 발표에 의하면 2010년부터 2014년까지 서울, 수도권에 평균 32만 2,400호의 주택인허가 신청이 있었다. 2013년 27만 1,000호로 가장 적었고, 서울만 놓고 보면 2014년 6만 5,000호로 가장 적었다. 이 기간 동안 공급이 적어 주택가격이 상승하지 않았다. 단순히 공급만으로는 파악할 수 없다고 하는 이유다. 이처럼 주택가격은 복합적인 요인으로 등락을 반복한다. 공급을 늘리면 주택가격은 분명히 안정되거나 하락하게 되어 있다. 정부는 주택가격의 과도한 상승을 원하지 않으며 마찬가지로 과도한 하락도 원하지 않는다. 이런 관점으로 정부 정책을 살펴봐야 한다.

노무현 대통령의 참여정부 부동산 정책이 실패했다고 말하지만 지금 와서 보면 성공적이었다. 한국이 2008년 금융위기에서 금방 헤어나올 수 있었던 것은 주택가격의 상승폭이 상대적으로 낮았기 때문이다. 일정 수준 이상으로 가격이 상승할 때마다 지속적으로 규제를 펼쳤다. 이로 인해 과도한 상승을 억제할 수 있었고 하락 시기에 다른 나라에 비해 가격이 덜 빠졌다. 이미 우리가 책을 통해 살펴본 것처럼 외국은 주택가격의 등락폭이 상당히 컸다. 어느 정부든 가격이 하락하면 하락세를 멈추려고 노력하고 과도하게 상승하면 상승세를 억제하려고 노력한다.

아쉽게도 모두를 위한 부동산 정책은 존재하지 않는다. 지금까지 살펴보면 전두환 정부는 규제완화, 노태우 정부는 규제강화, 김영삼·김대중 정부는 규제완화, 노무현 정부는 규제강화, 이명박·박근혜 정부는 규제완화 정책을 펼쳤다. 이런 패턴으로 보면 문재인 정부는 규제강화 정책을 펼칠 가능성이 크다. 각 정부의 부동산 정책은 어디까지나 주택 가격의 상승과 하락에 대응하기 위한 정책 집행이다. 이런 것은 사실 바람이 아닌 파도일 뿐이다. 방파제로 막아도 태풍이 불면 무용지물인 것처럼 말이다.

지금까지의 부동산 주요 정책을 살펴보면 1988년 8월 10일 부동산 종합 대책, 1990년 4월 16일 부동산투기 억제 정책, 1995년 3월 30일 부동산실명제 도입, 1998년 5월 22일 주택경기 활성화 대책, 9월 25일 건설사업 활성화 방안과 분양가 자율화, 12월 12일 건설 및 부동산경기 활성화 대책, 1999년 10월 7일 주택건설 촉진 계획, 2000년 11월 1일 건설사업 활성화 방안, 2002년 주택시장 안정 대책을 5차례 발표, 2005년 8월 31일 국민참여 부동산정책, 2006년 3월 30일 주택시장 합리화 방안, 11월 15일 부동산시장 안정화 방안, 2008년 6월 11일 지방 미분양 대책, 11월 21일 건설부문 지원 대책, 2010년 4월 23일 주택미분양 해소 및 거래 활성화 방안, 2013년 4월 1일 주택시장 정상화 종합대책, 8월 28일 주거안정을 위한 전·월세 대책, 2014년 2월 26일 임대차시장 선진화 방안 추진, 9월 1일 서민 주거안정 강화 방안, 10월 30일 서민 주거비 부담 완화 방안, 2015년 1월 13일 중산층 주거혁신 방안이 있다.

정권의 정치적 방향성과 상관없이 정부는 주택가격이나 임대가격에 따라 다양한 정책을 펼쳤다. 2016년 8월 25일 가계부채 대책은 규제에 해당한다. 이미 2016년부터 정부 정책은 규제완화보다는 규제강화 쪽으로 기울고 있었던 것이다. 정부에서 각종 부동산 정책을 펼치는 공무원은 오랫동안 모든 주택의 변화과정을 지켜본다. 국토교통부에는 10년 이상 근무한 공무원이 수두룩하다. 반면에 주택시장에 진입한 사람들은 늘 교체된다. 시장 참여자들은 늘 새롭게 진입한다. 가끔 정부가 멍청하다고 조롱하지만 실제로 시간이 지나면 손가락질을 한 그 사람이 오히려 시장에서 퇴출된다.

　　2017년 8월 2일 주택시장 안정화 대책이 발표되었다. 지금까지 정책과 달리 정부가 펼친 모든 규제의 공력이 한꺼번에 시장에 나왔다. 이로 인해 시장의 혼란이 극에 달했다. 다주택자도 무주택자도 어떻게 대처해야 하는지 정확한 방향을 모르고 갈팡질팡하는 중이다. 실질적으로 무주택자인 서민에게는 변한 것이 전혀 없다. 가격과 대출 등에서도 변한 점이 없다. 이 책을 쓴 목적 자체가 주택 매수를 망설이는 독자들에게 늦기 전에 구입하는 것이 더 낫다고 설명하기 위해서였다.

　　향후 임대시장에는 전세보다 월세가 더 많이 공급될 것이다. 8·2 부동산 대책으로 주택가격이 하락한다면 이미 책에서 언급한 대로 월세시장으로의 전환이 앞당겨질 것이다. 거대한 바람을 살펴볼 때 주택가격 상승은 피할 수 없는 현실이다. 책에서 언급한 중소도시는 아마도 20년 내에는 급작스럽게 주택가격이 하락하지 않을 것이다. 인구절벽에 따른 자산시장의 고통은 분명하다. 미리 조심하고 대비할 필요는 있다. 그렇다고 20년 후에 벌어질 일을 당장 내년부터 벌어질 것처럼 경거망동해서는 곤란하다. 이미 밝혔듯이 미래가 어떻게 될지는 예측불가능하다. 다양한 변수로 인해 얼마든지 지금의 예측과는 다른 결과가 나올 수 있다.

파도가 치면 바다에 들어가지 않으면 된다. 파도가 치면 파도를 피하면 된다. 거대한 바람이 일으키는 파도가 아니라면 파도는 국지적으로 다가온다. 파도가 오지 않는 곳으로 찾아가면 된다. 현재 주택시장에는 무주택자, 1가구1주택자, 다주택자가 있다. 2015년 기준 전국적으로 무주택자는 841만 가구로 전체의 44%다. 서울은 이보다 더 많은 50.4%가 무주택자다. 보통 다주택자와 1가구1주택자를 위한 정책은 나오지 않는다. 1가구1주택자가 정책 변화에 그다지 신경 쓰지 않아도 되는 이유다.

정부가 앞으로 어떤 정책을 펼치려 할지는 명약관화하다. 파도에 휩쓸리지 않기 바란다. 작은 파도는 몰라도 큰 파도가 올 때는 일단 피하는 것이 맞다. 그 너머에 부는 바람만 기억하자. 파도가 불 때 오히려 기뻐하는 사람이 있다. 바로 서퍼들이다. 서퍼들은 적은 파도보다는 큰 파도를 좋아한다. 파도를 무서워할 것이 아니라 이를 이용할 수 있어야 한다. 현재 정책은 무주택자 서민이 주택을 구입하기 더 없이 좋은 환경이다. 가격 하락은 생각보다 크지 않을 것이다. 큰 하락을 기다리다가는 주택 매수는 또 다시 요원한 일이 되어버린다. 이미 살펴본 것처럼 주택가격이 가장 크게 하락한 것은 서울 아파트 기준으로 IMF 직후 14.6% 떨어졌을 때다. 이때를 제외하면 1년 동안 기껏해야 4%대 정도 하락한 것이 전부다. 이제껏 생각만큼 큰 하락은 없었다.

이번에도 똑같은 이야기를 할 수밖에 없다. 실거주자로 주택을 매수할까 고민하는 당신에게 할 수 있는 이야기는 그래도 **주택은 구입하는 것이 좋다.**

참고문헌

[단행본]

2020 하류노인이 온다, 후지타 다카노리 저, 청림출판, 2016

나는 마트 대신 부동산에 간다, 김유라 저, 한국경제신문사., 2016

나는 부동산 싸게 사기로 했다, 김효진 저, 카멜북스, 2016

내가 살 집은 어디에 있을까?, 한국여성민우회 저, 후마니타스, 2015

노후를 위해 집을 이용하라, 백원기 저, 알키, 2016

뉴스테이 시대, 사야할 집 팔아야 할 집, 채상욱 저, 헤리터지, 2016

당신에겐 집이 필요하다, 렘군 저, 베리북, 2017

대한민국 부동산 40년, 국정브리핑 특별기획팀 저, 한스미디어, 2007

대한민국 부동산 투자, 김학렬 저, 알에이치코리아, 2017

대한민국 부동산의 미래, 김정섭 외 저, 트러스트북스, 2017

대한민국 아파트시장 인사이트, 이종원 저, 북아이콘, 2016

돈 버는 부동산에는 공식이 있다, 민경남 저, 예문, 20165

메트로폴리스 서울의 탄생, 임동근 외 저, 반비, 2015

부동산 매수매도 타이밍 인사이트, 이장용 저, 북아이콘, 2016

부동산 투자의 정석, 김원철 저, 알키, 2016

부동산은 끝났다, 김수현 저, 오월의 봄, 2011

부자의 지도, 김학렬 저, 베리북, 2016

서울은 어떻게 작동하는가, 류동민 저. 코난북스, 2014

심정섭의 대한민국 학군 지도, 심정섭 저, 진서원, 2016

쏘쿨의 수도권 꼬마 아파트 천기누설, 쏘쿨 저, 국일증권경제연구소, 2016

아파트, 박철수 저, 마티, 2013

아파트 제대로 고르는 법, 심형석 저, 한국경제신문사, 2016

인구 충격의 미래 한국, 전영수 저, 프롬북스, 2014

작은 습관으로 기적을 만드는 일본 엄마의 힘, 안민정 저, 황소북스, 2015

절망의 나라의 행복한 젊은이들, 후루이치 노리토시 저, 민음사, 2014

주거 유토피아를 꿈꾸는 사람들, 정현백 저, 당대, 2016

주택정책의 원칙과 쟁점, 김수현 저, 한울아카데미, 2011

지방소멸, 마스다 히로야 저, 와이즈베리, 2015

청년, 난민 되다, 미스핏츠 저, 코난북스, 2015

투에이스의 부동산 절세의 기술, 김동우 저, 지혜로, 2016

하류사회, 미우라 아츠시 저, 씨앗을 뿌리는 사람, 2006

[보고서]

10년만의 국내 주택 빅사이클, 교보증권

16년 주택시장 게임의 룰이 바뀐다, 채상욱, 하나금융투자

1인가구 소비트렌드 및 솔로이코노미의 성장, BC카드

1인가구 증가와 주택시장 트렌드 변화, KB금융지주 경영연구소

2015 인구주택총조사, 통계청

2016 한국부자보고서, KB금융지주 경영연구소

2016년 가계금융․복지조사 결과, 통계청

2016년, 부동산 신탁회사 성장의 원년, 한국투자증권

2017 한국 1인가구 보고서, KB금융지주 경영연구소

2017 한국부자보고서, 하나금융

2030 서울도시기본계획, 서울특별시

58년 개띠의 은퇴, 경제에 미칠 영향은?, 홍춘욱, 키움증권

KDI 부동산 시장 동향

NABO 경제동향&이슈 2017년 1월호, 국회예산정책처

SOLO Economy 혼자, 뭐하니?, 미래에셋 증권

가계부채 정책 흐름과 주택시장 영향, KB금융지주 경영연구소

가계부채가 소비에 미치는 영향, 현대경제연구원

가계의 자산포트폴리오 부동산에서 금융 안전자산으로, LG Business Insight

가구원수별 주거사용면적 차이와 시사점, 국토연구원

경기도 광역적 토지이용관리를 위한 도시계획 관리기준 연구, 경기개발연구원

금융안정보고서 2015. 12., 한국은행

기업이 주택을 소유하는 시대, 부동산의 후방 밸류체인에 투자하라, 채상욱, 하나금융
투자

미국 밀레니얼 세대와 주택시장 진입 가능성, KB금융지주 경영연구소

버블붕괴 이후 도쿄도 주택시장의 변화특성과 정책적 시사점, 서울연구원 정책리포트

버블붕괴 이후 일본의 부동산정책 변화와 시사점, 경기개발연구원

베비비붐 세대의 은퇴로 인한 고령층 소비구조 변화, KIET 산업경제

부동산 패러다임 변화에 따른 부동산금융의 부상!, 삼성증권

서울 부동산시장 동향 보고, 서울 시청 도시계획국(토지관리과)

앞으로 10년, 주거 트렌드 변화, 주택산업연구원

우리나라 주택임대소득과세의 정상화 연구, 한국조세재정연구원

월간 KB부동산 시장 리뷰, KB국민은행 가치평가부

월간 부동산 라이프(구 복덕방), 이상우, 유진투자증권

월세 시대에서 찾는 아이디어, 신한금융투자

인구감소 중소도시 도심 활성화 방안, 국토연구원

인구감소 중소도시 도심 활성화 방안, 국토연구원

일본 부동산 시장의 활성화 배경과 전망, 우리금융경영연구소

일본의 신도시 공동화 현상과 시사점, 손명혜, KDB Report

자영업자 대출 부실 우려 확대, 우리금융연구소

저성장 시대, 정부는 건설투자를 줄일 수 없다, IBK투자증권

전세 제도의 이해와 시장 변화, KB금융지주 경영연구소

전월세가격이 가계소비에 미치는 영향, 한국은행

종합부동산서비스 개념 및 발전 방향 점검, KB금융지주 경영연구소

주요국의 인구구조 변화와 주택시장, KB금융지주 경영연구소

주택 공급과잉 허와 실, 주택산업연구원

주택 점유형태별 비중 변화가 주택가격에 미치는 영향, 우리금융경영연구소

주택공급시장 점검, 아파트시장을 중심으로, 주택산업연구원

주택금융제도의 국제간 비교 및 정책 제안, 한국금융연구원

주택시장 행태분석과 시사점, 국토연구원

중장기 주거소비 선택 변화, 주택산업연구원

지역부동산시장의 차별적 변화와 시사점, 국토연구원

지역주택조합사업의 이해와 위험요인 점검, KB금융지주 경영연구소

행정자료를 활용한 2015년 주택소유통계 결과, 통계청

*위에 소개한 도서와 보고서는 필자의 블로그인 '천천히꾸준히(blog.naver.com/ljb1202)'에 가면 도서 리뷰와 보고서 요약 및 원문을 읽을 수 있습니다.

집 살래 월세 살래

2017년 9월 29일 초판 1쇄 발행

지은이 이재범
펴낸이 김남길
펴낸곳 프레너미
등록번호 제387-251002015000054호
등록일자 2015년 6월 22일
주소 경기도 부천시 원미구 계남로 144, 532동 1301호
전화 070-8817-5359
팩스 02-6919-1444

프레너미는 친구를 뜻하는 "프렌드(friend)"와 적(敵)을 의미하는 "에너미(enemy)"를 결합해 만든 말입니다.
급변하는 세상속에서 저자, 출판사 그리고 콘텐츠를 만들고 소비하는 모든 주체가
서로 협업하고 공유하고 경쟁해야 한다는 뜻을 가지고 있습니다.
프레너미는 독자를 위한 책, 독자가 원하는 책, 독자가 읽으면 유익한 책을 만듭니다.
프레너미는 독자 여러분의 책에 관한 제안, 의견, 원고를 소중히 생각합니다.
다양한 제안이나 원고를 책으로 엮기 원하시는 분은 frenemy01@naver.com으로 보내주세요.

원고가 책으로 엮이고 독자에게 알려져 빛날 수 있게 되기를 희망합니다.